"十三五"职业教育规划教材

职业教育汽车类专业互联网 + 多媒体融合创新示范教材

汽车机械基础

QICHE JIXIE JICHU

金 明　刘丽萍　蒋文明　主　编
陈小虎　陈梅艳　副主编
楚宜民　主　审

化学工业出版社

·北京·

内容简介

《汽车机械基础》以汽车专业教学标准为依据,讲解了汽车工程材料、平面构件的静力分析与动力分析、构件承载能力分析、轴系零部件、常用机构、机械传动、液压传动等内容。书中内容与汽车专业紧密结合,以培养汽车专业综合能力要求必备的知识为单元,每个单元按知识点又划分成若干模块,每个模块包含若干课题,课题的内容选择充分考虑专业课、岗位能力和国家职业标准的要求,同时与当前学生的学习能力相适应,课题后配有适量的学后测评题。书中还穿插了相应的实验课题。本书全彩色印刷,实物图片清晰美观。

本书配套了丰富的课程资源。运用"互联网+"形式,通过二维码嵌入动画、高清微视频、微课;配套多媒体PPT课件,与纸质教材无缝对接。

本书可作为高职高专院校、中等职业学校汽车类专业的教材,也可作为汽车维修技术人员培训用书,并可供相关技术人员的参考使用。

图书在版编目(CIP)数据

汽车机械基础/金明,刘丽萍,蒋文明主编.—北京:化学工业出版社,2020.12

"十三五"职业教育规划教材 职业教育汽车类专业 互联网+多媒体融合创新示范教材

ISBN 978-7-122-38136-1

Ⅰ.①汽… Ⅱ.①金… ②刘… ③蒋… Ⅲ.①汽车-机械学-职业教育-教材 Ⅳ.①U463

中国版本图书馆CIP数据核字(2020)第243441号

责任编辑:韩庆利　　　　　　　　　　　装帧设计:刘丽华
责任校对:宋　玮

出版发行:化学工业出版社(北京市东城区青年湖南街13号　邮政编码100011)
印　　装:北京瑞禾彩色印刷有限公司
889mm×1194mm　1/16　印张14½　字数451千字　2021年3月北京第1版第1次印刷

购书咨询:010-64518888　　　　　　　　售后服务:010-64518899
网　　址:http://www.cip.com.cn
凡购买本书,如有缺损质量问题,本社销售中心负责调换。

定　价:58.00元　　　　　　　　　　　　　　　　　版权所有　违者必究

前 言

为了适应我国高等职业教育教材建设和信息化教学改革的需要,在深入分析汽车维修行业实际需求的基础上,根据高等职业教育培养高技能型、应用型人才的要求和最新的高等职业学校专业教学标准,编写了"职业教育汽车类专业互联网+多媒体融合创新示范教材"。

教材在编写过程中,紧紧围绕课程标准,书中内容以完成工作任务为目标,注重理实一体教学;通过理论知识的介绍和相关视频、动画,了解汽车相关知识和操作技能;通过现场实操,熟悉并掌握汽车必备技能的使用。本系列教材具有以下特点:

1. 编写理念先进。以就业为导向,以学生为主体,注重职业核心能力的培养,注重做中学、做中教,教学做合一,理实一体。

2. 教学内容科学。按照岗位需求、课程目标选择教学内容,体现"四新"、必须和够用。将国内外新知识、新技术引入教材,以体现内容上的先进性和前瞻性。

3. 教材结构合理。按照职业领域工作过程的逻辑确定教学单元;以项目、主题、任务、活动、案例等为载体组织教学单元,体现模块化、系列化。

4. 编写队伍强大。编写人员构成合理,行业企业深度参与;编写团队汇聚职教汽车专业名校名师、全国大赛金牌教练、行业知名职教专家。

5. 课程资源丰富。以课程开发为理念,运用互联网+形式,通过二维码嵌入高清微视频、微课;开发多媒体PPT、电子教案,与纸质教材无缝对接。

《汽车机械基础》是汽车类专业的一门专业基础课程。通过本课程的学习培养学生对汽车常用材料、常见机构和常用零件等的认知能力、应用能力,为后续的专业课学习奠定基础。本课程理论性较强,各知识点较为抽象。为了适应学生的学习习惯,在教材编写时尽量与汽车专业的实践课程相结合，以培养汽车专业综合能力要求必备的知识为单元，以知识点的构成为依据，使教材层次分明，教学目标明确，理论阐述及公式推导简化，图文并茂，文字简洁易懂。全书包括汽车工程材料、平面构件的静力分析与动力分析、构件承载能力分析、轴系零部件、常用机构、机械传动、液压传动七个单元。每个单元按知识点又划分成若干模块，每个模块包含若干课题，课题的内容选择充分考虑专业课、岗位能力和国家职业标准的要求，同时与当前高职学生的学习能力相适应，课题后配有适量的学后测评题。

本书除讲述了专业理论知识以外，也穿插了相应的实验课题，每个实验有明确的任务目标、任务要求、任务实施、任务检查和任务评价等环节。其中，任务的实施采用分组教学和"6S"过程化课堂管理，任务评价是针对性的对任务的完成情况进行检验，符合一体化教学模式。

本书由安庆职业技术学院金明、湖南生物机电职业技术学院刘丽萍、广东省民政职业技术学校蒋文明担任主编，副主编为昆山登云科技职业学院陈小虎、云南国防工业职业技术学院陈梅艳老师，参编为山东劳动职业技术学院叶建学、山东寿光市职业教育中心学校张国琛、合肥职业技术学院江滔、周口职业技术学院李永辉、江苏航运职业技术学院陶金忠、新乡职业技术学院郜振海、河南交通职业技术学院崔源、河南交通职业技术学院秦军磊、河南交通职业技术学院贾东明。全书最后由许昌职业技术学院楚宜民教授主审，并提出了宝贵意见，在此表示真诚感谢！

由于编者水平所限，书中难免有不妥之处，恳请广大读者批评指正。

编 者

目录

单元一 汽车工程材料

模块一 材料性能简介
课题一 金属材料的使用性能 …………………… 001
课题二 金属材料的工艺性能 …………………… 008

模块二 金属结构与铁碳合金相图
课题一 金属与合金组织结构 …………………… 010
课题二 铁碳合金状态图 ………………………… 014

模块三 钢的热处理
课题一 普通热处理 ……………………………… 018
课题二 表面热处理 ……………………………… 021

模块四 常用金属材料
课题一 碳素钢及合金钢 ………………………… 025
课题二 铝及铝合金 ……………………………… 032
课题三 铜和铜合金 ……………………………… 036
课题四 其他有色金属 …………………………… 038

模块五 高分子材料
课题一 橡胶 ……………………………………… 042
课题二 塑料 ……………………………………… 044
课题三 胶黏剂 …………………………………… 046

模块六 陶瓷材料和复合材料
课题一 玻璃 ……………………………………… 049
课题二 陶瓷 ……………………………………… 051
课题三 复合材料 ………………………………… 053

模块七 实验
实验一 常用汽车材料的市场销售情况调查 …… 056
实验二 常用的热处理方法 ……………………… 058

单元二　平面构件的静力分析与动力分析

模块一　静力学基础
课题一　静力学的基本概念及其公理……061
课题二　约束与受力分析……064

模块二　平面力系
课题一　平面汇交力系……070
课题二　平面力偶系……076

模块三　旋转构件的运动分析和动力分析
课题一　旋转构件的运动分析……083
课题二　旋转构件的动力分析……087

单元三　构件承载能力分析

模块一　轴的拉伸与压缩
课题一　基本概念……091
课题二　拉伸与压缩的强度计算……095

模块二　梁的弯曲
课题一　梁的类型与应力分析……098
课题二　直梁弯曲的强度条件与刚度条件……104

模块三　圆轴扭转
课题一　扭转的概念及应力分析……108
课题二　圆轴扭转时的强度和刚度条件……114

单元四　轴系零部件

模块一　轴
课题一　轴的基本知识……116
课题二　轴的强度校核……122

模块二 轴承

课题一 滚动轴承……………………………………… 125
课题二 滑动轴承……………………………………… 132
实验　汽车轴承的拆装………………………………… 138

单元五 常用机构

模块一 平面机构

课题一 平面机构的概念……………………………… 141
课题二 平面机构的运动简图及自由度……………… 144
课题三 平面连杆机构………………………………… 151

模块二 凸轮机构

课题一 凸轮机构的应用及类型……………………… 156
课题二 从动件常用运动规律………………………… 160

单元六 机械传动

模块一 链传动和带传动

课题一 链传动………………………………………… 163
课题二 带传动………………………………………… 170
实验　带传动的拆装和调试…………………………… 176

模块二 齿轮传动

课题一 齿轮传动的特点及分类……………………… 179
课题二 直齿圆柱齿轮………………………………… 182
课题三 其他类型的齿轮……………………………… 186

单元七 液压传动

模块一 液压传动基本概念

课题一 液压传动的组成……………………………… 193
课题二 液压传动的基本参数和原理………………… 197

模块二　液压元件

课题一　液压泵与液压缸……………………………200
课题二　方向控制阀…………………………………206
课题三　压力控制阀…………………………………208
课题四　流量控制阀…………………………………212

模块三　液压系统实例及故障分析

课题一　汽车液压助力转向系统……………………216
课题二　汽车液压制动系统…………………………218
课题三　液压系统的故障分析与排除方法…………219

参考文献　……………………………………………223

单元一　汽车工程材料

模块一　材料性能简介

模块介绍

一辆汽车是由上万个零部件组装而成的，零部件又采用了上千种不同的材料，这些材料数量大、品种多、性能各异，所以在选用汽车零部件材料时，必须充分了解材料的性能，才能正确合理地选用材料。

汽车零部件材料中金属材料占到全车材料的65%～80%，本模块在介绍材料的性能时以金属材料为主。金属材料的性能主要包括使用性能和工艺性能，使用性能又包括物理性能、化学性能和力学性能。

模块目标

1. 了解材料的物理性能、化学性能、力学性能和工艺性能。
2. 掌握材料强度、塑性、硬度、韧性、疲劳强度的概念。
3. 了解材料的铸造、压力加工、焊接、热处理工艺。
4. 了解各种材料在汽车上的应用。

课题一　金属材料的使用性能

学习目标

1. 了解载荷的类型。
2. 掌握材料强度、塑性、硬度、韧性、疲劳强度的概念。
3. 了解力学性能在汽车零部件材料选用上的应用。
4. 了解材料的物理性能和化学性能。

问题引导

汽车上的一些零部件要受到冲击载荷的作用，如发动机的活塞、活塞销、连杆和曲轴等，这些零部件在选择材料时必须要考虑到其抵抗冲击载荷的能力，这就是材料的力学性能。材料的力学性能主要包括：强度、硬度、塑性、韧性等。

一、载荷及变形

（一）载荷

汽车上的零件在加工和使用过程中要受到外力的作用，如轴在加工过程中要受到切削加工的作用力，在使用时要承受支承零件的作用力，传递转矩时要承受扭转的作用力（图1-1-1），这些外力统称为载荷。载荷是指金属材料在加工及使用过程中所受的外力。

图1-1-1 汽车上的传动轴

载荷可以按照其作用性质和作用形式进行分类。

（1）按载荷作用性质可分为静载荷、冲击载荷和交变载荷三类。

① 静载荷：是指大小不变或变化过程缓慢的载荷。如汽车发动机安装在汽车底盘上，汽车底盘受到的是静载荷；汽车悬架受到车身的作用力也是静载荷。

② 冲击载荷：在短时间内以较高速度作用于零件上的载荷。如在汽车内燃机中做功行程时，混合气体燃烧膨胀对活塞所产生的力是冲击载荷；用锤子敲钉子时的载荷。

③ 交变载荷：是指大小、方向或大小和方向随时间发生周期性变化的载荷。如齿轮啮合传动时，轮齿所受到的载荷等。

（2）按载荷作用形式可分为拉伸载荷、压缩载荷、弯曲载荷、剪切载荷和扭转载荷五种基本形式，如图1-1-2所示。

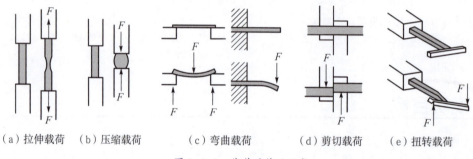

(a) 拉伸载荷　　(b) 压缩载荷　　(c) 弯曲载荷　　(d) 剪切载荷　　(e) 扭转载荷

图1-1-2 载荷的作用形式

（二）变形

金属材料受到载荷作用而产生的几何形状和尺寸的变化称为变形。变形分为弹性变形和塑性变形两种。材料在外力作用下发生变形，当外力去除后能够恢复原来形状的称为弹性变形，如汽车悬架上的弹簧发生的变形；当外力去除后，不能恢复原来形状的称为塑性变形，也称为残余变形或永久变形，如将冷轧钢板冲压成车身覆盖件。

二、金属材料的力学性能

机械零件在工作时要受到各种形式的载荷的作用，这要求零件材料能承受载荷而不超过许可的变形或不被破坏的能力，这种能力就是材料的力学性能。所以金属材料的力学性能是指在力的作用下，材料所表现出来的一系列力学性能指标，反映了金属材料在各种形式外力作用下抵抗变形或破坏的某些能力。力学性能包括：强度、塑性、硬度、韧性及疲劳强度等。不同的汽车零件由于所承受载荷的性质不同，对其使用的要求也不同。工程技术人员选用材料时首先要掌握材料的使用性能，同时还要考虑材料的工艺性能和经济性。

（一）强度

金属材料在静载荷作用下，抵抗塑性变形或断裂的能力称为强度，抵抗能力越大，强度越高，反之，强度越低。根据载荷作用方式不同，强度可分为：抗拉强度、抗压强度、抗弯强度、抗剪强度和抗扭强度等。金属材料在受不同类型的载荷作用时表现出来的强度性能也是不同的，实际应用中以屈服强度和抗拉强度作为判别金属强度高低的指标。抗拉强度与其他强度有一定的关系，可以根据抗拉强度近似地预测其他强度指标。

抗拉强度大小可以通过拉伸试验来确定。首先，按《金属材料 拉伸试验 第1部分：室温试验方法》（GB/T 228.1—2010）制作拉伸试样，如图1-1-3所示。拉伸试验是将预先制成的拉伸试样装在拉伸试验机上（图1-1-4），然后对试样缓慢施加拉力，使试样随拉力逐渐增加而不断变形，直到拉断为止。根据测得试样在拉伸过程中所承受的载荷和产生相应变形量的大小,可绘制力-伸长曲线图,并可计算出试样金属材料的强度,还可计算出金属材料的塑性指标。

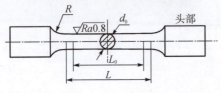

图 1-1-3 拉伸试样

图 1-1-4 拉伸试验机

拉伸试验视频

在拉伸实验中,根据拉力 F 与伸长量 ΔL 之间的关系,在直角坐标系中绘出的曲线称为力-伸长曲线。整个过程可分为弹性变形阶段、屈服阶段、强化阶段和缩颈阶段,如图 1-1-5 所示。强度的大小用应力来表示,应力是指材料在受到外力作用时单位面积上所产生的抵抗力,单位为 Pa(N/m^2)。强度可用屈服强度和抗拉强度两个指标来衡量。

1. 屈服强度

如图 1-1-5 所示,试样在拉伸时,当试样上的载荷增加到一定值后,应力不再增加,而试样仍继续发生明显的塑性变形,这一现象称为屈服。产生屈服现象时的最小应力值即为屈服强度。

屈服强度是指金属材料开始产生宏观塑性变形时的应力。用符号 R_{eL} 表示。

$$R_{eL} = \frac{F_s}{S_0}$$

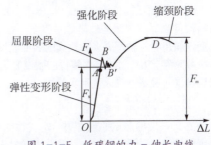

图 1-1-5 低碳钢的力-伸长曲线

式中 R_{eL}——屈服强度,MPa;

F_s——试样屈服时的最小载荷,N;

S_0——试样原始横截面面积,mm^2。

除低碳钢、中碳钢及少数合金钢有屈服现象外,大多数金属材料在拉伸试验中没有明显的屈服现象发生,工程上规定这类材料产生 0.2% 残余塑性变形时的应力作为条件屈服强度 $R_{p0.2}$,称为名义屈服强度,又称为非比例延伸强度,可以替代屈服强度。如:某碳素钢的牌号为 Q235,表示这一材料的屈服强度为 235MPa。

2. 抗拉强度

材料在拉断前所能承受的最大应力称为抗拉强度,用符号 R_m 表示。

$$R_m = \frac{F_m}{S_0}$$

式中 R_m——抗拉强度,MPa;

F_m——试样在屈服阶段后所能抵抗的最大载荷(图 1-1-5),N;

S_0——试样原始横截面面积,mm^2。

抗拉强度表示金属材料抵抗断裂破坏的能力,零件在工作时承受的最大应力不允许大于抗拉强度,否则零件会发生断裂。

材料的 R_{eL}、R_m 可以在材料手册中查得,一般零件都是在弹性变形阶段工作,不允许有塑性变形,更不允许工作应力大于 R_m。R_m 较为准确方便,也可作为零件设计和选材的依据。

(二)塑性

金属材料在载荷作用下发生塑性变形而不断裂的能力称为塑性。可通过拉伸试验测定,常用断后伸长率和断面收缩率来表示。如图 1-1-6 所示。

1. 断后伸长率 A

试样拉断后，标距的伸长与原始标距的百分比称为断后伸长率，用 A 表示。计算公式为

$$A = \frac{l_u - l_0}{l_0} \times 100\%$$

式中　A——断后伸长率；
　　　l_u——试样拉断后的标距长度，mm；
　　　l_0——试样原始标距长度，mm。

2. 断面收缩率 Z

试样拉断后，缩颈处横截面面积的缩减量与原始横截面面积的百分比称为断面收缩率，用 Z 表示。计算公式为

$$Z = \frac{S_0 - S_u}{S_0} \times 100\%$$

式中　Z——断面收缩率；
　　　S_0——试样原始横截面面积，mm^2；
　　　S_u——试样拉断后缩颈处的横截面面积，mm^2。

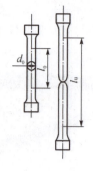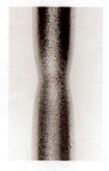

图 1-1-6　拉伸时的塑性变形

金属材料的断后伸长率（A）和断面收缩率（Z）数值越大，表示材料的塑性越好。塑性好的材料易于通过压力加工制成形状复杂的零件，如汽车车身覆盖件大多是采用有良好塑性的冷轧钢板冲压而成的。而且用塑性好的金属材料制成的零件，偶尔发生过载时由于塑性变形能避免发生突然断裂而造成事故。

（三）硬度

材料表面抵抗局部塑性变形、压痕和划痕的能力称为硬度，用符号 HB 表示。它是衡量材料软硬的依据，材料硬度越高，其耐磨性越好。汽车上很多零件都应具备足够的硬度，以保证使用性能和寿命，如汽车上变速箱齿轮、轴都要求有较高的表面硬度。

实际生产中，对于金属零件的硬度是通过专用的硬度试验机上实验测得的。常用的有布氏硬度实验法、洛氏硬度实验法、维氏硬度实验法。

1. 布氏硬度

布氏硬度的测试原理：用一定直径的球体（钢球或硬质合金），以规定的实验力压入试样表面，经规定保持时间后卸除实验力，然后用测量表面压痕直径来计算硬度。如图 1-1-7 所示。

布氏硬度用 HBS（当用钢球压头时）、HBW（当用硬质合金压头时）表示，如标记 170HBW/10/1000/30，表示用直径为 10mm 的硬质合金压头在 1000kgf（1kgf=9.807N）的作用下保持 30s 测得布氏硬度值为 170，单位为 MPa，一般省略不写。计算公式为

$$HB = \frac{F}{S} = 0.102 \frac{2F}{\pi D(D - \sqrt{D^2 - d^2})}$$

当 F、D 一定时，布氏硬度与 d 有关，d 越小，布氏硬度值越大，硬度越高。这种方法一般用来测定灰铸铁、有色金属、各种软钢等硬度不是很高的材料，能准确反映出金属材料的平均性，但是操作时间长，压痕测量较费时。

在实际应用中布氏硬度值一般不需要计算，而是用专用的刻度放大镜量出压痕直径，再从压痕与硬度对照表中查出相应的布氏硬度值。

2. 洛氏硬度

洛氏硬度实验是目前应用范围最广的硬度实验法，它采用直接测量压痕深度来确定硬度值。实验

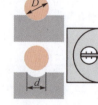

（a）布氏硬度机　　　（b）测量的数值

图 1-1-7　布氏硬度的测定

采用金刚石圆锥体或淬火钢球压头，压入金属表面后，经规定保持时间后卸除主实验力，以测量的压痕深度来计算洛氏硬度值。洛氏硬度无单位，其数值可直接从硬度计表盘上读取。如图 1-1-8 所示。

洛氏硬度用符号 HR 表示，当采用不同的压头和不同的总实验力时，可组成几种不同的洛氏硬度标尺。常用的洛氏硬度标尺是 A、B、C 三种，每一标尺用一个字母在洛氏硬度符号 HR 后面加以注明，其中 C

洛氏硬度
试验

标尺应用最为广泛，如 55HRC 表示用 C 标尺测定的洛氏硬度值为 55。不同标尺的洛氏硬度值不能直接进行比较。数值越大，材料的硬度越高。

金属材料的硬度越高，材料耐磨性越好。另外，材料的硬度和强度也有一定的关系，一般硬度高，强度也高。因此，硬度可用来作为估算材料强度的参考。

3. 维氏硬度

维氏硬度实验原理与布氏硬度实验基本相同，维氏硬度实验采用的是相对两面为 136°的正四棱锥金刚石压头以选定的实验力压入实验表面。经规定保持时间后，卸除实验力，测量压痕对角线平均长度，根据对角线的长度查 GB/T 4340—2009 中的维氏硬度数值表即可得出硬度值（也可用公式计算），用符号 HV 表示。如：600HV30/20 表示采用 30kgf 的实验力，保持 20s，得到硬度值为 600HV。

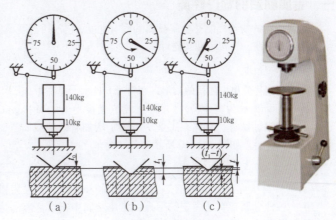

图 1-1-8　洛氏硬度的测定

维氏硬度可用于测量较薄的零件，也可测量从很软到很硬的金属材料的硬度，且准确性高。维氏硬度实验的缺点是需测量压痕的对角线的长度，压痕小，对试件表面质量要求高。

（四）韧性

汽车上许多零件在工作中要受到冲击载荷的作用，如活塞销、活塞、连杆、曲轴等。因此，制造这类零件的材料不仅要考虑材料的强度，还要考虑材料抵抗冲击载荷的能力，因为某些强度较高的材料，在冲击载荷下也会被破坏。金属材料抵抗冲击载荷作用而不被破坏的能力称为（冲击）韧性。测量韧性的方法是冲击试验。

根据国家标准（GB/T 229—2020），用带有 U 形或 V 形缺口的 10mm×10mm×55mm 的试样，一次摆锤冲击试验机如图 1-1-9 所示。衡量韧性大小的参数是冲击韧度，试样被摆锤从一定高度击断后，缺口处单位截面面积上吸收的功即表示冲击韧度值，用 $α_K$ 表示，单位为 J/cm^2。冲击韧度值越大，表示材料的冲击韧性越好，发生脆性断裂的可能性越小。

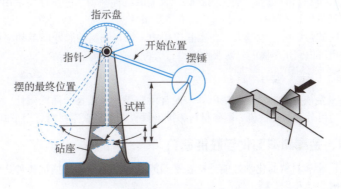

图 1-1-9　冲击试验

冲击试验

（五）疲劳强度

汽车上许多零件受到的作用力是周期性交替变化的，如轴、齿轮、连杆、弹簧等，这种大小、方向随时间呈周期性变化的应力叫交变应力。交变应力容易使零件产生疲劳断裂。疲劳断裂不会产生明显的塑性变形，没有预兆，是突然发生的，具有很大的危险性，常常造成重大事故，实际发生的机械零件损坏 80% 以上是由疲劳造成的。

金属材料抵抗交变载荷作用而不产生破坏的能力称为疲劳强度，疲劳极限用符号 $σ_{-1}$ 表示，单位为 Pa（N/m^2）。

提高零件的疲劳强度，防止疲劳断裂事故发生的方法有：

① 改善零件的结构形状，在进行设计时尽量避免尖角、缺口和截面突变，以免应力集中引起疲劳裂纹；
② 提高零件表面质量，减少表面缺陷和表面损伤；
③ 采用表面强化处理，如化学热处理、表面淬火、喷丸处理等。

金属材料的各种力学性能之间有一定的联系，一般来说，材料的强度越高硬度也越高，塑性、韧性越差；提高金属的强度、硬度，往往会降低其塑性、韧性；相反的，如果提高材料的塑性、韧性，会降低强度和硬度。

三、金属材料的物理性能

金属材料的物理性能是金属材料的固有性能,它包括密度、熔点、导电性、导热性、热膨胀性和磁性等。

(一)密度

密度是指物质单位体积的质量,用符号 ρ 表示,单位为 kg/m^3。密度大于 $5 \times 10^3 kg/m^3$ 称为重金属,如铜、铁等;密度小于 $5 \times 10^3 kg/m^3$ 称为轻金属,如铝、钛等。在汽车工业中,为了增加有效装载质量,应尽量使用轻质材料。如图 1-1-10 所示。

图 1-1-10 铝合金气缸体

(二)熔点

金属材料从固态转变为液态时的温度称为熔点,单位为摄氏度(℃)。各种金属都有其固定的熔点,常用金属中钨、铬等的熔点较高,可用于制造车灯灯丝、加热元件等耐高温零件。锡、铅等的熔点较低,可用于制造熔丝等零件。

(三)导电性

金属传导电流的性能称为导电性。衡量材料导电性的指标是电阻率,用符号 ρ 表示,单位为 $\Omega \cdot m$。电阻率越小,金属的导电性越好。

常用金属中银、铜、铝等导电性较好,作为导电材料。导电性差的材料如镍-铬合金、铁-铬-铝合金,常用于制造汽车仪表中的电阻元件。

(四)导热性

材料传导热量的性能称为导热性,导热性是金属材料的重要性能之一。通常用热导率来衡量金属的导热性。热导率越高,金属的导热性越好,例如汽车空调中的散热片。如图 1-1-11 所示。

图 1-1-11 汽车空调散热片

(五)热膨胀性

金属材料随温度变化而膨胀、收缩的特性称为热膨胀性。常用线膨胀系数和体胀系数来表示金属的热膨胀性,线膨胀系数用符号 α 表示,其单位为 $1/℃$。线膨胀系数越大,金属的热膨胀性也越大。在实际应用中,轴与轴瓦的装配间隙须根据材料热膨胀性来确定;在汽车修理中也可以利用金属的热膨胀性来进行装配。

(六)磁性

金属导磁的性能称为磁性。通常用磁导率来衡量金属的磁性。磁导率越高,金属的磁性越好。金属材料可分为铁磁材料、顺磁材料和抗磁材料三类。铁磁材料可用于制造变压器、电动机等。

四、金属材料的化学性能简介

金属材料的化学性能是指在室温或高温条件下金属抵抗各种化学腐蚀的能力,一般包括耐腐蚀性、抗氧化性和化学稳定性。

(一)耐腐蚀性

金属材料在常温下抵抗氧、水蒸气及化学介质腐蚀破坏作用等各种腐蚀的能力称为耐腐蚀性。腐蚀对金属材料的危害很大,不仅使金属材料本身受到损失,严重时还会使汽车零件遭到破坏。所以,提高金属材料的耐腐蚀性有很重要的意义。一般可采用改变金属材料成分和进行表面处理的方法来提高金属的耐腐蚀性。

(二)抗氧化性

金属材料在加热时抵抗氧化的能力称为抗氧化性。材料的氧化随温度的升高而加速,所以汽车上在高温下工作的零部件,如发动机的气门、活塞、活塞环等,必须采用抗氧化性好的材料制成。如图 1-1-12 所示。

(三)化学稳定性

化学稳定性是金属材料的耐腐蚀性和抗氧化性的总称。材料在高温下的化学稳定性称为热稳定性。

图 1-1-12 活塞

一、填空题

1. 金属性能主要包括_____、_____，_____性能又包括物理性能、_____、_____。
2. 载荷是指_____。载荷按其作用性质不同一般可分为_____、_____和_____三类。
3. 变形是指_____。变形按卸除载荷后能否完全消失可分为_____和_____两种。
4. 根据作用形式不同，载荷可分为_____、_____、_____、_____和_____五种基本形式。
5. 材料的力学性能包括：_____、_____、_____、_____和疲劳强度。
6. 衡量试样拉伸实验的强度指标有_____、_____等，它们分别用符号_____、_____表示。
7. 衡量金属的塑性指标有_____、_____，常用的硬度指标有_____和_____，冲击韧性常用测定方法是_____。
8. 金属的物理性能有：_____、_____、_____、_____。化学性能有：_____、_____、_____。

二、选择题

1. 下列不属于材料的力学性能的是（　　）。
   A. 密度　　　B. 强度　　　C. 塑性　　　D. 硬度
2. 拉伸试验时，试样拉断前能承受的最大抗拉应力称为材料的（　　）。
   A. 屈服点　　B. 抗拉强度　　C. 弹性极限　　D. 刚度
3. 在外力作用下，金属材料抵抗永久变形和断裂的能力是（　　）。
   A. 强度　　　B. 韧性　　　C. 硬度　　　D. 疲劳强度
4. 下列性能不属于金属材料物理性能的是（　　）。
   A. 熔点　　　B. 密度　　　C. 耐腐蚀性　　D. 导电性
5. 下列导电性较好的材料是（　　）。
   A. 镍－铬合金　B. 铁－铬－铝合金　C. 铜　　D. 铁－铬合金

三、判断题

1. 导热性好的金属散热也好，可用来制造散热器等部件。（　　）
2. 金属材料的硬度越高，材料耐磨性越好。（　　）
3. 布氏硬度实验是目前应用范围最广的硬度实验法，它采用直接测量压痕深度来确定硬度值。（　　）
4. 材料表面抵抗局部塑性变形、压痕和划痕的能力称为强度。（　　）
5. 根据载荷作用方式不同，强度可分为：抗拉强度、抗压强度、抗弯强度、抗剪强度和抗扭强度等。（　　）
6. 汽车车身覆盖件大多是采用有良好塑性的冷轧钢板冲压而成的。（　　）

四、简答题

1. 什么是强度？衡量指标是什么？
2. 什么是硬度？如何衡量硬度的大小？
3. 力学性能有哪几种？
4. 材料的物理性能有哪些？化学性能有哪些？

课题二　金属材料的工艺性能

1. 了解材料的铸造、压力加工、焊接等加工工艺。
2. 了解材料的工艺性能及在汽车零部件材料选择上的应用。

汽车的发动机气缸体是通过铸造加工而成的，这就要求所用的材料在铸造加工时流动性好、收缩性小、偏析倾向小，也就是铸造性能好。铸造性能是金属材料的工艺性能之一。

工艺性能是指金属材料适应各种加工工艺方法的能力。它包括金属的铸造性能、压力加工性能、焊接性能、切削加工性能和热处理性能等。

一、铸造性能

铸造是将通过熔炼的金属液体浇注入铸型内，经冷却凝固获得所需形状和性能的零件的制作过程。如图1-1-13所示。金属材料通过铸造方法获得优良铸造件的能力称为铸造性能。铸造性能通常用流动性、收缩性、偏析倾向来衡量。

（1）流动性：熔融金属的流动能力称为流动性。流动性好的金属材料容易充满铸型，从而获得外形完整、尺寸精确、清晰的铸件。流动性主要受金属化学成分、浇注温度、工艺条件等的影响。

（2）收缩性：铸件在冷却和凝固过程中，其体积和尺寸减小的现象称为收缩性。会影响尺寸精度，还会产生缩孔、内应力、变形、开裂等缺陷。铸造用金属材料的收缩率越小越好。

图1-1-13　铸造

（3）偏析倾向：金属凝固后，内部化学成分和组织的不均匀现象称为偏析。偏析严重时，可使铸件的各部分的力学性能产生很大的差异，降低质量。

二、压力加工性能

压力加工是使材料产生塑性变形的加工方法，变形量小可用冷加工，变形量大要用热加工。金属在冷、热状态下进行压力加工的难易程度称为压力加工性能。通常塑性好的材料压力加工性能也好，低碳钢的压力加工性能比中碳钢、高碳钢好，铸铁属于脆性材料，不能承受压力加工。

三、焊接性能

焊接性能是指金属材料对焊接加工的适应性，也就是在一定的焊接工艺条件下，获得优质焊接接头的难易程度。在汽车工业中，焊接的主要对象是钢材。一般来说，低碳钢具有良好的焊接性能，高碳钢、铸铁和铝合金、铜合金的焊接性能则较差。

四、切削加工性能

切削加工性能是指金属材料用切削刀具切削加工的难易程度。影响切削加工性能的因素有很多，主要有材料的化学成分、组织、硬度、韧性、导热性和形变硬化等。一般用工件切削时的切削速度、切削抗力的大小、断屑能力以及加工后的表面粗糙度来衡量。通常切削加工性能好的材料加工时，刀具的磨损小，表面质量高。在金属材料中，铸铁、铝合金有良好的切削加工性能，高合金钢的切削加工性能较差。

五、热处理性能

热处理性能是指金属材料适应各种热处理方法的能力。衡量热处理性能的指标有：导热系数、淬硬性、

加工工艺介绍

淬透性等。热处理是改善钢切削加工性能的重要途径，也是改善材料力学性能的重要途径。各类钢一般都可以通过热处理来改善其性能。

 学后测评

一、填空题
1. 金属材料的工艺性能主要有_____、_____、_____、_____、_____几种。
2. 金属的铸造性能可以用_____、_____、_____来衡量。
3. 在汽车工业中，焊接的主要对象是钢材。一般来说，_____具有良好的焊接性能，_____、_____、_____焊接性能则较差。
4. 衡量热处理性能的指标有_____、_____、_____等。

二、选择题
1. 下列材料中焊接性能最差的是（　　）。
   A. 低碳钢　　　B. 高碳钢　　　C. 铸铁　　　D. 中碳钢
2. 下列材料中切削加工性能最好的是（　　）。
   A. 低碳钢　　　B. 不锈钢　　　C. 铸铁　　　D. 合金钢
3. 下列不属于金属材料工艺性能的是（　　）。
   A. 铸造性能　　B. 压力加工性能　C. 焊接性能　　D. 化学性能
4. 下列材料中，压力加工性能较好的是（　　）。
   A. 铸铁　　　　B. 铝合金　　　C. 低碳钢　　　D. 高碳钢
5. 下列材料中，铸造性能较好的材料是（　　）。
   A. 铸铁　　　　B. 铝合金　　　C. 低碳钢　　　D. 高碳钢

三、判断题
1. 通常塑性好的材料压力加工性能也好。（　　）
2. 金属在冷、热状态下进行压力加工的难易程度称为铸造性能。（　　）
3. 一般来说，含碳量越高，焊接性能越好。（　　）
4. 汽车气缸体形状复杂，可用铸造性能良好的铸铁铸造而成。（　　）
5. 汽车车身一般用压力加工性能良好的冷轧钢板制造。（　　）

四、简答题
1. 金属材料的工艺性能有哪些？
2. 金属材料铸造性能如何衡量？
3. 金属材料的压力加工性能与材料的什么性能有关？有何关系？

模块二 金属结构与铁碳合金相图

模块介绍

很多金属虽然属于同一类物质，但其性能差异却很大，比如铁和钢。金属性能的差异是由其内部组织结构决定的，因此了解金属内部组织结构及其对金属性能的影响，对于选用和加工金属材料有非常重要的意义。

模块目标

1. 了解金属与合金的结构。
2. 了解铁碳合金相图。

课题一 金属与合金组织结构

1. 了解晶体与非晶体的概念。
2. 了解金属常见晶格的类型。
3. 了解晶体的缺陷及对晶体性能的影响。
4. 了解合金及其组织结构。

材料的性能取决于材料的化学成分和其内部的组织结构。由于不同金属原子排列不同，所以不同的金属材料具有不同的性能；对于同一种金属材料，如果进行了不同的处理，其内部的原子排列发生变化，则表示金属材料的性能发生了变化。本课题研究的是纯金属和合金的组织结构与材料性能方面的问题。

一、金属的晶体结构

（一）晶体与非晶体

固态物质按内部质点（原子或分子）排列的特点分为晶体与非晶体。组成原子规则有序排列的物质称为晶体，组成原子排列没有规则，呈无序排列的称为非晶体。自然界中除少数物质（如石蜡、沥青、普通玻璃、松香等）外，绝大多数无机非金属物质都是晶体，金属都是晶体。但晶体与非晶体在一定条件下可相互转换。

晶体与非晶体相比，有如下特征：

（1）由于在微观上晶体的原子呈有序排列，所以宏观表现为晶体有规则的形状；
（2）晶体具有固定的熔点；
（3）晶体有各向异性，即沿着不同的方向表现出不同的性能。

（二）常见金属晶格类型

金属的晶格类型是指金属中原子排列的规律。如果把金属原子看做一个直径一定的小球，则某金属中原子的排列是有规律的，这时用假想的线将它们连接起来，这样就形成了一个能反映原子排列规律的空间格架，称为晶格。晶格是由许多形状、大小相同的小几何单元重复堆积而成的，我们把其中能够完整地反映特征的最小几何单元称为晶胞。

在已知的金属元素中，绝大多数金属属于这三种晶格：体心立方晶格、面心立方晶格、密排六方晶格。

1. 体心立方晶格

如图1-2-1所示，体心立方晶格的晶胞是一个立方体，立方体的8个顶角和立方体的中心各有一个原子。具有体心立方晶格的金属有：温度低于912℃的铁（α-Fe）、铬（Cr）、钨（W）、钼（Mo）、钒（V）、温度在883～1668℃的钛（β-Ti）等。

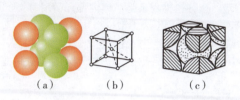

图1-2-1 体心立方晶格

2. 面心立方晶格

如图1-2-2所示，面心立方晶格的晶胞是一个立方体，立方体的8个顶角和6个面的中心各有一个原子。属于面心立方晶格的金属有：温度在912～1394℃的铁（γ-Fe）、铝（Al）、铜（Cu）、银（Ag）、金（Au）、镍（Ni）等。

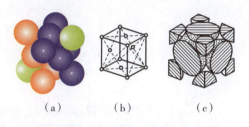

图1-2-2 面心立方晶格

3. 密排六方晶格

如图1-2-3所示，密排六方晶格的晶胞是一个上下底面为正六边形的六柱体，在六柱体的12个顶角和上、下底面的中心各有一个原子，六柱体的中间还有3个原子。具有密排六方晶格的金属有：镁（Mg）、锌（Zn）、温度低于883℃的钛（α-Ti）、镉（Cd）、铍（Be）等。

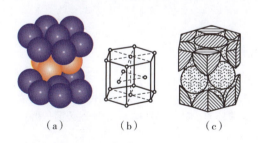

图1-2-3 密排六方晶格

二、实际金属的晶体结构

实际上由于各种原因，金属原子的规律排列受到干扰和破坏，使晶体中的某些原子偏离正常位置，这种晶体中原子紊乱排列的现象称为晶体缺陷。

在实际金属晶体中，存在原子不规则排列的局部区域，这些区域都存在晶体缺陷。按缺陷的几何形态，晶体缺陷分为点缺陷、线缺陷和面缺陷三种。三种晶体缺陷都会造成晶格畸变，使变形抗力增大，从而提高材料的强度、硬度。

（一）点缺陷（空位、间隙原子）

晶格中某个原子脱离了平衡位置，形成空结点，称为空位；某个晶格间隙挤进了原子，称为间隙原子。

空位与间隙原子周围的晶格偏离了理想晶格，即发生了"晶格畸变"，如图1-2-4所示。点缺陷的存在，提高了材料的硬度和强度。点缺陷是动态变化着的，它是造成金属中物质扩散的原因。

（二）线缺陷（刃型位错、螺型位错）

它是在晶体中某处有一列或若干列原子发生了有规律的错排现象。晶体中最普通的线缺陷就是位错，这种错排现象是晶体内部局部滑移造成的，根据局部滑移的方式不同，可以分别形成螺型位错和刃型位错。

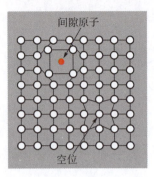

图1-2-4 点缺陷造成的晶格畸变

在位错周围，由于原子的错排使晶格发生了畸变，使金属的强度提高，但塑性和韧性下降。实际晶体中往往含有大量位错，生产中还可通过冷变形后使金属位错增多，能有效地提高金属强度。如图1-2-5所示。

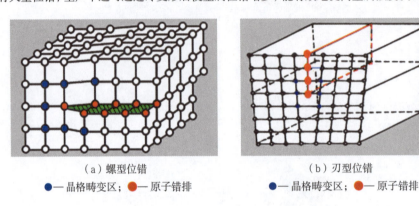

（a）螺型位错　　　　　　　　　　（b）刃型位错

●—晶格畸变区；●—原子错排　　　●—晶格畸变区；●—原子错排

图1-2-5 线缺陷

（三）面缺陷（晶界、亚晶界）

面缺陷包括晶界和亚晶界。晶界是晶粒与晶粒之间的界面，另外，晶粒内部也不是理想晶体，而是由位向差很小的称为嵌镶块的小块所组成，称为亚晶粒，亚晶粒的交界称为亚晶界。

晶界处的原子需要同时适应相邻两个晶粒的位向，就必须从一种晶粒位向逐步过渡到另一种晶粒位向，成为不同晶粒之间的过渡层，因而晶界上的原子多处于无规则状态或两种晶粒位向的折衷位置上。晶粒之间位向差较大（大于10°～15°）的晶界，称为大角度晶界；亚晶粒之间位向差较小。亚晶界是小角度晶界。

面缺陷同样使晶格产生畸变，能提高金属材料的强度。细化晶粒可增加晶界的数量，是强化金属的有效手段，同时，细晶粒的金属塑性和韧性也得到改善。

三、合金及合金组织

（一）合金的基本概念

1. 合金

合金是以一种金属为基础与其他金属或非金属元素通过熔炼或其他加工方法结合而成的具有金属特性的材料（即两种或两种以上元素所组成的金属材料）。如普通黄铜是由Cu+Zn两种金属元素组成的合金，碳素钢是由C+Fe组成的合金。

2. 组元或元

组成合金最基本的独立物质称为组元或元。组元一般指元素，如Fe、Cu，但有时稳定的化合物也可以作为组元，如Fe_3C、Al_2O_3、CaO。合金按组元的数目可分为二元合金、三元合金及多元合金等。如：硬铝是由Al+Cu+Mg组成的三元合金，碳素钢是由Fe、C和Fe_3C组成的三元合金。

3. 相

在合金中成分、结构及性能相同的组成部分称为相。相与相之间有明显的界面。液态物质称为液相，固态物质称为固相，在固态下，物质可以是单相的，也可以是多相的。如固态的α-Fe、γ-Fe就是两种不同的相，它们的晶格不同且有界面分开。

4. 组织

组织是指合金中不同相之间相互组合配置的状态。实质上，组织是一种或多种相按一定的方式相互结合所构成的整体的总称。

在铁碳合金中，当含碳量在 0.77%～2.11% 时，这时组元为 Fe、C、Fe_3C，组织为珠光体+渗碳体，珠光体是铁素体和渗碳体的两相混合物，渗碳体是单相组织。

（二）合金的相结构

合金的性能取决于其相的结构和组织，根据构成合金的各组元之间相互作用的不同，合金中相结构分为固溶体、金属化合物、混合物三大类，下面来探讨这三种合金组织的晶格类型、性能特点等。

1. 固溶体

固溶体是一种组元的原子溶入另一种组元的晶格中所形成的均匀固相。溶入的元素称为溶质，而基体元素称为溶剂。固溶体依然保持溶剂原有的晶格类型。根据溶质原子在溶剂晶格中所处的位置不同，固溶体可分为间隙固溶体和置换固溶体。如图 1-2-6 所示。

间隙固溶体：溶质原子分布于溶剂晶格中的固溶体。由于溶剂晶格的空隙很小，溶质只能在溶剂中有限溶解，也称有限固溶体。有限固溶体的溶解度与温度有关，温度越高溶解度越大。间隙固溶体的溶质都是些原子半径很小的元素，如 C、N、B 等非金属元素溶入 Fe 中形成的固溶体即属于这一类型。

置换固溶体：溶质原子置换了溶剂晶格结点上的某些原子而形成的固溶体。在置换固溶体中，若溶质与溶剂电子结构相似，原子半径差别小，在元素周期表中位置相近，则溶解度大，若晶格类型也相同，则可形成无限固溶体。例如 Cu 和 Ni 同属于面心立方晶格、Fe 与 Cr 同属于体心立方晶格且周期表中位置相近，它们的合金就可以形成无限固溶体。

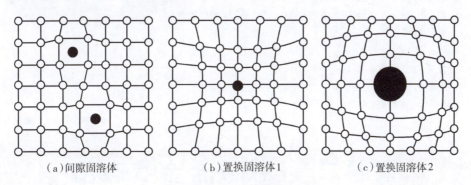

（a）间隙固溶体　　（b）置换固溶体1　　（c）置换固溶体2

图 1-2-6　固溶体

○—溶剂原子；　●—溶质原子

无论是间隙固溶体还是置换固溶体，在其形成过程中都会使溶剂晶格发生畸变，从而使合金增加变形抗力（屈服强度）。这种通过溶质元素形成固溶体而使金属材料强度、硬度提高的现象称为固溶强化。

固溶体的性能特点：当溶质元素的含量极少时，固溶体的性能特点与溶剂基本相同，随着溶质含量的升高，固溶体的性能将发生明显改变，一般情况下是硬度、强度升高而塑性和韧性下降。

2. 金属化合物

在合金中，当溶质含量超过固溶体的溶解度时，除可以形成固溶体外，还将出现新的相，其晶体结构不同于任何一组元，金属化合物可用分子式来表示，如：Fe_3C、Al_2O_3 等。金属化合物一般具有复杂的晶格结构，其性能特点具有三高一稳定：高熔点、高硬度、高脆性和化学稳定性。

3. 混合物

两种或两种以上的相按一定质量分数组成的物质称为混合物。各相仍保持原来的晶格类型。性能特点主要取决于各组成相的性能以及它们分布的形态、数量及大小。

以上三种组织形式中，固溶体和金属化合物属单相组织，混合物为多相组织。

一、填空题

1. 固态物质按内部质点（原子或分子）排列的特点分为_____与_____。金属都是_____。
2. 金属的常见的晶格类型有_____、_____、_____三种。
3. 晶体中_____称为晶体缺陷。晶体缺陷的形式有_____、_____、_____三种。晶体缺陷能_____金属的强度。
4. 合金是指_____金属特性的材料。合金的相结构有_____、_____、_____三大类。
5. 普通黄铜是由_____和_____两种金属元素组成的合金，碳素钢是由_____和_____组成的合金。

二、选择题

1. 碳素钢是由 Fe、C 和 Fe_3C 组成的三元合金。（   ）
2. 面缺陷同样使晶格产生畸变，能降低金属材料的强度。（   ）
3. 铜没有固定的形状，所以铜是非晶体。（   ）
4. 铁碳合金在温度不同时，晶格类型可以不相同。（   ）
5. 细化晶粒可增加晶界的数量，是强化金属的有效手段。（   ）
6. 固溶体和金属化合物属多相组织，混合物为单相组织。（   ）

三、简答题

1. 什么是晶体，什么是非晶体，两者之间有何区别？
2. 常见的金属晶格类型有哪几种？
3. 晶体的缺陷有哪些类型，对金属的性能有何影响？

课题二　铁碳合金状态图

1. 了解铁碳合金的基本组织及性能。
2. 了解铁碳合金相图上点、线的含义。
3. 了解铁碳合金相图的应用。

　　铁碳合金是以铁和碳为主要组成元素的材料，占汽车所用材料的 70% 以上。钢铁的成分不同，其组织和性能也不相同，因而它们在实际工程上的应用也不一样。钢铁材料的成分、温度和组织结构之间的关系可以用铁碳合金相图来表示。

一、铁碳合金的基本组织

　　钢铁材料是现代工业中应用最为广泛的合金，它们是以铁和碳两种元素为主要元素的合金。由于钢铁材料的成分（碳含量）不同，因此组织和性能也不相同，应用场合也不一样。
　　铁碳合金的基本组织有五种，分别是铁素体、奥氏体、渗碳体、珠光体、莱氏体。

1. 铁素体：F

碳溶于 α-Fe 中形成的间隙固溶体称为铁素体。由于碳是溶于 α-Fe 的间隙中的间隙固溶体，所以 F 的晶格类型将保持 α-Fe 的体心立方晶格，晶格间隙较小，碳在 α-Fe 中的溶解度很小，在 727℃ 时，碳在 α-Fe 中的最大溶解度为 0.0218%，随着温度的降低逐渐减小。

由于 F 的含碳量低，F 的性能与纯铁相似，具有良好的塑性和韧性，强度和硬度较低。F 是钢的五种组织中含碳量最低的组织。

2. 奥氏体：A

碳溶解于 γ-Fe 中形成的间隙固溶体，称为奥氏体。由于碳是溶于 γ-Fe 中的间隙固溶体，所以奥氏体将保持 γ-Fe 的面心立方晶格。由于 γ-Fe 是在高温（912～1394℃）下存在的面心立方晶格结构，晶格间隙较大，故奥氏体的溶碳能力较强，在 1148℃ 时溶碳能力为 2.11%，随着温度的下降，溶碳能力逐渐减小，在 727℃ 时溶碳能力为 0.77%。

由于呈面心立方晶格，虽含碳量高，但其强度和硬度不是很高，有良好的塑性。奥氏体存在于 727℃ 以上的高温范围内。

3. 渗碳体：Fe_3C

渗碳体是含碳量为 6.69% 的铁碳金属化合物，其化学式为 Fe_3C，具有独特的复杂的斜方晶格类型。

渗碳体熔点高（1227℃），硬度高（达到 950～1050HV），塑性和韧性几乎为 0，脆性极大，是个脆硬组织，没有伸长率和冲击韧性。渗碳体是钢中的主要强化相，在钢或铸铁中以片状、球状或网状分布。在高温下长期停留或冷却缓慢时，可分解为铁和石墨状的自由碳。

4. 珠光体：P

珠光体是 F 和 Fe_3C 的混合物。保持各相原有的晶格类型。F 和 Fe_3C 片层相间、交替排列。缓慢冷却下其含碳量为 0.77%（727℃）。

由于珠光体是硬的渗碳体和软的铁素体的混合物，力学性能主要取决于铁素体和渗碳体各自的含量。一般强度较高，硬度适中，具有一定的塑性。

5. 莱氏体：L_d、L'_d

莱氏体是奥氏体与渗碳体的混合物。它是含碳量为 4.3% 的液态合金在 1148℃ 时从液态合金中结晶出的奥氏体和渗碳体的混合物。L_d 为高温莱氏体（>727℃），由于奥氏体在 727℃ 时转变为珠光体，所以在室温下由珠光体和渗碳体组成的叫低温莱氏体 L'_d。

由于莱氏体的基体是渗碳体，所以它的性能接近渗碳体，硬度高，塑性差。

二、铁碳合金相图中点线含义

铁碳合金相图是表示在缓慢冷却或缓慢加热下，不同成分的铁碳合金的状态或组织随温度变化的图形，如图 1-2-7 所示。铁碳合金相图是研究铁碳合金的基础，它是研究铁碳合金的成分、温度和组织结构之间关系的图形。生产中使用的铁碳合金其含碳量一般不超过 5%。含碳量高的材料脆性大，没有实用价值，因此只研究相图中含碳量为 0%～6.69% 的部分。

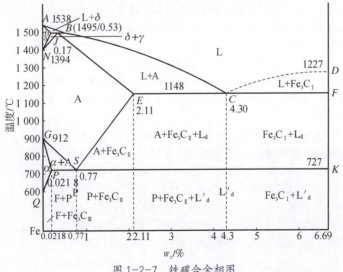

图 1-2-7　铁碳合金相图

笔记

铁碳合金相图看似很复杂，当了解了铁碳相图中的点线后就可以把铁碳合金相图分成几个不同的区域，当成分和温度变化时，可以按规律分析出各区域产生的组织。

铁碳合金相图中的特征点和特征线的含义见表1-2-1。

表1-2-1 铁碳合金相图中各点的温度、含碳量及含义

符号	温度/℃	含碳量/%	含义
A	1538	0	纯铁的熔点
B	1495	0.53	包晶转变时液态合金的成分
C	1148	4.30	共晶点
D	1227	6.69	Fe_3C的熔点
E	1148	2.11	碳在γ-Fe中的最大溶解度
F	1148	6.69	Fe_3C的成分
G	912	0	α-Fe→γ-Fe同素异构转变点
H	1495	0.09	碳在δ-Fe中的最大溶解度
J	1495	0.17	包晶点
K	727	6.69	Fe_3C的成分
N	1394	0	γ-Fe→δ-Fe同素异构转变点
P	727	0.0218	碳在α-Fe中的最大溶解度
S	727	0.77	共析点
Q	600（室温）	0.0057（0.0008）	600℃（或室温）时碳在α-Fe中的最大溶解度

1. 三个重要的特性点

（1）J点为包晶点。合金在平衡结晶过程中冷却到1495℃时，L与δ-Fe发生包晶反应，生成A。由一种液相和一种固相生成一种新的固相的反应，称为包晶反应。包晶反应在恒温下进行，反应过程中L、δ-Fe、A三相共存。

（2）C点为共晶点。合金在平衡结晶过程中冷却到1148℃时，C点的L发生共晶反应，从一个液相中同时结晶出两种固相（A和Fe_3C），这种转变称为共晶转变。共晶转变的产物称为共晶体。铁碳合金的共晶体就是莱氏体L_d（A+Fe_3C_I）。共晶反应在恒温下进行，C点的温度称为共晶温度。

（3）S点为共析点。固态的铁碳合金在结晶过程中冷却到727℃时，一个固相A发生共析反应，生成两个固相F和Fe_3C。这种转变称为共析转变。共析转变的产物称为共析体，铁碳合金的共析体就是珠光体P（F+Fe_3C）。S点的温度称为共析温度。

2. 相图中的特性线

（1）$ABCD$线，液相线。此线以上区域全部为液相，称为液相区，用L表示，对应成分的液态合金冷却到此线上的对应点时开始结晶。在ABC线以下结晶出A（奥氏体），在CD线以下结晶出渗碳体（称为一次渗碳体）。

（2）$AHJECF$线，固相线。对应成分的液态合金冷却到此线上的对应点时完成结晶过程，变为固态，此线以下为固相区。在液相线与固相线之间是液态合金从开始结晶到结晶结束的过渡区，所以此区域液相与固相并存。$AHJEC$区内为液相合金与固相奥氏体，CDF内为液相合金与固相渗碳体。

（3）HJB线，包晶反应线。碳含量0.09%～0.53%的铁碳含金在平衡结晶过程中均发生包晶反应。

（4）ECF线，共晶反应线。碳含量2.11%～6.69%的铁碳合金，在平衡结晶过程中均发生共晶反应。

（5）PSK线，共析反应线。碳含量0.0218%～6.69%的铁碳合金，在平衡结晶过程中均发生共析反应。PSK线在热处理中亦称A_1线。

（6）GS线，是合金冷却时自A中开始析出F的临界温度线，通常称A_3线。

（7）ES线，是碳在A中的固溶线，通常称A_{cm}线。由于在1148℃时A中溶碳量最大可达2.11%，而727℃时仅为0.77%，因此碳含量大于0.77%的铁碳合金自1148℃冷至727℃的过程中，将从A中析出Fe_3C。析出的渗碳体称为二次渗碳体（Fe_3C_{II}）。A_{cm}线亦是从A中开始析出Fe_3C_{II}的临界温度线。

（8）PQ线，是碳在F中的固溶线。在727℃时F中溶碳量最大可达0.0218%，室温时仅为0.0008%，因此碳含量大于0.0008%的铁碳合金自727℃冷至室温的过程中，将从F中析出Fe_3C_{III}。析出的渗碳体称为三次渗碳体（Fe_3C_{III}）。PQ线亦为从F中开始析出Fe_3C_{III}的临界温度线。

三、铁碳合金相图的应用

（1）作为选材的依据：要求塑性、韧性及焊接性能好而强度、硬度要求不高的构件应使用低碳钢。要求强度、硬度及塑性、韧性等综合性能较好的构件则应选用中碳钢。各种工具及刀具等要求硬度高及耐磨性好的，则应选用高碳钢。

（2）在铸造生产中的应用：可以找出不同成分铁碳合金的熔点，从而确定合适的熔化温度以及浇注温度。

（3）在锻造生产工艺上的应用：钢材轧制或锻造的温度范围多选在 A（单—奥氏体）区。

（4）在热处理工艺上的应用：是钢进行热处理的重要依据。

一、填空题

1. 铁碳合金的基本组织有＿＿＿＿、＿＿＿＿、＿＿＿＿、＿＿＿＿、＿＿＿＿。
2. 铁素体含碳量＿＿＿＿，具有良好的＿＿＿＿和＿＿＿＿，＿＿＿＿、＿＿＿＿较低。
3. 莱氏体的基体是＿＿＿＿，所以它的性能接近＿＿＿＿，硬度＿＿＿＿，塑性＿＿＿＿。
4. 铁碳合金相图中，S点为＿＿＿＿，固态的铁碳合金在结晶过程中冷却到＿＿＿＿℃时，一个固相＿＿＿＿发生＿＿＿＿，生成两个固相＿＿＿＿和＿＿＿＿，这种转变称为共析转变。
5. 铁碳合金相图中，$ABCD$线是＿＿＿＿线，此线以上区域全部为液相，称为＿＿＿＿，用 L 表示，对应成分的液态合金冷却到此线上的对应点时开始结晶。在 ABC 线以下结晶出＿＿＿＿，在 CD 线以下结晶出＿＿＿＿。
6. PSK 线是＿＿＿＿线。碳含量＿＿＿＿的铁碳合金，在平衡结晶过程中均发生＿＿＿＿。PSK 线在热处理中亦称＿＿＿＿线。

二、选择题

1. 铁素体是碳溶解在（　　）中所形成的间隙固溶体。
   A. α-Fe　　　B. γ-Fe　　　C. δ-Fe　　　D. β-Fe
2. 在 Fe-Fe$_3$C 相图中，钢与铁的分界点的含碳量为（　　）。
   A. 0.0218%　　　B. 0.77%　　　C. 2.11%　　　D. 4.3%
3. 在 Fe-Fe$_3$C 相图中，共析线也称为（　　）。
   A. A_1 线　　　B. ECF 线　　　C. A_{cm} 线　　　D. PSK 线
4. 莱氏体是一种（　　）。
   A. 固溶体　　　B. 金属化合物　　　C. 机械混合物　　　D. 单相组织金属
5. Fe-Fe$_3$C 相图中，共析线的温度为（　　）。
   A. 724℃　　　B. 725℃　　　C. 726℃　　　D. 727℃
6. 在 Fe-Fe$_3$C 相图中，GS 线也称为（　　）。
   A. 共晶线　　　B. 共析线　　　C. A_3 线　　　D. A_{cm} 线

三、判断题

1. 在铁碳合金相图中，奥氏体在 1148℃时，溶碳能力可达 4.3%。（　　）
2. 碳溶解在 α-Fe 中所形成间隙固溶体称为铁素体，其溶碳能力在 727℃时为 0.77%。（　　）
3. 奥氏体化的共析钢缓慢冷却到室温时，其平衡组织为莱氏体。（　　）
4. 珠光体是由奥氏体和渗碳体形成的机械混合物，其平均含碳量为 0.77%。（　　）
5. 在铁碳合金相图中，钢的部分随含碳量的增加，内部组织发生变化，则其塑性和韧性随之降低。（　　）

四、简答题

1. 铁碳合金的基本组织是哪几种，其性能如何？
2. 铁碳合金相图有何作用？
3. 铁碳合金相图中，什么是固相线，有何含义？

模块三　钢的热处理

模块介绍

通过合理的热处理，不仅可以提高和改善钢的使用性能和工艺性能，而且可以充分发挥材料的性能潜力，延长零件的使用寿命，提高产品的质量和经济效益。因此，热处理工艺在机械制造中应用极为广泛。

模块目标

1. 了解金属材料热处理的原理。
2. 了解同素异构转变的概念。
3. 了解普通热处理方法及应用。
4. 了解表面热处理的方法、原理及应用。

课题一　普通热处理

学习目标

1. 了解纯金属的结晶过程。
2. 知道晶粒的大小对材料性能的影响。
3. 了解同素异构转变的概念。
4. 了解几种常见的热处理方法及应用。

问题引导

将一根钢锯条在火上加热后在空气中冷却，发现它的硬度变得很低，无法再锯削其他材料。这是因为钢锯条经过热处理后，它的微观组织结构发生了变化。本课题研究热处理的原理与常见的热处理工艺。

一、热处理的原理

（一）纯金属的结晶

1. 冷却曲线与过冷度

（1）冷却曲线：是温度与时间的关系曲线，可用来描述金属的结晶规律。可通过热分析法测量绘制，其方法是使熔化后的金属液缓慢冷却，每隔一定时间记录下温度值，将温度 T 和对应时间 t 绘制成 T-t 曲线。如图 1-3-1 所示。

（2）曲线分析：随时间的增加，纯金属液的温度不断下降；当冷却到某一温度时，在曲线上出现了一个恒温的水平线段，所对应的温度就是金属的结晶温度（或熔点），在结晶过程中，由于放出的结晶潜热补偿了散失的热量，使温度保持恒定不变；结晶结束后，由于金属继续散热，固态金属的温度开始下降。

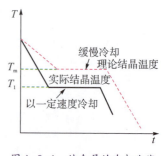

图 1-3-1　纯金属的冷却曲线

（3）理论结晶温度：纯金属在无限缓慢的冷却条件下（即平衡状态下）的结晶温度称为理论结晶温度，用 T_m 表示。

（4）实际结晶温度：实际生产中金属的冷却速度不可能是极其缓慢的，实际测出的结晶温度称实际结晶温度，用 T_1 表示。

（5）过冷现象：金属的实际结晶温度总是低于理论结晶温度，即 $T_1<T_m$，这种现象称为过冷现象。

（6）过冷度：理论结晶温度与实际结晶温度的差值称为过冷度，用 ΔT 表示。过冷度的大小与冷却速度有关，冷却速度越大，实际结晶温度越低，过冷度也越大。

$$\Delta T=T_m-T_1$$

2. 纯金属的结晶过程

结晶过程是金属内的原子从液态的无序的混乱排列转变成固态的有规律排列。经历了形核—长大的过程。

（1）晶核形成：自发形核与非自发形核。

（2）自发形核：金属在过冷的条件下，液态金属中某些局部微小的区域内的原子自发地聚集在一起，这种原子规则排列的细小聚合体称为晶核，这种形核方式称为自发形核。

（3）非自发形核：当金属液中有细微的固态颗粒（自带或人工加入）时，也可以成为结晶的核心，这种形核方式称为非自发形核。

（4）晶核长大：金属液中的原子不断向晶核表面迁移，使晶核不断长大，与此同时，不断有新的晶核产生并长大，直至金属液全部消失。

（二）晶粒大小对金属材料的影响

纯金属结晶终了就得到由许多个外形不规则的晶粒所组成的多晶体。一般金属结晶后多获得这种多晶体的结构。如果控制结晶过程，使结晶后获得只有一个晶粒的金属，称为单晶体，但获得单晶体比较困难，只有当材料有特殊要求时才值得这样做。

晶粒大小对力学性能的影响很大，在室温下，一般情况是金属的晶粒越细，其强度、硬度越高，塑性、韧性越好，这种现象称为细晶强化。因此，细化晶粒是改善材料力学性能的重要措施。

工业上常用以下方法来细化晶粒：

（1）增加过冷度。随着过冷度的增加，形核率和长大速度都会增加，但形核率增加比长大速度增加要快，所以产生的晶核数目增加。因此，通过加快冷却速度，即增加过冷度，可使晶粒细化。

（2）变质处理。在金属液中加入变质剂（高熔点的固体微粒），以增加结晶核心的数目，从而细化晶粒，这种方法称变质处理，变质处理在生产中应用广泛，特别对体积大的金属很难获得大的过冷度时，采用变质处理可有效地细化晶粒。

（3）附加振动。在金属结晶时，施以机械振动、电磁振动、超声波振动等方法，可使金属在结晶初期形成的晶粒破碎，以增加晶核数目，起到细化晶粒的目的。

（三）金属的同素异构转变

大多数金属结晶后，其晶格不再发生变化，但也有少数金属（如铁、铬、锡、钴、钛等）在固态时会发生晶格类型的转变，这种在固态下随温度的变化由一种晶格转变为另一种晶格的现象称为同素异构转变。同素异构转变也有成核长大过程。

纯铁在固态下会发生同素异构转变，如图 1-3-2 所示。液态铁结晶后是体心立方晶格，称为 δ-Fe。在 1394℃ 以下转变为面心立方晶格，称为 γ-Fe，γ-Fe 的晶核容易在 δ-Fe 的晶界上形成。γ-Fe 冷却到 912℃ 又要转变为体心立方晶格，称为 α-Fe。

金属的同素异构转变也是一种结晶过程，称为重结晶。热处理之所以能使钢的性能发生变化，其根本原因是由于铁具有同素异构转变的过程，从而使钢在加热和冷却过程中发生组织和结构的变化，铁的同素异构转变是钢铁能够进行热处理的重要依据。所以热处理的原理是根据固态金属或合金的同素异构转变，通过适当的方法改变组织，从而得到不同的性能。

二、普通热处理的基本方法

1. 退火

退火是把钢加热到适当温度，保持一定时间，缓慢冷却（随炉冷却）的热处理工艺。根据加热温度和目的的不同，常用的退火方法

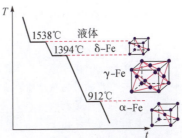

图 1-3-2 铁的同素异构转变

有完全退火、去应力退火和球化退火。

退火目的是降低钢的硬度，提高塑性，以利于切削加工及冷变形加工；细化晶粒，均匀组织及成分，改善热处理工艺；消除钢中残余内应力，防止变形和开裂，保证尺寸和形状精度。

2. 正火

正火是指把钢加热到 A_{c3}、A_{ccm} 以上 30～50℃，保持一定时间，在空气中冷却的热处理工艺。正火目的是改善低碳钢、低碳合金钢的切削工艺性；细化晶粒、减少内应力，提高钢的强度和内应力；对要求不高的工件，可作为最终热处理；消除钢中残余内应力，防止变形和开裂，保证尺寸和形状精度；消除过共析钢中网状渗碳体，改善力学性能。

3. 淬火

淬火是将钢加热到一定温度，保温一段时间后在介质中快速冷却的热处理工艺。淬火的目的是获得马氏体组织，提高钢的强度和硬度，并在不同的回火温度配合下，使钢获得不同的力学性能。如工具钢通过淬火可以提高其强度和硬度，增加耐磨性；而对中碳钢来说，可以提高其强度和韧性。

淬火时冷却速度过快，工件的体积收缩及组织转变都很剧烈，从而不可避免地引起很大的内应力，容易造成工件变形及开裂。因此，淬火介质的选择是一个极其重要的问题。淬火冷却介质有碱水、盐水、水、油等。一种介质很难满足技术要求，一般先后选用几种介质，以便保证在鼻尖附近快冷，而在其他位置慢冷。

钢的淬透性和淬硬性：

（1）淬透性：在规定条件下，钢在淬火冷却时获得马氏体组织深度的能力。淬透性好的钢，经淬火回火后截面组织均匀一致，综合力学性能好，可用于受力大、形状复杂、截面大的零件。淬透性好的钢，在淬火冷却时可用缓和的冷却介质，降低应力及变形倾向。

（2）淬硬性：在理想条件下，淬火成马氏体后能达到的最高硬度。

影响淬硬性的因素是含碳量，低碳钢淬火最高硬度值低，淬硬性差；高碳钢淬火最高硬度值高，淬硬性好。

4. 回火

钢淬火后，再加热到一定温度，保温一定时间，冷却到室温的热处理工艺称回火。

回火的目的是消除内应力，防止变形和开裂；提高韧性，调整强度和硬度，得到较好的综合力学性能；稳定组织和尺寸。一般情况下，几乎所有的淬火零件都需要进行回火处理。

根据工件性能要求不同，淬火钢的回火主要有低温回火、中温回火、高温回火三种。

（1）低温回火：工件在 150～250℃进行的回火。目的是保持淬火工件高的硬度和耐磨性，降低淬火残留应力和脆性，保持高的硬度和耐磨性，同时提高韧性。主要应用于各类高碳钢的工具、刃具、量具、模具、滚动轴承、渗碳及表面淬火的零件等。

（2）中温回火：工件在 250～500℃之间进行的回火。目的是得到较高的弹性和强度，适当的韧性。主要用于弹簧、发条、锻模、冲击工具等。

（3）高温回火（调质处理）：工件在 500～650℃以上进行的回火。目的是得到强度、塑性和韧性都较好的综合力学性能。广泛用于各种较重要的受力结构件，如连杆、螺栓、齿轮及轴类零件等。

一、填空题

1. 晶粒大小对力学性能的影响很大，在室温下，一般情况是金属的晶粒越细，其_____、_____越高；_____、_____越好，这种现象称为_____。
2. 工业上常用_____、_____、_____来细化晶粒。
3. 金属的同素异构转变是指：_____。
4. 常用的普通热处理方法有：_____、_____、_____、_____。
5. 淬硬性是指_____，影响淬硬性的因素是_____。
6. 淬透性是指_____，_____淬透性越好。
7. 调质处理是指_____。

二、选择题

1. 热处理可以使钢的内部（　　）发生改变，从而改变性能。
   A. 性能　　　　B. 强度　　　　C. 组织结构　　　　D. 化学成分
2. 回火是在（　　）处理之后进行的一种热处理方法。
   A. 退火　　　　B. 淬火　　　　C. 正火　　　　D. 氧化
3. 调质处理就是（　　）的热处理。
   A. 淬火+低温回火　　B. 淬火+中温回火　　C. 淬火+高温回火
4. 中温回火的温度在（　　）℃范围内。
   A. 150～250　　B. 250～500　　C. 500～600　　D. 650～727

三、判断题

1. 常用的退火方法有完全退火、去应力退火和球化退火。（　　）
2. 退火是将钢加热到一定温度，保温一段时间后在空气中冷却的热处理工艺。（　　）
3. 中碳钢正火后能获得比退火更高的强度和硬度。（　　）
4. 影响淬硬性的因素是含碳量，低碳钢淬火最高硬度值低，淬硬性好。（　　）
5. 淬火时冷却速度过快，工件的体积收缩及组织转变都很剧烈，从而不可避免地引起很大的内应力，容易造成工件变形及开裂。（　　）

四、简答题

1. 金属材料能够进行热处理的原理是什么？
2. 什么是退火？退火的目的是什么？
3. 什么是正火？正火的目的是什么？

课题二　表面热处理

学习目标

1. 了解表面热处理的种类、原理。
2. 了解表面热处理的应用。

问题引导

汽车上的许多零件是在冲击载荷、交变载荷及强烈摩擦的条件下工作的，如齿轮、活塞、连杆等。这些零件表面要求具有高硬度和高耐磨性，而心部又需要足够的强度和韧性。为了满足这些要求，实际生产中通常用普通热处理满足心部的力学性能，然后再通过表面热处理的方法使表面获得高的硬度，以达到"外硬内韧"的要求。

按零件要求和工艺不同，常用的表面热处理方法有表面淬火和表面化学热处理两种。

一、表面淬火

表面淬火是仅对工件表层进行淬火的热处理工艺。原理是通过快速加热至淬火温度，使钢的表层奥氏体化，在热量尚未充分传到零件中心时就立即予以冷却淬火。表面淬火可以使工件表面获得很高的硬度和耐磨性，而心部仍保持很好的强度和韧性。

表面淬火只适用于中碳钢和中碳合金钢。表面淬火的关键是加热的方法，必须有较快的加热速度。实际应用中表面淬火的方法有很多，如电磁感应加热表面淬火、火焰加热表面淬火、电接触加热表面淬火、激光加热表面淬火等。

（一）电磁感应加热表面淬火

铁磁性物质的工件处在交变磁场中时，会因感应而在内部产生电流。这种电流在微小区域内形成回路，称为涡流。涡流电流强度与交变磁场磁通变化率和工件材质有关。涡流在工件中仅集中在表层，有所谓的"集肤效应"。表面电流最大，向内逐渐降低。

如图1-3-3所示，电磁感应加热表面淬火通常是将工件置于一加热感应圈内，感应圈通入交变电流以形成交变磁场。感应圈多用铜管制成，可以是单圈或多圈的，管内通入冷却水防止工作时升温。加热和喷冷淬火可采用连续和断续两种方式，皆可在图示机构上实现。喷水圈设在加热器的下方，在连续式加热-喷冷时，工件在自旋转（使加热均匀）的同时向下移动，表面各部位依次加热和淬冷；在断续式加热-喷冷时，工件自旋转时位置不变，待一定面积被加热到淬火温度时，迅速下降并喷水冷却。

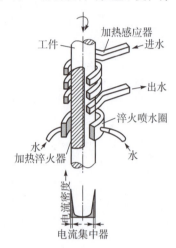

图1-3-3　电磁感应加热表面淬火

（二）火焰加热表面淬火

火焰加热表面淬火是将工件置于氧-乙炔（也可用天然气等）火焰中，表面快速加热至淬火温度后喷水淬冷的工艺如图1-3-4所示。火焰淬火的淬硬层深度一般为2～6mm。这种方法的特点是：加热温度及淬硬层深度不易控制，易产生过热和加热不均匀的现象，淬火质量不稳定。火焰加热表面淬火设备简单，常用于小批、单件生产或零部件的维修。

（三）电接触加热表面淬火

利用触头（铜或石墨材质）和工件的接触电阻，低电压、大电流，使触点温度迅速上升。将触点以一定速度移过工件表面，即可将表层加热至淬火温度，并利用工件自身的热传导冷却淬硬。本法简易可行，可用于气缸套、曲轴等局部表面淬火。

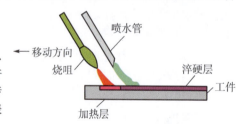

图1-3-4　火焰加热表面淬火

（四）电解液加热表面淬火

以工件作阴极，置于电解液中（常用5%～20%碳酸钠水溶液），以电解槽为阳极，通入200～300V直流电。由于电解作用使阴极（工件）表面形成一层氢气膜。氢气膜电阻大，温度迅速升高，并将工件表面加热到淬火温度。停电后电解液将工件淬冷。本法适用于大批量生产工件的局部表面淬火。

二、表面化学热处理

表面化学热处理是将工件置于一定温度的活性介质中保温，使一种或几种元素渗入它的表层，以改变其化学成分、组织和性能的热处理工艺。与普通热处理相比，表面化学热处理不仅改变了钢的组织，而且表层的化学成分也发生了变化，因而能更有效地改变零件表层的性能。

表面化学热处理的种类很多，无论哪一种表面化学热处理方法，都是通过以下三个基本过程来完成的：

（1）分解：介质在一定的温度下发生化学分解，产生可渗入元素的活性原子。

（2）吸收：活性原子被工件表面吸收。例如活性原子溶入铁的晶格中形成固溶体，或与铁化合形成金属化合物等。

（3）扩散：渗入工件表面层的活性原子，由表面向中心迁移的过程，渗入原子通过扩散形成一定厚度的扩散层（即渗层）。扩散要有两个基本条件：一是要有浓度差，原子只能由浓度高处向浓度低处扩散；二是扩散的原子要有一定的能量，所以化学热处理要在一定的加热条件下进行。

根据渗入元素的不同，表面化学热处理有渗碳、渗氮和碳氮共渗等。

（一）钢的渗碳

钢的渗碳是指将钢件置于渗碳介质中加热并保温，使碳原子渗入工件表层的化学热处理工艺。其目的是提高钢件表层的含碳量。渗碳后的工件需经淬火及低温回火，才能使零件表面获得更高的硬度和耐磨性，从而达到"外硬内韧"的性能要求。

钢的渗碳必须用于低碳钢或低碳合金钢。根据介质的工作状态，渗碳方法可分为固体渗碳、盐浴渗碳及气体渗碳，应用最广泛的是气体渗碳。

气体渗碳是将工件置于气体渗碳剂中进行渗碳，活性原子溶入钢表面奥氏体中，形成一定的渗碳层。

如图1-3-5所示，操作时先将工件置于图中所示的密封加热炉中，加热到900～950℃。滴入煤油、丙酮、甲醇等渗碳剂。这些渗碳剂在高温下分解，产生活性碳原子。随后，活性碳原子被工件表面吸收而溶入奥氏体中，并向其内部扩散，从而形成一定深度的渗碳层。渗碳层的深度主要取决于保温的时间，一般可按每小时渗入0.2～0.25mm的速度来估算，并根据所需渗碳层的厚度来确定保温时间。

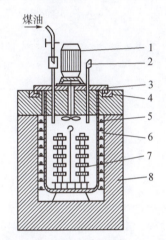

图1-3-5　井式气体渗碳炉

1-风扇电动机；2-废气火焰；3-炉盖；4-砂封；5-电阻丝；6-耐热器；7-工件；8-炉体

一般零件渗碳后，其表面含碳量控制在0.85%～1.05%，而心部仍保持原来的低含碳量。渗碳后只改变化学成分，要淬火和低温回火才可改变性能。故经淬火和低温回火后，钢件表面具有高硬度和耐磨性，同时心部又有良好的韧性和塑性。渗碳处理主要用于强烈磨损并承受较大冲击载荷的零件，如汽车传动齿轮、活塞销和十字轴等。

（二）钢的渗氮

在一定温度下，使活性氮原子渗入工件表面的化学热处理工艺称为渗氮，也称为氮化处理。常见渗氮的方法为气体渗氮、离子渗氮。

气体渗氮是工件在气体介质中进行渗氮的工艺。传统的气体渗氮是把工件放入密封容器中，加热到500～600℃通以流动的氨气，保温较长时间后，氨气热分解产生活性氮原子，不断吸附到工件表面，并扩散渗入工件表层内，从而改变表层的化学成分和组织，获得优良的表面性能。渗氮层薄而致密，一般仅为0.1～0.6mm。

离子渗氮是指将工件在低于一个大气压渗氮气氛中，利用工件（阴极）和阳极间产生的辉光放电进行渗氮。原理是将需要渗氮的工件作为阴极，将炉壁作为阳极，在真空中通入氨气，并在阴阳极之间通以高压直流电。在高压电场作用下，氨气被电离，形成辉光放电。被电离的氮离子以极高的速度轰击工作表面，使工件表面温度升高（一般为450～650℃），并使氮离子在阴极上夺取电子后还原成原子而渗入工件表面，然后经过扩散形成渗氮层。

渗氮的目的是提高零件表面的硬度、耐磨性、耐蚀性及疲劳强度，而且由于工件渗氮后不必进行淬火处理，所以变形也很小。渗氮层具有渗碳层所没有的耐蚀性，渗氮比渗碳温度低，但渗氮周期长、成本高。因此，主要用于要求硬度高、耐磨、耐蚀的零件，如排气阀、精密丝杠等。

(三)碳氮共渗（氰化）

碳氮共渗是在一定温度下，将碳、氮同时渗入工件表面奥氏体中，并以渗碳为主的化学热处理工艺。气体碳氮共渗是最常用的方法。碳氮共渗一般以碳为主，经碳氮共渗后的工件还需进行淬火及回火处理。

碳氮共渗与渗碳层相比表面硬度更高、耐磨性更好，同时还具有一定的抗蚀性，以及由于共渗层存在残留压应力而提高了钢的疲劳极限；它的加热温度低，零件变形小，生产周期短；与渗氮相比，共渗层深度深，表面脆性小。目前，常用来处理汽车和机床上的齿轮、蜗杆和轴类等零件。

一、填空题

1. 按零件要求和工艺不同，常用的表面热处理方法有_____和_____两种。
2. 表面淬火的原理是通过_____，使钢的表层_____，在_____时就立即予以冷却淬火。表面淬火可以使工件表面获得很高的_____和_____，而心部仍保持很好的_____和_____。
3. 化学热处理是将工件置于_____中保温，使_____，以_____、_____和_____的热处理工艺。
4. 无论哪一种化学热处理方法，都是通过_____、_____、_____三个基本过程来完成的。
5. 根据渗入的元素不同，钢的表面化学热处理有_____、_____、_____几种。
6. 渗碳零件必须采用_____或_____材料。
7. 化学热处理的目的是提高表面_____和_____，而心部仍保持良好的_____。

二、判断题

1. 工件渗碳后必须淬火和低温回火，使表层具有高硬度和耐磨性。（　　）
2. 表面热处理就是改变工件表面的化学成分，从而改变工件表面的性能。（　　）
3. 淬火后的钢，随回火温度的增高，其强度和硬度也增高。（　　）
4. 一般来说，硬度高的材料耐磨性也高。（　　）
5. 表面热处理只改变了钢的表面的化学成分，而普通热处理只改变了钢的组织结构。（　　）

三、简答题

1. 什么是表面热处理？有哪几种工艺？
2. 表面淬火适用于什么钢？
3. 渗碳的目的是什么？适用于什么钢？
4. 什么是渗氮？与渗碳有什么不同？

模块四　常用金属材料

模块介绍

　　汽车零部件材料以金属材料为主，占整车质量的80%左右，其中钢铁材料约占70%，非铁金属材料约占10%。非金属材料占整车质量的20%左右，其中塑料约占7%。自20世纪70年代以来为适应安全、节能的要求，在汽车中特别是轿车中开始大量应用非金属材料，所以在汽车制造中钢铁的用量有所下降，而有色金属、非金属材料和复合材料等新材料的用量正在上升，所以了解常用金属材料的分类、牌号及用途是非常有必要的。

模块目标

1. 了解碳素钢及合金钢的分类、牌号及用途。
2. 了解铝及铝合金的分类、牌号及用途。
3. 了解铜及铜合金的分类、牌号及用途。
4. 了解镁、锌、钛等金属及合金的分类、牌号及用途。

课题一　碳素钢及合金钢

1. 了解碳及常存元素对钢性能的影响。
2. 了解碳素钢的种类、牌号及应用。
3. 了解合金元素对钢的性能的影响。
4. 了解合金钢的种类、牌号及在汽车上的应用。

　　钢铁材料是汽车材料的主体，其用量约占汽车用材总量的70%。在汽车上用到了各类的钢材，如：螺栓螺母用到了低碳钢，凸轮轴可以用中碳钢，气门弹簧可以用高碳钢等。碳素钢及合金钢中合金元素不同，钢材的性能也各不相同。本课题研究讨论了碳素钢及其合金钢的种类、牌号及在汽车上的应用。

一、碳素钢

　　碳素钢简称碳钢，是含碳量大于0.0218%而小于2.11%的铁碳合金。含碳量大于2.11%的铁碳合金称为铸铁，碳素钢在汽车零件的制造中得到了广泛的应用。

　　（一）碳及常存元素对碳素钢性能的影响

1. 碳的影响

　　随着含碳量增加，碳素钢的强度、硬度升高，塑性和韧性降低。当含碳量在0.9%左右时，强度达到最大值，以后随着含碳量的增加，除硬度继续升高外，强度明显下降，塑性和韧性进一步降低。如图1-4-1所示。

2. 常存元素的影响

锰、硅是有益元素，能提高钢的强度和硬度。其中，硅还能使钢的流动性变好，有利于浇铸成型，但过高会降低钢的塑性；锰还可以减少硫对钢的有害作用。

硫、磷是有害元素，它们会使钢的塑性和韧性下降。硫还会使钢在锻造、轧制等热加工时产生脆化，导致工件开裂，即"热脆"现象；磷虽能增强钢的硬度和强度，但磷能使钢在低温时塑性和韧性大大下降，这种现象称为"冷脆"。磷的存在还会使钢的焊接性能变坏，焊接时容易产生裂纹。因此，钢中应严格控制硫、磷的含量。

（二）碳素钢的分类

1. 按钢的含碳量分类

低碳钢：含碳量 ≤ 0.25%。
中碳钢：含碳量 0.25% ~ 0.60%。
高碳钢：含碳量 ≥ 0.60%。

2. 按钢的质量分类

普通钢：含硫量 ≤ 0.050%，含磷量 ≤ 0.045%。
优质钢：含硫量 ≤ 0.035%，含磷量 ≤ 0.035%。
高级优质钢：含硫量 ≤ 0.025%，含磷量 ≤ 0.025%。
特级优质钢：含硫量 ≤ 0.015%，含磷量 ≤ 0.025%。

3. 按钢的用途分类

碳素结构钢：用于制造汽车零件和工程构件，其含碳量一般小于 0.70%。
碳素工具钢：用于制造刀具、量具和模具等，其含碳量一般均大于 0.70%。

4. 按冶炼时脱氧程度的不同分

沸腾钢：脱氧程度不完全的钢。
镇静钢：脱氧程度完全的钢。
半镇静钢：脱氧程度介于沸腾钢和镇静钢之间的钢。

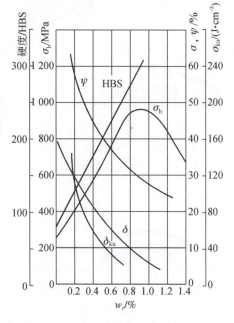

图 1-4-1 含碳量对钢力学性能的影响

HBS-硬度；σ_b-强度；
δ-断后伸长率；δ_{ku}-韧性； -断面收缩率

（三）常用碳素钢及在汽车上的应用

图 1-4-2 所示为常用碳素钢及在汽车上的应用。

同步器　　　　　　　机油盘　　　　　　　支架

弹簧　　　　　　油泵齿轮　　　　　　凸轮轴

图 1-4-2 常用碳素钢制造的汽车零件

1. （普通）碳素结构钢

碳素结构钢的含碳量在 0.06% ~ 0.38% 之间，杂质元素硫、磷的含量较多，故强度不够高。但这类钢冶炼方便、产量高、价格低，且具有较好的塑性和焊接性能，能满足一般使用要求，因而一般用于结构件和要求不高的汽车零件。

牌号表示方法：Q + 屈服强度 + 质量等级符号 + 脱氧程度符号

（1）屈服强度字母：Q——屈服强度，"屈"字汉语拼音字母字头。
（2）屈服强度数值：单位为 MPa。
（3）质量等级符号：A、B、C、D 级，从 A 到 D 依次提高。

（4）脱氧方法符号：F——沸腾钢，b——半镇静钢，Z——镇静钢，TZ——特殊镇静钢，Z 与 TZ 符号在钢号组成表示方法中予以省略。

例：Q235-A·F 表示屈服强度为 235MPa 的 A 级沸腾钢。应用举例见表 1-4-1。

表 1-4-1 部分碳素结构钢的牌号及在汽车上的应用

牌号	应用举例
Q235-A	发动机支架、传动轴中间轴承支架、百叶窗联动杠杆、车轮轮辐等
Q235-A·F	前钢板弹簧夹箍、机油滤清器凸缘、后视镜支架、固定发电机连接板
Q235-B	三、四、五挡同步器锥盘、差速器螺栓锁片、轮辋、驻车制动操纵杆棘爪与齿板等
Q235-B·F	消声器后支架、百叶窗叶片、放水龙头手柄夹持架等

2. 优质碳素结构钢

优质碳素结构钢是应用极为广泛的机械制造用钢。这类钢杂质元素硫、磷含量较少，经热处理后有较好力学性能，常用于制造较重要的机械零件。

（1）优质碳素结构钢的分类：

渗碳钢：含碳量在 0.15%～0.25%，常用于制造渗碳零件。可用于凸轮、滑块、活塞销等。

调质钢：含碳量在 0.25%～0.50%，通过调质处理来提高其综合性能，适用于制作较为重要的零件，如曲轴、连杆、齿轮等。

弹簧钢：含碳量在 0.55%～0.9%，用于制造弹簧等各种弹性元件及耐磨零件。

优质碳素结构钢按其含锰量不同，分为普通含锰量钢（含锰量小于 0.8%）和较高含锰量钢（含锰量为 0.7%～1.2%）两类。两者含碳量相同时，较高含锰量钢的强度优于普通含锰量钢。

（2）牌号表示：用两位数表示，数字表示钢中平均含碳量的万分数。例如：45 钢表示平均含碳量为 0.45% 的优质碳素结构钢。较高含锰量钢在牌号后面标出元素符号"Mn"，例如：50Mn。应用举例见表 1-4-2。

表 1-4-2 部分优质碳素结构钢的牌号及在汽车上的应用

牌号	应用举例
15、20、25	气门弹簧座及调速螺钉、曲轴箱调速螺栓、曲轴箱通风阀体、风扇叶片、发动机气门帽、离合器调整螺栓、消声器前托架螺栓等
35、45	曲轴正时齿轮、半轴螺栓锥形套、机油泵齿轮、凸轮轴、曲轴、变速杆、气门推杆等
65Mn	气门弹簧、风扇离合器阀片、拖曳钩弹簧、离合器压盘弹簧等

3. 铸造碳钢

汽车上一些形状复杂，难以锻造或切削加工，且要求有较高的强度和塑性的零件，用铸铁铸造又难以达到较高性能要求时，一般用铸钢铸造。铸造碳钢具有较好的强度、塑性和韧性，且具有良好的焊接性能，但其铸造性能不如铸铁。

牌号表示：ZG+屈服强度数值+抗拉强度数值

例：ZG200-400 表示屈服强度不小于 200MPa，抗拉强度不小于 400MPa 的铸钢。应用举例见表 1-4-3。

表 1-4-3 部分铸造碳钢的牌号及在汽车上的应用

牌号	应用举例
ZG200-400	机座、变速箱壳等
ZG230-450	外壳、轴承盖、底板、阀体、砧座等
ZG270-500	轴承座、连杆、箱体、缸体、机油管法兰、化油器活接头等
ZG310-570	大齿轮、齿圈、制动轮、进排气歧管压板、变速叉、启动爪等
ZG340-640	联轴器、齿轮、棘轮等

二、合金钢

合金钢是在碳钢的基础上，为改善钢的性能，在冶炼时有目的地加入一种或数种合金元素的钢。与碳素钢相比，由于合金元素的加入，合金钢具有较高的力学性能、淬透性和回火稳定性等，还具有耐热、耐酸、耐蚀等特殊性能，所以使其在机械制造中得到了广泛的应用。

（一）合金元素对钢的影响

铬（Cr）：在结构钢和工具钢中，铬能显著提高强度、硬度和耐磨性，但同时降低塑性和韧性。铬又能提高钢的抗氧化性和耐腐蚀性，因而是不锈钢、耐热钢的重要合金元素。

镍（Ni）：镍能提高钢的强度，而又保持良好的塑性和韧性。镍对酸碱有较高的耐腐蚀能力，在高温下有防锈和耐热能力。但由于镍是较稀缺的资源，故应尽量采用其他合金元素代用镍铬钢。

钼（Mo）：钼能使钢的晶粒细化，提高淬透性和热强性能，在高温时保持足够的强度和抗蠕变能力（长期在高温下受到应力，发生变形，称蠕变）。结构钢中加入钼，能提高力学性能。还可以抑制合金钢由于回火而引起的脆性。在工具钢中可提高红硬性。

钒（V）：钒是钢的优良脱氧剂。钢中加 0.5% 的钒可细化组织晶粒，提高强度和韧性。钒与碳形成的碳化物，在高温高压下可提高抗氢腐蚀能力。

钨（W）：钨熔点高，密度大，是贵重的合金元素。钨与碳形成碳化钨有很高的硬度和耐磨性。在工具钢中加钨，可显著提高红硬性和热强性，作切削工具及锻模具用。

钴（Co）：钴是稀有的贵重金属，多用于特殊钢和合金中，如热强钢和磁性材料。

铝（Al）：铝是钢中常用的脱氧剂。钢中加入少量的铝，可细化晶粒，提高冲击韧性，如作深冲薄板的 08Al 钢。铝还具有抗氧化性和抗腐蚀性能，铝与铬、硅合用，可显著提高钢的高温不起皮性能和耐高温腐蚀的能力。铝的缺点是影响钢的热加工性能、焊接性能和切削加工性能。

氮（N）：氮能提高钢的强度、低温韧性和焊接性，增加时效敏感性。

稀土（Xt）：稀土元素是指元素周期表中原子序数为 57～71 的 15 个镧系元素。这些元素都是金属，但它们的氧化物很像"土"，所以习惯上称稀土。钢中加入稀土，可以改变钢中夹杂物的组成、形态、分布和性质，从而改善了钢的各种性能，如韧性、焊接性、冷加工性能。在犁铧钢中加入稀土，可提高耐磨性。

（二）合金钢的分类

1. 按合金元素含量分类

低合金钢（合金元素总含量＜5%）。
中合金钢（合金元素总含量 5%～10%）。
高合金钢（合金元素总含量＞10%）。

2. 按用途分类

合金结构钢：用于制造机械零件和工程构件。
合金工具钢：用于制造各种加工工具。
特殊性能钢：具有特殊性能的钢，如不锈钢、耐热钢等。

此外，按合金元素种类将合金钢分为：铬钢、锰钢、硅锰钢、铬镍钢等。按质量等级，合金钢可分为：优质合金钢、高级优质钢、特级优质钢。

（三）常用合金结构钢

1. 低合金高强度结构钢

低合金高强度结构钢是在碳素钢的基础上加入了少量的合金元素。这类钢的成分特点是：低碳、低合金，其含碳量为 0.10%～0.20%，合金元素的含量一般小于 3%。含碳量低是为了获得高的塑性、良好的焊接性和冷变形能力。合金元素在钢中形成细小碳化物，起细化晶粒和弥散强化作用，从而提高了钢的强度和韧性。

牌号表示方法与碳素结构钢相同，有 Q295、Q345、Q390、Q420、Q460，其中 Q345 应用最广泛。低合金高强度结构钢在汽车上常用于制造纵梁、横梁、前保险杠等。应用举例见表 1-4-4。

合金钢的牌号

表 1-4-4　部分低合金高强度结构钢的牌号及在汽车上的应用

牌号	应用举例
Q295A	风扇叶片、车架横梁、水箱固定架底板等
Q345B	车架纵梁、横梁、油箱托架、角撑、蓄电池固定后板等
Q390B	角撑、车架前横梁、中横梁、前保险杠等

2. 优质合金结构钢

按国家标准规定,合金钢的牌号是由"两位数字、合金元素符号及合金元素含量数字"组成的,若合金元素的平均含量小于1.5%,则不需标注,如60Si2Mn等。

含碳量数字:当含碳数字为两位数时,表示钢中平均含碳量的万分数,例如60Si2Mn表示钢平均含碳量为万分之六十即0.6%。

合金元素后的含量数字:表示该合金元素平均含量的百分数。当合金元素平均含量小于1.5%时不标数字。例如:60Si2Mn中Si后数字2、Mn后无数字,表示平均含硅量为2%、平均含锰量小于1.5%。

例如:

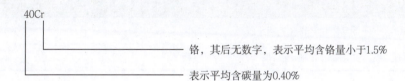

三、铸铁

铸铁是含碳量大于2.11%(一般为2.5%~4.0%)的铁碳合金。铸铁与钢相比,虽然力学性能较低,但是具有良好的铸造性能和切削加工性能,生产成本较低,并具有优良的消音、减振、抗压、耐磨等性能,在机械行业得到了广泛的应用。在汽车上有50%~70%的金属材料为铸铁,近年来,随着科学技术的不断发展,铸铁日益成为一种物美价廉的结构材料。

根据其石墨的存在形态不同,铸铁可分为如下四类:灰铸铁、可锻铸铁、球墨铸铁、蠕墨铸铁。

(一)灰铸铁

灰铸铁是应用最广的铸铁。灰铸铁的组织由金属基体和片状石墨组成,由于石墨的力学性能接近于零,对金属基体有割裂作用,所以灰铸铁的力学性能较低。但灰铸铁具有良好的铸造性能、良好的减振性、良好的耐磨性能、良好的切削加工性能、低的缺口敏感性,且价格低廉,常用于制造一些形状复杂、强度要求不高的零件,是工业上最常用的铸铁。如气缸体、变速器壳体等,如图1-4-3所示。

变速器壳

凸轮轴正时齿轮

图1-4-3 铸铁零件

灰铸铁的牌号是由"HT"("灰铁"两字汉语拼音字首)和最小抗拉强度R_m值表示。例如牌号HT250表示ϕ30mm试棒的最小抗拉强度值为250MPa的灰铸铁。设计铸件时,应根据铸件受力处的主要壁厚或平均壁厚选择铸铁牌号。应用见表1-4-5。

表1-4-5 部分灰铸铁的牌号及在汽车上的应用

牌号	应用举例
HT150	变速器壳体、水泵叶轮等
HT200	凸轮轴正时齿轮、飞轮壳、气缸体、气门导管、制动蹄等
HT250	气缸体、飞轮、曲轴带轮等

(二)可锻铸铁

可锻铸铁俗称马口铁,铸铁中的石墨以团絮状存在,常用的有黑心可锻铸铁和珠光体可锻铸铁。由于可锻铸铁中的石墨呈团絮状,与片状石墨相比,大大减轻了对基体的割裂作用。因此,它不但比灰铸

笔记

铁具有更高的强度，而且还具有更好的塑性和韧性。其中，珠光体可锻铸铁还具有较高的硬度和耐磨性。

可锻铸铁牌号表示方法：是由"KTH"（"可铁黑"三字汉语拼音字首，黑心可锻铸铁的牌号）或"KTZ"（"可铁珠"三字汉语拼音字首，珠光体可锻铸铁）后附最低抗拉强度值（MPa）和最低断后伸长率 A 的百分数表示。

可锻铸铁常用来制造一些形状复杂而强度和韧性要求较高的薄壁零件，如汽车上的后桥壳、轮毂、钢板弹簧吊架等。近年来有不少可锻铸铁的零件已逐渐被球墨铸铁所替代。应用见表1-4-6。

表1-4-6 部分可锻铸铁的牌号及在汽车上的应用

牌号	应用举例
KTH350-10	制动蹄片、轮毂、减速器壳、后桥壳等
KTZ450-06	曲轴、凸轮轴、连杆、齿轮、活塞环等

（三）球墨铸铁

球墨铸铁中的石墨大部分以球状形态存在，比团絮状石墨更加光滑，对基体的割裂作用更小，能充分地发挥基体组织作用。球墨铸铁的强度、塑性与韧性都大大优于灰铸铁，力学性能可接近中碳钢，而且有灰铸铁的良好性能。球墨铸铁还可以像钢一样进行各种热处理，以提高其力学性能；其价格又比钢低，因此，一些原来用碳钢、可锻铸铁或合金钢制造的各种载荷较大、受力较复杂和耐磨损的零件可用球墨铸铁制造。

球墨铸铁的牌号是由"QT"（"球铁"两字汉语拼音字首）后附最低抗拉强度 R_m 值（MPa）和最低断后伸长率的百分数表示，如：QT450-10表示抗拉强度不小于450MPa，断后伸长率不小于10%的球墨铸铁。

在汽车上球墨铸铁常用来制造一些受力复杂，强度、韧性和耐磨性要求高的零件，如汽车上的曲轴、连杆、凸轮轴和轮毂等。应用见表1-4-7。

表1-4-7 部分球墨铸铁的牌号及在汽车上的应用

牌号	应用举例
QT450-10	底盘零件、电动机壳、联轴器、轮毂、转向器壳等
QT600-03	发动机臂、钢板弹簧侧垫板及滑块、曲轴、离合器片、托架等

（四）蠕墨铸铁

蠕墨铸铁的石墨是以蠕虫状形态存在的，形态介于片状与球状之间，所以蠕墨铸铁的力学性能介于灰铸铁和球墨铸铁之间，其铸造性能、减振性和导热性都优于球墨铸铁，与灰铸铁相近。

蠕墨铸铁的牌号表示方法：蠕墨铸铁的牌号是由"RuT"（"蠕铁"两字汉语拼音字首）后附最低抗拉强度值（MPa）表示。例如牌号RuT300表示最低抗拉强度为300MPa的蠕墨铸铁。

蠕墨铸铁常用的牌号有RuT340、RuT300、RuT260等，目前在汽车上主要用于制造柴油机气缸盖、进排气管、制动盘和制动鼓等。应用见表1-4-8。

表1-4-8 部分蠕墨铸铁的牌号及在汽车上的应用

牌号	应用举例
RuT260	汽车底盘零件、增压器废气进气壳体、活塞环、气缸套、制动盘等
RuT300	制动鼓、排气管、气缸盖、液压件等
RuT340	排气管、变速器壳、液压件等

（五）合金铸铁

合金铸铁是在灰铸铁或球墨铸铁中加入一定量的合金元素，使之具有某些特殊性能，提高其适应性和扩大其使用范围，这种铸铁称为合金铸铁。

常用的合金铸铁有耐磨铸铁、耐热铸铁、耐蚀铸铁等。

耐热铸铁是在球墨铸铁中加入铝、硅、铬等合金元素而形成的。在汽车上主要用于制造高温条件下工作的发动机进、排气门座和排气管密封环等。

耐磨铸铁是在灰铸铁中加入铬、钼、铜、钛、磷等合金元素而形成的。常用的耐磨铸铁有高磷耐磨铸铁和铬钼铜耐磨铸铁等，主要用于制造在高温下强烈摩擦的零件，如汽车的气缸套、活塞环等。

学后测评

一、填空题

1. 碳素钢简称碳钢，是含碳量大于_____而小于_____的铁碳合金。
2. 碳素钢据含碳量的多少可分为_____、_____和_____。
3. 根据含 S、P 杂质元素的多少，碳素钢可分为_____和_____。
4. 45 钢按含碳量分，它属于_____钢，按用途分类，它属_____钢，按钢中有害杂质 S、P 含量多少分类，它属_____钢。这类钢杂质元素硫、磷含量较_____，经_____后有较好力学性能，常用于_____。
5. 合金钢就是在碳钢的基础上，为了获得特定的功能，有目的地加入_____或_____元素的钢。
6. 合金钢按合金元素的含量多少可分为_____、_____和_____，其合金元素的总含量分别为_____、_____和_____。
7. Q235-A·F 表示_____为_____MPa 的_____级_____钢。在汽车上可用于_____、_____、_____等零件的制造。
8. 优质碳素结构钢可分为：_____、_____、_____三类。
9. ZG200-400 表示_____、_____的铸钢，它可用于汽车上_____、_____等的制造。
10. 合金钢 20CrMnTi 的牌号中，20 表示_____，Cr 表示_____，Mn 表示_____，Ti 表示_____，元素符号后面没有数字，表示_____。20CrMnTi 可用于汽车上_____等的制造。
11. RuT300 表示的材料是_____，可用于汽车上_____的制造。

二、选择题

1. 采用冷冲压方法制造汽车油底壳应选用（　　）。
   A. 45 钢　　　　　B. T10A 钢　　　　C. 08 钢
2. 20 钢按含碳量分类，它属于（　　）。
   A. 中碳钢　　　　B. 低碳钢　　　　　C. 高碳钢
3. 下列材料中是碳素结构钢的是（　　）。
   A. Q235-A　　　B. 40　　　　　　C. HT250　　　　D. T12A
4. 制造 EQ1090 和 EQ1091 气门弹簧用（　　）。
   A. 40MnB　　　B. 15Cr　　　　　C. 65Mn　　　　　D. CrWMn
5. 低合金结构钢有（　　）。
   A. 20CrMnTi　　B. 25　　　　　　C. 65Mn　　　　　D. 9SiCr
6. 与钢相比，铸铁工艺性能的突出优点是（　　）。
   A. 可焊性好　　　B. 淬透性好　　　　C. 铸造性好
7. 铸铁是含碳量大于（　　）的铁碳合金。
   A. 2.11%　　　　B. 0.77%　　　　　C. 74.3%
8. 将下列各牌号的铸铁中可以用来制造曲轴的是（　　）。
   A. HT150　　　　B. HT200　　　　　C. KTH350-10　　D. QT600-3
9. 发动机的活塞环可以用（　　）制造的。
   A. 耐热钢　　　　B. 耐磨铸铁　　　　C. 灰口铸铁　　　　D. 可锻铸铁

10. 下列材料中，属于合金调质钢的有（　　　）。
　　A. 50Mn2　　　　B. 20Mn2B　　　　C. 4Cr9Si2　　　　D. 9SiCr

三、判断题

1. 硅、锰在碳素钢中是有益元素，适当增加其含量，均能提高钢的强度。（　）
2. 硫、磷在碳素钢中是有害元素，随着含量的增加，硫会使钢韧性降低，产生冷脆性，磷会使钢的韧性降低，产生热脆性。（　）
3. 碳素结构钢都是优质碳素钢。（　）
4. 优质碳素结构钢根据含锰量可分为普通含锰量与较高含锰量两种。（　）
5. 除含铁、碳外，还含有其他元素的钢就是合金钢。（　）
6. 合金钢不经过热处理，其力学性能比碳钢提高不多。（　）
7. 制作汽车大梁的 16Mn 钢是一种平均含碳量为 0.6% 的较高含锰量的优质碳素结构钢。（　）
8. 由于铬具有增加钢的耐腐蚀能力和抗氧化性，因而含铬的钢都是不锈钢。（　）
9. GCr15 是高合金钢。（　）
10. 铸铁中的碳均以石墨的形式存在。（　）

四、简答题

1. 简述碳素钢中碳元素对钢的性能的影响？
2. 与碳素钢相比，合金钢有哪些优点？
3. 简述合金钢中合金元素对钢的性能有何影响？
4. 根据石墨存在的形式不同，铸铁可分为哪几类？性能如何？

课题二　铝及铝合金

学习目标

1. 了解纯铝及铝合金的基本性能。
2. 掌握纯铝及铝合金的种类、牌号及在汽车上的应用。

问题引导

汽车轻量化是汽车行业的发展趋势，现代轿车材料要求强度高而质量轻，采用铝合金的车身是一条理想的出路。近年来，轿车上的铝及铝合金用量已经从占汽车总质量的 5% 左右上升至 15% 甚至更高。在 1994 年，奥迪汽车公司开发了第一代奥迪 A8 全铝合金空间框架车身，将有色金属在汽车制造业中的应用推向更高层次。

一、纯铝

工业纯铝有很多优点：密度小，约为钢铁的 1/3；导电性好，导热性良好；有良好的塑性，强度、硬度低，可以进行冷、热压力加工；加工性好，容易加工成各种板材、线材、型材等；耐蚀性好，铝在大气中由于表面易氧化形成致密而稳定的氧化膜；容易再生。

工业纯铝按加工方法可以分为变形纯铝（可压力加工）和铸造纯铝（非压力加工）两类。

纯铝的牌号：根据 GB/T 3190—2008 的规定，变形纯铝用四位字符体系的方法命名，即用 1×××，牌号的后两位表示铝质量分数中小数点后面的两位数字。牌号第二位的字母表示原始纯铝的改型情况，如果字母为 A（或者是数字 0）表示为原始纯铝。如纯铝牌号 1035 中，1 表示为纯铝，0 表示没有改型，是原始纯铝，35 表示铝的纯度为 99.35%。铸造纯铝牌号由"Z"和铝的化学元素符号及表明铝质量分数的数字组成，如 ZAl99.5 表示铝的质量分数为 99.5% 的铸造纯铝。纯铝牌号及在汽车上的应用见表 1-4-9。

表 1-4-9　纯铝的牌号及在汽车上的应用

牌号	应用举例
1060、1035、1200	电线、电气元件、垫圈、汽车铭牌等

二、铝合金

铝合金按加工方法可以分为变形铝合金和铸造铝合金。变形铝合金又分为不可热处理强化型铝合金和可热处理强化型铝合金。不可热处理强化型不能通过热处理来提高力学性能，只能通过冷加工变形来实现强化，它主要是防锈铝合金；可热处理强化型铝合金可以通过淬火和时效等热处理手段来提高力学性能，它可分为硬铝合金、锻造铝合金、超硬铝合金。铝合金零件如图 1-4-4 所示。

转向节

轮毂

活塞

图 1-4-4　铝合金零件

1. 变形铝合金

变形铝合金是指适宜于压力加工成型的铝合金。其合金含量一般小于 5%。它具有良好的塑性，可加工成锻坯、板材、管材和棒材等各种型材，用于汽车各种零件的制造。

变形铝合金的牌号用四位字符体系表示，第一、三、四位为阿拉伯数字，第二位为英文大写字母，第一位数字表示铝及铝合金的组别，如 1×××表示纯铝，2×××表示 Al-Cu 系合金，3×××为 Al-Mn 系合金，第三四位数字用以标识同一组中不同的铝合金或表示铝的纯度。具体的可查国家标准 GB/T 16474—2011《变形铝及铝合金牌号表示方法》。

常用的变形铝合金有防锈铝（LF）、硬铝（LY）、超硬铝（LC）和锻铝（LD）四类。变形铝合金的特性及应用见表 1-4-10。

表 1-4-10　变形铝合金应用在汽车上的应用

牌号	性能及应用举例
5A05、5A13、3A21	防锈铝合金，主要用来制造要求有良好的抗腐蚀性、塑性和焊接性能好的载荷零件和焊接件，如油箱、蒙皮、油管、窗框、灯具等
2A01、2A11	硬铝合金，是可热处理强化的铝合金中应用最广的一种。常用于铆钉、结构件等
7A03、7A04	超硬铝合金，有高强度铝合金之称，经热处理后获得比硬铝合金更高的强度，是目前室温强度最高的铝合金。用于制造飞机结构中的重要材料
2A50、2A70	锻造铝合金，在常温下有较高的强度，易于锻造，可用热处理强化，用于锻造各种复杂零件，如内燃机的活塞、压气机叶轮、气缸盖等

2. 铸造铝合金

铸造铝合金是可以直接用铸造方法浇注成零件或毛坯的铝合金。与变形铝合金相比，其力学性能较差，但铸造性能好，可以铸造形状复杂的零件。主要有 Al-Si 系、Al-Cu 系、Al-Mg 系、Al-Zn 系四个系列。

铝合金可用代号表示：铸造铝合金的代号用"ZL"（铸铝的拼音字首）加三位数字表示。在三位数字中，第一位数字表示合金类别：1——Al-Si 系，2——Al-Cu 系，3——Al-Mg 系，4——Al-Zn 系，第二、

铝及铝合金简介

第三位表示合金顺序号。

例：

铝合金也可用牌号表示：用 Z+ 基本元素（铝元素）符号 + 主要添加合金元素符号 + 主要添加合金元素的百分含量表示，优质合金在牌号后面标注"A"。

例：

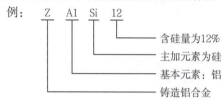

铸造铝合金的种类、牌号、特性及应用见表1-4-11。

表1-4-11　铸造铝合金的种类、牌号、特性及应用

牌号	代号	性能及应用
ZAlSi7Mg	ZL101	铸造性能优异，耐腐蚀性能较优越，力学性能良好，质量轻、有一定强度和复杂形状的中小型零件，尤其是薄壁零件，如仪器仪表零件、活塞、气缸体、气缸盖
ZAlSi12	ZL102	
ZAlSi9Mg	ZL103	
ZAlSi12Cu2Mg1	ZL104	
ZAlCu5Mn	ZL201	焊接性能和切削加工性能良好，铸造性能差，耐腐蚀性能差，用于制造形状简单的零件，如曲轴箱、支架、飞轮盖
ZAlCu4	ZL203	
ZAlMg10	ZL301	具有非常优越的抗腐蚀性能，力学性能高，加工表面光亮美观，密度最小，但熔炼、铸造性能复杂或较差。用于制造耐腐蚀的铸件，如海轮配件等。在一定场合可以替代不锈钢
ZAlMg5Si	ZL303	
ZAlZn11Si7	ZL401	力学性能较高，铸造性能良好，抗腐蚀性能较差；不需热处理就能使合金强化。用于制造结构形状复杂的汽车零件
ZAlZn6Mg	ZL402	

3. 压铸铝合金

压力铸造是一种将液态或半固态金属或合金或含有增强物相的液态金属或合金，在高压下以较高的速度填充入压铸型的型腔内，并使金属或合金在压力下凝固形成铸件的铸造方法。在现代汽车制造工业中，由于压力铸造的生产效率高，铸件质量好，强度和硬度高，所以，铝合金铸件逐步由压力铸造来制造。适宜于压力铸造的铝合金称为压铸铝合金。

压铸铝合金的代号用"YL"开头表示，如YL102；其牌号则用"YZAl"开头表示，表示的格式和铸造铝合金相同，如YZAlSi12。

目前铝制变速器壳、离合器壳、转向器壳等大多是采用压力铸造，而活塞、气缸体、气缸盖和轮毂等零件也开始采用压力铸造。

一、填空题

1. 铝合金根据加工特点，可分为_____和_____两类。其中铝硅合金属于_____，硬铝合金属于_____。
2. 工业纯铝具有_____、_____、_____、_____、_____等性能。按加工方法纯铝可分为_____和_____两类。工业纯铝可用于汽车上_____的制造。
3. 变形铝合金的牌号用_____表示，第一、三、四位为阿拉伯数字，第二位为英文大写字母，第一位数字表示_____组别，第三四位数字用以_____。变形铝合金有_____、_____、_____、_____四类。
4. ZAlSi12表示_____。

二、选择题

1. 下列牌号中属于工业纯铝的是（　　）。
   A. 1060　　　　　　　　　　　　B. 5A05
   C. 2A50　　　　　　　　　　　　D. ZAlSi12
2. 下列不能热处理强化的变形铝合金是（　　）。
   A. 防锈铝合金　　　　　　　　　B. 超硬铝合金
   C. 硬铝合金　　　　　　　　　　D. 锻造铝合金
3. 可用于制造活塞的是（　　）。
   A. 2A50　　　　　　　　　　　　B. 1070
   C. 5A13　　　　　　　　　　　　D. ZAlSi12
4. 可用于制造汽车散热器的是（　　）。
   A. 变形铝合金　　　　　　　　　B. 锻造铝合金
   C. 压铸铝合金
5. 下列铝合金的牌号中，是铸造铝合金的是（　　）。
   A. 1060　　　　　　　　　　　　B. 5A05
   C. 2A50　　　　　　　　　　　　D. ZAlSi12

三、判断题

1. 纯铝的强度较低，一般不能用于制造机械零件。（　　）
2. 铸造铝合金一般不进行压力加工，只能铸造成型。（　　）
3. 由于压力铸造的生产效率高，铸件质量好，强度和硬度高，所以，铝合金铸件逐步由压力铸造来制造。（　　）
4. 压力铸造生产效率高，铸件精度高，只需少量切削或无须切削加工。（　　）
5. 铸造铝合金的力学性能比变形铝合金好。（　　）

四、简答题

1. 简述铝合金的分类。
2. 变形铝合金的牌号如何规定的？
3. 简述铸造铝合金在汽车上有哪些应用。

课题三　铜和铜合金

1. 了解铜及铜合金的种类、牌号及性能。
2. 掌握铜及铜合金在汽车上的应用。

铜具有导电性好、导热性好、耐蚀性好等优点，在汽车上有色金属的应用中，铜及铜合金的用量仅次于铝及铝合金的用量，汽车上用于制造各类热交换器、散热器、耐磨减磨零件、电气元件、油管等构件。

一、纯铜

工业纯铜含铜量为99.5%～99.95%，外观呈紫红色，故又称为紫铜。纯铜导电性、导热性优良，抗大气腐蚀性能良好，塑性好，容易进行冷、热塑性加工，强度和硬度较低，通过冷变形可使之强化，工业纯铜不宜制作结构件。

纯铜按含氧量及加工方法不同，可分为工业纯铜和无氧纯铜两大类。工业纯铜有T1、T2、T3、T4四个代号。代号中的"T"为铜的汉语拼音字首，其后的数字表示序号，序号越大，纯度越低，导电性、塑性越差。无氧纯铜含氧量低于0.003%，牌号有TU1、TU2等，主要用于电真空器件。

在汽车上纯铜主要用于导电、导热和耐蚀元件，还可用于制作气缸垫、散热管进排气管垫、轴承衬垫和油管等。铜合金零件如图1-4-5所示。

衬套　　　　　　法兰　　　　　波纹管　　　　　　曲轴轴瓦

图1-4-5　铜合金零件

二、铜合金

纯铜强度低，虽然冷加工变形可提高其强度，但塑性显著降低，不能制造受力的结构件。为了满足制造结构件的要求，工业上广泛采用在铜中加入合金元素而制成性能得到强化的铜合金，根据化学成分，铜合金分为黄铜、青铜、白铜三类。

1. 黄铜

黄铜是以锌为主要添加元素的铜合金。黄铜根据化学成分可分为普通黄铜和特殊黄铜。按加工方法分又可以分为压力加工黄铜和铸造黄铜两类。

普通黄铜是由铜和锌两种元素组成，其含量一般为35%～40%。普通黄铜具有良好的耐蚀性和压力加工性能，并具有一定的塑性和强度。特殊黄铜是在普通黄铜中加入铝、硅、锰、锡、铅等合金元素而组成的合金。按其所加元素不同，分为硅黄铜、铅黄铜、锡黄铜等。特殊黄铜加入合金元素，改善了黄铜的力学性能、耐蚀性或某些工艺性能。

压力加工普通黄铜牌号：用"H+数字表示"。H为"黄"字汉语拼音字母字首，数字表示铜的质量分数。例如：H68表示铜的平均含量为68%，其余为锌的普通黄铜。压力加工特殊黄铜的代号：用"H"加锌以外的主要添加元素符号和两组数字的格式表示，第一组数字表示铜的百分含量，第二组数字表示锌以外的主要添加元素的百分含量。例如：HPb59-1表示含铜量为59%，含铅量为1%的铅黄铜。

铸造普通黄铜的牌号：用"ZCu"加锌元素符号及其百分含量的格式表示。例如：ZCuZn38 表示含锌量为 38% 的铸造普通黄铜。铸造特殊黄铜的牌号：用"Z+铜和合金元素符号、合金元素平均质量百分数"表示。例如：ZCuZn38 表示平均含锌量为 38%，其余为铜的铸造普通黄铜；ZCuZn16Si4 表示平均含锌量为 16%、含硅量为 4%，其余为铜的铸造硅黄铜。常用黄铜牌号及在汽车上的应用见表 1-4-12。

表 1-4-12　常用黄铜牌号及在汽车上的应用

类别		牌号	应用举例
普通黄铜	压力加工黄铜	H62	螺母、散热器、铆钉、销钉、垫圈等
		H68	散热器外壳、导管、波纹管等
		H96	散热管、散热器片、水箱带等
	铸造黄铜	ZCuZn38	制作结构、耐蚀零件，如法兰、阀座、支架等
特殊黄铜	压力加工黄铜	HPb59-1	制作结构零件，如螺钉、衬套、喷嘴等
		HSn90-1	用于耐蚀、减摩零件，如弹性套管、垫圈等
	铸造黄铜	ZCuZn25Al6Fe3Mn3	用于高强度、耐磨零件，如滑块、蜗轮等

2. 青铜

青铜原指铜锡合金，因呈青黑色而得名。由于需要发展了不含锡而加入铝、硅、锰、铅等其他元素的青铜，称为特殊青铜或无锡青铜。常用有锡青铜、铝青铜、铍青铜、铅青铜。

按工艺特点又分为压力加工青铜和铸造青铜两大类。

压力加工青铜的牌号：用"青"字汉语拼音字母字首 Q+ 主加元素符号及其平均质量分数 + 其他元素平均质量分数组成，符号只表示主要添加元素，其他添加元素在符号中不表示，需查找有关标准或手册。例如：QSn4-3 表示平均含锡量为 4%、含锌量为 3%，其余为铜的锡青铜。

铸造青铜的牌号与铸造黄铜的牌号表示方法相同：用 Z+ 铜和合金元素符号及合金元素平均质量分数表示。例如 ZCuSn10P1 表示平均含锡 10%、含磷 1%，其余为铜的铸造锡青铜。常用黄铜牌号及在汽车上的应用见表 1-4-13。

表 1-4-13　常用黄铜牌号及在汽车上的应用

类别		牌号	应用举例
锡青铜	压力加工青铜	QSn4-4-2.5	用于制造活塞销衬套、发动机摇臂衬套、轴套等
	铸造青铜	ZCuSn10Zn2	用于制造轴瓦、衬套、缸套、蜗轮等
特殊青铜	压力加工青铜	QBe2	重要仪表的弹簧、齿轮、轴承、衬套等
	铸造青铜	ZCuPb30	曲轴轴瓦、曲轴止推垫圈等

3. 白铜

以镍为主要添加元素的铜合金称为白铜。仅由铜镍组成二元合金称为普通白铜，含有锰的称为锰白铜。锰白铜有极高的电阻率，非常小的温度系数，是制造电工仪器、变阻器、热电耦合器等零件的良好材料。

一、填空题

1. 纯铜＿＿＿＿、＿＿＿＿良好，抗＿＿＿＿性能良好，＿＿＿＿好，容易进行＿＿＿＿加工，＿＿＿＿较低，通过冷变形可使之强化，工业纯铜不宜＿＿＿＿。
2. 黄铜又可分为＿＿＿＿和＿＿＿＿。青铜又可分为＿＿＿＿和＿＿＿＿。
3. 压力加工普通黄铜牌号用＿＿＿＿。＿＿＿＿为"黄"字汉语拼音字母字首，数字表示_____。例如：H68 表示_____普通黄铜。
4. 某铜合金的牌号：ZCuZn25Al6Fe3Mn3，它表示_____。
5. 无锡青铜常用有：_____、_____、_____、_____。

二、选择题

1. 汽车上制造导线的材料是（   ）。
   A. 铝合金　　　　B. 纯铜　　　　C. 黄铜　　　　D. 青铜
2. 汽车上用于制造重载荷轴瓦的是（   ）。
   A. 纯铜　　　　　B. 黄铜　　　　C. 锡青铜　　　D. 特殊青铜
3. 下列牌号中属于特殊黄铜的是（   ）。
   A. HPb59-1　　　 B. H96　　　　 C. QBe2　　　　D. ZCuZn38
4. 下列牌号中可用于制造汽车上发动机摇臂衬套、轴套、轴瓦的材料是（   ）。
   A. 纯铜　　　　　B. 黄铜　　　　C. 锡青铜　　　D. 特殊青铜
5. 下列材料中可用于制造汽车散热器零件的是（   ）。
   A. 铸造青铜　　　B. 黄铜　　　　C. 青铜　　　　D. 铸造黄铜

三、判断题

1. 纯铜具有很高的导电性和导热性，也有优良的塑性，强度不高，不宜做承受载荷的汽车零件。（   ）
2. 黄铜是铜锌合金，青铜是铜锡合金。（   ）
3. 锰白铜有极小的电阻率，非常小的温度系数，非常适合制作导线。（   ）
4. 青铜原指铜锡合金，因呈青黑色而得名。（   ）
5. 镀铜铁制器是一种铜合金。（   ）

四、简答题

1. 什么是黄铜，黄铜在汽车上有哪些应用，举例说明。
2. 什么是青铜，青铜在汽车上有哪些应用，举例说明。

课题四　其他有色金属

学习目标

1. 了解轴承合金的种类、性能和牌号及在汽车上的应用。
2. 了解其他有色金属及合金的种类、性能及其在汽车上的应用。

问题引导

除铝及铝合金、铜及铜合金外，其他的有色金属也很广泛地应用在汽车零部件中，如汽车上应用的镁合金零部件就有 60 多种，国外的粉末冶金产品的 60% 以上都用于汽车零部件制造。有色金属零件如图 1-4-7 所示。

一、镁及镁合金

与其他材料相比，纯镁密度小，纯镁的密度仅为 $1.73g/cm^3$，约为铝的 2/3，铁的 1/4，接近于工程塑料的密度，是实际工程应用中密度最小的金属材料。但纯镁有很高的化学活性，耐蚀性很差，强度和塑性均不高，所以一般不直接用做结构材料。

镁合金是在镁中加入铝、锌、锰、锆等合金元素而制成的。常用的有镁－锰系合金、镁－铝－锌系合金和镁－锌－锆系合金等。镁合金可以进行热处理，它具有较好的耐蚀性，强度和塑性都得到了提高，而且减振性能良好，易于吸收冲击载荷，同时还具有良好的铸造性能和切削加工性能，只是耐热性较差。

镁合金可分为变形镁合金和铸造镁合金。它们的代号分别以"MB"和"ZM"加序号表示。如：变形镁合金的有 MB1、MB2、MB3 等，铸造镁合金的代号有 ZM1、ZM2、ZM3 等。

根据 GB/T 5153—2016《变形镁与镁合金牌号与化学成分》的规定，镁合金的牌号以英文字母 + 数字 + 英文字母的形式表示。前面的英文字母是其最主要的合金组成元素代号（元素代号见表 1-4-14），其后的数字表示其最主要的合金组成元素上下极限值的平均值。最后面的英文字母为标识代号，用以标识各具体组成元素相异或元素含量有微小差别的不同合金。

表 1-4-14 元素代号

元素代号	元素名称	元素代号	元素名称	元素代号	元素名称	元素代号	元素名称	元素代号	元素名称
A	铝（Al）	G	钙（Ca）	N	镍（Ni）	V	钆（Gd）		
B	铋（Bi）	H	钍（Th）	P	铅（Pb）	W	钇（Y）		
C	铜（Cu）	J	锶（Sr）	Q	银（Ag）	Y	锑（Sb）		
D	镉（Cd）	K	锆（Zr）	R	铬（Cr）	Z	锌（Zn）		
E	稀土（RE）	L	锂（Li）	S	硅（Si）				
F	铁（Fe）	M	锰（Mn）	T	锡（Sn）				

例：

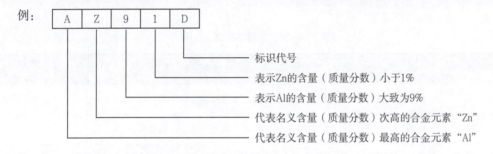

AZ91D
- 标识代号
- 表示Zn的含量（质量分数）小于1%
- 表示Al的含量（质量分数）大致为9%
- 代表名义含量（质量分数）次高的合金元素"Zn"
- 代表名义含量（质量分数）最高的合金元素"Al"

当前，镁合金作为汽车轻量化材料，在汽车上的应用还不如铝合金。但它一直为汽车行业所关注，并不断寻求应用途径。汽车上应用的镁合金除少量镁板等变形镁合金外，一般都使用铸造镁合金。镁合金在汽车零件上的应用主要有壳体类的发动机气缸体、曲轴箱、变速器壳、进气歧管等，还有一些车身骨架零件和车身覆盖件正在开发和推广采用镁合金，如图 1-4-6 所示。镁合金材料牌号及应用举例见表 1-4-15。

镁合金外壳

钛合金涡轮

锌合金手柄

粉末冶金零件

图 1-4-6 有色金属零件

表 1-4-15 镁合金材料牌号及应用举例

牌号	应用举例
AM20	车门内板
AM50	转向盘、转向管理柱支架、门框
AM60B	仪表板骨架、座椅骨架
AZ91D	变速器壳体、气缸盖
AE44	发动机托架

二、锌及锌合金

锌的密度为7.14g/cm³,室温下脆性大。由于锌在常温下表面易生成一层保护膜,所以锌主要用做钢铁表面的防护性镀层。

锌能和铝、铜、镁等合金元素组成锌合金。锌合金的强度较高,铸造性能良好,价格也不高,不足之处是塑性较低,耐热性、焊接性能较差。锌合金也可分为变形锌合金和铸造锌合金。目前,汽车上锌合金主要用于制造汽油泵壳、机油泵壳、车门手柄、雨刮器、安全带扣和内饰件等。

三、钛及钛合金

钛及钛合金简介

钛是20世纪50年代发展起来的一种重要的结构金属,钛合金因强度高、耐蚀性好、耐热性高等特点而被广泛用于各个领域。世界上许多国家都认识到钛合金材料的重要性,相继对其进行研究开发,并得到了实际应用。20世纪50～60年代,主要是发展航空发动机用的高温钛合金和机体用的结构钛合金,70年代开发出一批耐蚀钛合金,80年代以来,耐蚀钛合金和高强钛合金得到进一步发展。钛合金主要用于制作飞机发动机压气机部件,其次为火箭、导弹和高速飞机的结构件。

钛是一种新型金属,工业纯钛密度小,熔点高,热膨胀系数小,塑性好,容易加工成形,在常温下钛有很好的耐蚀性能,不易氧化,在海水和蒸汽中的耐蚀能力比铝合金、不锈钢、镍合金还好。纯钛具有同素异构转变现象。

钛合金的比强度极高,韧性、耐蚀性良好,能在较宽的温度范围中使用,但产品成本较高。目前钛合金有数百种,常用的钛合金分为以下三类:α合金、β合金、(α+β)合金。中国分别以TA、TB、TC加序号来表示。钛合金在汽车上可用于制造发动机连杆、曲轴、气门弹簧和悬架弹簧等。常用钛合金及应用见表1-4-16。

表1-4-16 常用钛合金及应用

代号	应用举例
TA4	α合金,用于在500℃以下工作的零件,如飞机涡轮机壳等
TB1	β合金,用于350℃以下工作的零件,如压气机叶片,飞机构件等
TC4	(α+β)合金,用于400℃以下工作的零件,如有一定高温强度的发动机零件、低温工作零部件等

四、粉末冶金材料

粉末冶金简介

粉末冶金是制取金属粉末或用金属粉末(或金属粉末与非金属粉末的混合物)作为原料,经过成形和烧结,制造金属材料、复合材料以及各种类型制品的工艺技术。

粉末冶金法与生产陶瓷有相似的地方,均属于粉末烧结技术,因此,一系列粉末冶金新技术也可用于陶瓷材料的制备。由于粉末冶金技术的优点,它已成为解决新材料问题的钥匙,在新材料的发展中起着举足轻重的作用。

常用的粉末冶金材料:

(1)含油轴承材料。含油轴承材料是由粉末冶金材料制成的轴承材料,使用前,先浸入润滑油中,由于粉末冶金的多孔性,可吸附大量的润滑油,故称为含油轴承,有自动润滑作用。目前已广泛用于汽车、工程机械和电动机中。

(2)粉末冶金摩擦材料。粉末冶金摩擦材料是具有高摩擦系数和高耐磨性能的金属和非金属材料。根据基体材料不同可分为铜基摩擦材料和铁基摩擦材料两类。铜基摩擦材料常用于汽车、工程机械的离合器和制动器等,铁基摩擦材料用于各种高速重载机器的制动器,如载重汽车、大型工程机械,也可用作汽车和工程机械的干式离合器。

(3)硬质合金。硬质合金是以碳化钨、碳化钛等高熔点、高硬度的碳化物为基体,加入钴作为黏合剂的一种粉末冶金材料,广泛用作刀具材料。

一、填空题

1. 锌合金的强度_____，_____性能良好，价格也不高，不足之处是_____，_____、_____较差。
2. 镁合金是在镁中加入_____等合金元素而制成的。常用的有_____系合金、_____系合金和_____系合金等。
3. 常用的钛合金分为以下三类：_____、_____、_____。中国分别以_____、_____、_____加序号来表示。
4. 粉末冶金是制取_____或用_____（或金属粉末与非金属粉末的混合物）作为原料，经过_____和_____，制造_____、_____以及_____的工艺技术。
5. 常用的粉末冶金材料有_____、_____、_____。

二、判断题

1. 镁合金也是汽车轻量化材料。（　　）
2. 粉末冶金可用于制造汽车正时齿轮。（　　）
3. 在常温下钛有很好的耐蚀性能，不易氧化，在海水和蒸汽中的耐蚀能力比铝合金、不锈钢、镍合金略差。（　　）
4. 镁合金作为汽车轻量化材料，在汽车上的应用还不如铝合金。（　　）

三、简答题

1. 简述镁合金在汽车上的应用。
2. 简述锌及锌合金在汽车上的应用。
3. 简述钛合金在汽车上的应用。
4. 简述粉末冶金在汽车上的应用。

模块五　高分子材料

模块介绍

为适应安全、节能的要求，在汽车中特别是轿车中开始大量采用非金属材料，如汽车仪表板壳、保险杠、各种油封等采用的材料是塑料、橡胶。塑料和橡胶是高分子材料，它们密度小、韧性好、耐蚀性好、加工性好，在汽车制造中逐渐替代了部分昂贵的金属及其合成材料。

模块目标

1. 了解橡胶的组成、分类和性能，了解橡胶在汽车上的应用场合。
2. 了解塑料的组成、分类和性能，了解塑料在汽车上的应用场合。
3. 了解胶黏剂的组成、分类及在汽车上的应用。

课题一　橡胶

1. 了解车用橡胶的种类和性能特点。
2. 掌握橡胶制品在汽车上的应用。

橡胶是一种有机高分子材料。它是以生胶为主要原料，加入适量配合剂，经硫化处理后得到的一种材料。橡胶在汽车工业中的应用十分广泛，许多汽车零部件如轮胎、传动带、制动皮碗、胶管和缓冲垫等，都是由橡胶制造的。

一、橡胶的性能

（1）在室温下富有弹性，这是橡胶独特的性能。橡胶的伸长率高达100%。橡胶在起初受负荷时变形量很大，但随着外力的增加，橡胶又具有很强的抵抗变形的能力。因此，橡胶可作为减振材料，用于制造各种减振和吸收振动的零件。

（2）橡胶有良好的热可塑性。橡胶在一定温度下失去弹性而具有可塑性，称为热可塑性。橡胶处于热可塑性状态时，容易加工成各种形状和尺寸的制品，根据这一特性，可把橡胶加工成不同形状的制品。

（3）橡胶还有良好的黏着性、绝缘性、耐腐蚀性、密封性和耐寒性等，但橡胶的导热性差，抗拉强度低，尤其是容易老化。所以为减缓橡胶的老化，在使用中应避免与酸、碱、油及有机溶剂接触，尽量减少受热、日晒和雨淋等。

二、橡胶的种类

橡胶的种类很多，按其来源不同，橡胶分为天然橡胶、合成橡胶和再生橡胶三大类。

1. 天然橡胶

天然橡胶是从橡胶树上采集的胶乳，经凝固、干燥、混炼加工而成的高弹性材料。天然橡胶是应用最早的橡胶。它的综合性能优良，大量用于制造各类轮胎以及各种胶带、胶管等橡胶制品。

2. 合成橡胶

合成橡胶是以石油、天然气等为原料，通过化学方法合成的。其原料来源丰富、价格低廉，其产量已超过了天然橡胶。合成橡胶品种繁多，通常分为通用合成橡胶和特种合成橡胶。通用合成橡胶是汽车工业的重要材料，常用的有氯丁橡胶、丁苯橡胶、顺丁橡胶等。

3. 再生橡胶

再生橡胶是利用废旧橡胶制品经再加工而成的橡胶材料。再生橡胶强度较低，但有良好的耐老化性，且加工方便，价格低廉。汽车上常用于制造橡胶地毯、各种封口胶条等。

三、橡胶在汽车上的应用

轮胎　　　　　　　　　密封圈　　　　　　　　　传动带

图 1-5-1　汽车上的橡胶制品

橡胶是汽车上应用最多的非金属材料之一，如图 1-5-1 所示。汽车上的橡胶制品大致可以分为以下五类：

（1）汽车轮胎。包括外胎和内胎，是汽车不可缺少的重要部件，也是汽车上消耗最大的橡胶制品。轮胎橡胶材料的性能将直接影响汽车的动力性、操纵稳定性和燃油经济性及轮胎的使用寿命。轮胎外胎常用异戊间二烯橡胶及聚丁橡胶，内胎常用丁基橡胶。

（2）橡胶密封制品。如各种机械装置采用的橡胶密封圈、防尘罩、门窗密封条、液压缸中的皮碗等。其中，与油料直接接触的要采用耐油的丁腈橡胶和氟橡胶。

（3）胶管。汽车冷却系统、制动系统、其他液压装置和空气调节装置都有一些橡胶软管。其中，制动软管要承受较高的工作压力，并与制动液接触，直接关系到行车的安全，因此必须使用高压耐油胶管，采用苯乙烯丁二烯共聚物橡胶。

（4）皮带。发动机风扇皮带及正时齿带都是橡胶制品，要求具有一定的耐磨性和耐污染的能力，常用氯丁橡胶。

（5）减振块。减振块用在汽车发动机、底盘等部件上，用来防止和降低汽车行驶中的振动和噪声。

汽车常用的橡胶种类及应用见表 1-5-1。

表 1-5-1　汽车常用的橡胶的种类及应用

代号	种类	应用举例
NR	天然橡胶	轮胎、密封条、胶带、通用橡胶制品等
SBR	丁苯橡胶	轮胎、胶板、胶管、通用橡胶制品等
NBR	丁腈橡胶	输油管、耐油密封圈、皮碗等耐油元件
CR	氯丁橡胶	胶管、胶带、电线包皮、密封圈、汽车门窗嵌条等
UR	聚氨酯	胶管、密封条、耐磨制品等
BR	顺丁橡胶	轮胎、耐寒运输带

学后测评

一、填空题

1. 橡胶是以_____为主要原料，加入适量_____，经_____处理后得到的一种材料。汽车上许多零件都是橡胶制成的，如_____、_____、_____、_____等。
2. 橡胶的特性有_____、_____、_____、_____、_____等。橡胶的种类有_____、_____、_____。
3. 再生橡胶是利用_____经再加工而成的橡胶材料。
4. 天然橡胶是从橡胶树上采集的_____，经_____、_____、_____加工而成的高弹性材料。天然橡胶是应用最早的橡胶，它的综合性能_____，大量用于制造_____以及_____、_____等橡胶制品。

二、判断题

1. 橡胶在一定温度下失去弹性而具有可塑性，称为热固性。（　　）
2. 生胶一般不能直接制造橡胶制品。（　　）
3. 合成橡胶是以石油、天然气等为原料，通过化学方法合成的。（　　）
4. 橡胶在汽车上只用于制造轮胎。（　　）
5. 轮胎外胎常用丁基橡胶，内胎常用异戊间二烯橡胶及聚丁橡胶。（　　）

三、简答题

1. 橡胶是如何分类的，有哪些特性？
2. 简述橡胶在汽车上有哪些应用。

课题二　塑料

1. 了解车用塑料的种类和性能。
2. 了解塑料制品在汽车上的应用。

塑料是指以树脂（或在加工过程中用单体直接聚合）为主要成分，以增塑剂、填充剂、润滑剂、着色剂等添加剂而制成的高分子材料。塑料可以在一定的温度和压力下，被塑造和固化成各种形状的制品。随着塑料性能的不断改进，塑料在汽车上除了广泛制造各种内装饰件外，目前已可替代部分金属材料，制造某些结构零件、功能零件和外装饰件。

一、塑料的分类

塑料的种类很多，通常按塑料的成形工艺性能和使用特性分类。

（1）按成形工艺性能可分为热塑性塑料和热固性塑料。

① 热塑性塑料：是指在特定的温度范围内能反复加热软化和冷却硬化的塑料，即受热时软化、冷却后变硬，再加热又软化，冷却又变硬，可反复多次加热塑制的塑料。这类塑料成形加工方便，但耐热性相对较差，容易变形。常用的有聚乙烯、聚丙烯、聚氯乙烯等。

② 热固性塑料：是指经一次固化后，不再受热软化，只能塑制一次的塑料。这类塑料耐热性能好，

不易变形，但生产周期长。常用的有酚醛塑料、氨基塑料、环氧树脂和有机硅等。

（2）塑料按使用特性可分为通用塑料、工程塑料和特种塑料。

① 通用塑料：是指用于日常用品、绝缘材料等的塑料。这类塑料产量大、成本低、应用广泛。主要有聚乙烯、聚氯乙烯、聚苯乙烯、酚醛塑料等。

② 工程塑料：是指用于工程构件和机械零件的塑料。这类塑料强度、刚度较高，韧性、耐热性、耐蚀性较好，可用来替代金属材料制造结构零件。工程塑料主要有聚酰胺、聚甲醛和ABS塑料等。

③ 特种塑料：一般指具有特种功能的塑料。这类塑料可用于航空、航天等特殊应用领域。如：氟塑料和有机硅塑料具有突出的耐高温、自润滑等特殊功能，增强塑料和泡沫塑料具有高强度、高缓冲性。

二、塑料的性能特点

（1）密度小。轻量化是汽车业追求的目标，塑料在此方面可以大有作为。一般塑料的密度在 $0.83 \sim 2.2 \text{g/cm}^3$ 范围内，而泡沫塑料则更轻，密度在 $0.02 \sim 0.2 \text{g/cm}^3$ 之间。因此，用塑料制造汽车零部件，可大幅降低整车质量。

（2）化学稳定性好。塑料对酸、碱、盐和有机溶剂都有良好的耐蚀性能。因此，采用塑料做车身覆盖件以及其他零件，能使汽车在潮湿或其他恶劣环境下长期工作也不受腐蚀。

（3）易于加工成形。塑料成形容易，可使形状复杂的部件加工简单化。例如仪表台用钢板加工，往往需要先加工成形各个零件，再分别用连接件装配或焊接而成，工序较多。而用塑料可以一次注塑成形，可制造复杂形状的异形曲面，加工时间短，精度有保证，成本低。

（4）吸振性和消声性好。塑料能够吸收、减少振动和噪声；塑料制品的弹性变形特性能吸收大量的碰撞能量，对强烈撞击有较大的缓冲作用，对车辆和乘员起到保护作用。因此，现代汽车上都采用塑化仪表板和转向盘，以增强缓冲作用；前后保险杠、车身装饰条都采用塑料，以减轻外物对车身的冲击力。

（5）比强度高。由于塑料密度小、质量小，因此与等质量的金属相比，其比强度要高。如用碳素纤维强化的塑料，它的比强度比钢材要高2倍左右。

（6）良好的绝缘性能。塑料几乎都有良好的电绝缘性能，可以与陶瓷、橡胶及其他绝缘体材料相媲美。因此，汽车电器零件广泛采用塑料作为绝缘体。

但塑料也有缺点：与钢相比，大部分塑料的力学性能较差；耐热性和导热性较差，塑料易老化，易燃烧等。

三、塑料在汽车上的应用

前保险杠

格栅

仪表盘

图 1-5-2　汽车上的塑料件

塑料在汽车上被广泛应用，常用做内外装饰件和功能零件等如图1-5-2所示。具体应用见表1-5-2。

表 1-5-2　常用塑料在汽车上的应用

名称	代号	应用举例
聚丙烯	PP	内饰镶条、内装饰板、前围板、保险杠等
丙烯腈-丁二烯-苯乙烯	ABS	车体件、格栅、车头灯框等
聚酰胺	PA	车外装饰板件、风扇叶片、里程表齿轮等
聚氯乙烯	PVC	内装饰件、软垫板、电气绝缘体等
聚碳酸酯	PC	格栅、仪表板等
酚醛塑料	PF	电气绝缘件、摩擦片等
环氧树脂	EP	汽车涂料、胶黏剂、玻璃钢构件等

一、填空题

1. 塑料是指以_____为主要成分，以_____、_____、_____、_____等添加剂而制成的高分子材料。塑料可以在一定的温度和压力下，被塑造和固化成各种形状的制品。
2. 热塑性塑料是指在特定的温度范围内能_____和_____的塑料。
3. 常用的有_____、_____、_____等。
4. 热固性塑料是指经一次固化后，不再_____，只能_____的塑料。常用的有_____、_____、_____等。
5. 塑料的性能特点有_____、_____、_____、_____等。

二、判断题

1. 聚酰胺、聚甲醛和 ABS 塑料属于工程塑料。　　　　　　　　　　　（　　）
2. 塑料在汽车上只能用于制造装饰件。　　　　　　　　　　　　　　（　　）
3. 与钢相比，大部分塑料的力学性能毫不逊色。　　　　　　　　　　（　　）
4. 汽车电器零件广泛采用塑料作为绝缘体。　　　　　　　　　　　　（　　）
5. 由于塑料密度小、质量小，因此与等质量的金属相比，其比强度要高。（　　）
6. 塑料对酸、碱、盐和有机溶剂都有良好的耐蚀性能。　　　　　　　（　　）

三、简答题

1. 塑料有哪些种类，请简述塑料的种类？
2. 简述塑料的性能特点。
3. 简述塑料在汽车上的应用。

课题三　胶黏剂

1. 了解车用胶黏剂的组成和种类。
2. 了解车用胶黏剂在汽车修理中的应用。

胶黏剂是通过界面的黏附和内聚等作用，能使两种或两种以上的制件或材料连接在一起的高分子材料，统称为胶黏剂，又叫黏合剂，习惯上简称为胶。它既能黏结材料，又能填补零件裂纹和孔隙缺陷等。它具有较高的黏结强度、良好的密封性、耐腐蚀性和绝缘性，并且使用简单，成本低，因此在汽车制造和维修得到广泛应用。

一、胶黏剂的组成

胶黏剂是由黏性基料和添加剂配合而成的，添加剂的种类很多，使用时根据胶黏剂的性能和使用要求来选择。常用的添加剂有固化剂、增韧剂、稀释剂、填料及改性剂等。

1. 黏结物质

黏结物质也称黏料，它是胶黏剂中的基本组分，起黏结作用。其性质决定了胶黏剂的性能、用途和使用条件。一般多用各种树脂、橡胶类及天然高分子化合物作为黏结物质。如环氧树脂、酚醛树脂、聚氨酯树脂、丁腈橡胶等。

2. 固化剂

固化剂是促使黏结物质通过化学反应加快固化的组分。有的胶黏剂中的树脂（如环氧树脂）若不加固化剂，其本身不能变成坚硬的固体。固化剂也是胶黏剂的主要组分，其性质和用量对胶黏剂的性能起着重要的作用。

3. 增韧剂

增韧剂是为了改善黏结层的韧性、提高其抗冲击强度的组分。常用的增韧剂有邻苯二甲酸二丁酯和邻苯二甲酸二辛酯等。

4. 稀释剂

稀释剂又称溶剂，主要起降低胶黏剂黏度的作用，以便于操作、提高胶黏剂的湿润性和流动性。常用的稀释剂有机溶剂有丙酮、苯和甲苯等。

5. 填料

填料一般在胶黏剂中不发生化学反应，它能使胶黏剂的稠度增加、热膨胀系数降低、收缩性减少、抗冲击强度和机械强度提高。常用的填料有滑石粉、石棉粉和铝粉等。

6. 改性剂

改性剂是为了改善胶黏剂的某一方面性能，以满足特殊要求而加入的一些组分，如为增加胶接强度，可加入偶联剂，还可以加入防腐剂、防霉剂、阻燃剂和稳定剂等。

二、胶黏剂的分类

胶黏剂的种类繁多，按不同的标准胶黏剂的分类也不同。根据胶黏剂黏料的化学性质，可以分为无机胶黏剂和有机胶黏剂；按照胶黏剂的来源可以分为天然胶黏剂和合成胶黏剂；对于常见的有机胶黏剂，按照分子结构可以分为热塑性树脂、热固性树脂、橡胶胶黏剂等几种。按其用途可分为通用胶黏剂、结构胶黏剂和特种胶黏剂等。

三、汽车用胶黏剂

汽车用胶黏剂是指汽车生产过程中用到的各种黏结剂和密封胶。见表1-5-3。

四、汽车维修中常用的胶黏剂

在汽车维修中，常用的胶黏剂有环氧树脂胶黏剂、酚醛树脂胶黏剂和氧化铜胶黏剂等，见表1-5-3。

表1-5-3 汽车生产及维修常用胶黏剂的性能及用途

	种类	应用举例
汽车生产用胶黏剂	卷边胶	车门、发动机罩盖和行李箱板的内外折边部的黏结
	抗石击阻尼胶	车身底部，翼子板内侧和发动机内侧
	硅橡胶、厌氧胶	汽车发动机、变速箱、底盘各种平面连接、孔盖管接头的密封和螺栓的锁固
汽车维修用胶黏剂	环氧树脂胶黏剂	用于黏结修复塑料、玻璃、钢铁和铝等材料制成的零件，如可修补蓄电池壳、气缸盖、变速器壳和后桥壳等的裂纹；可修补轴颈和孔；可黏结非金属的离合器摩擦片、制动蹄片和正时齿轮等
	酚醛树脂胶黏剂	可用于修复汽车上的各种轴、轴承、泵壳体零件、离合器摩擦片、制动蹄片等
	磷酸-氧化铜胶黏剂	适用于零件的套接，可槽接，也可用于填补裂缝、堵漏和黏结零件等。如用于修补气缸上平面、气缸盖下平面等的裂纹，以及用于黏堵管路接头渗漏等

笔记

 学后测评

一、填空题

1. 胶黏剂是由_____和_____配合而成的，添加剂的种类很多，它们是根据胶黏剂的性能和使用要求来选择的。常用的添加剂有_____、_____、_____、_____等。

2. 胶黏剂的种类繁多，根据胶黏剂黏料的化学性质，可以分为_____和_____；按照胶黏剂的来源可以分为_____和_____。

3. 卷边胶可用于_____、_____、_____的黏结。

4. 磷酸-氧化铜胶黏剂适用于_____，也可用于_____、_____和_____等。如用于_____、_____等的裂纹，以及用于_____等。

二、判断题

1. 胶黏剂既能黏结材料，又能填充零件裂纹和孔隙缺陷等。（   ）
2. 汽车维修常用的密封胶是胶黏剂的一种。（   ）

三、简答题

1. 简述汽车用胶黏剂的种类及在汽车上的应用。
2. 简述汽车维修用胶黏剂的种类及在汽车上的应用。

模块六　陶瓷材料和复合材料

模块介绍

陶瓷是各种无机非金属材料的总称，随着科学技术的发展，陶瓷在汽车上的应用越来越广，如挡风玻璃、耐高温高压的火花塞等。本模块主要介绍了陶瓷材料和复合材料的种类、性能及在汽车上的应用。

模块目标

1. 了解玻璃的种类、性能和在汽车上的应用。
2. 了解陶瓷的分类、性能特点及在汽车上的应用。
3. 了解车用复合材料的种类、特性及在汽车上的应用。

课题一　玻璃

1. 了解玻璃的种类、性能及特点。
2. 了解玻璃在汽车上的应用。

玻璃是陶瓷材料家族的一员，它是由石英砂等硅酸盐矿物材料经过配料、熔制而成的非金属材料。玻璃具有透明、隔声、隔热等特性，并具有良好的化学稳定性。

一、常用汽车玻璃的种类

随着汽车工业的发展，道路状况不断改善，车速日益提高，汽车用玻璃的重要性逐渐被汽车制造商和用户所认识，而且汽车用玻璃在汽车行驶中要给乘员提供良好的视野，在遇到突发性事故时不会伤害驾驶人员及乘员。玻璃还与减少行车阻力等多种要求有关，是汽车的重要组成部分。

玻璃按不同的角度划分，种类也不一样，按化学成分不同，可分为钠玻璃、钾玻璃、铅玻璃、硼玻璃、铝镁玻璃、石英玻璃、高硅氧玻璃等；按用途不同，汽车用玻璃可分为安全玻璃、夹层玻璃、钢化玻璃、有色玻璃、区域钢化玻璃等。国家标准（GB 9656—2003）《汽车安全玻璃》对汽车玻璃使用作了详细规定。

（1）安全玻璃。汽车用安全玻璃是由无机材料或无机与有机材料所构成的产品，应用于车辆时，可以减少车祸中人的危险，国家标准对其可见性、强度和耐磨性都有规定。

（2）钢化玻璃。它是普通平板玻璃经过再加工处理而成的。钢化玻璃相对于普通平板玻璃来说，具有两大特征：强度高，钢化玻璃的强度是普通玻璃的数倍；钢化玻璃不容易破碎，即使破碎也会以无锐角的颗粒形式碎裂，对人体伤害大大降低。但汽车若在行驶中遇事故，前挡风玻璃呈网状全面破碎，严重阻挡驾驶员的视线，所以钢化玻璃不用做前挡风玻璃。如图1-6-1所示。

（3）夹层玻璃。夹层玻璃一般由两片普通平板玻璃（也可以是钢化玻璃或其他特殊玻璃）和玻璃之间的有机胶合层构成。当受到破坏时，碎片仍粘附在胶层上，避免了碎片飞溅对人体的伤害。如图1-6-1所示。

（4）区域钢化玻璃。区域钢化玻璃是分区域控制钢化程序的钢化玻璃。一旦破坏，总体上符合安全玻璃对所裂碎片的要求，即当突然受到外力作用使玻璃破碎时，有的部分碎片大，有的部分碎片小。这样一来，既保证了驾驶员和乘客的安全，同时又提供了一个不妨碍驾驶的视区，能将车及时开到修理站。可用于汽车前挡风玻璃。

（5）有色玻璃。有色玻璃是一种特殊玻璃，夹层玻璃和钢化玻璃都有有色玻璃。有色玻璃夹层中加入了乙烯基材料，可以吸收大量的光线。在玻璃成分中也可以加入微量的金属粉末，可以使玻璃具有特殊的颜色。

（6）防水玻璃。防水玻璃来制作车门后视镜以及前侧车窗玻璃。采用防水玻璃的车窗，雨水会聚集成珠状并轻易地被风吹走，从而使玻璃保持干燥，不会损害其能见度，也更容易保持洁净，并且不会结冰。

（7）中空玻璃。多采用胶接法将两块玻璃保持一定间隔，间隔中是干燥的空气，周边再用密封材料密封而成，主要用于有隔热、隔音要求的侧窗上。

（8）防弹玻璃。防弹玻璃是由两层以上的玻璃经过夹层而获得的一种具有防子弹穿透功能的专用玻璃。

此外，特殊用途的玻璃还有天线夹层玻璃、调光夹层玻璃、除霜玻璃等。

（a）钢化玻璃

（b）夹层玻璃

图 1-6-1　钢化玻璃与夹层玻璃碎裂图

二、玻璃在汽车上的应用

汽车玻璃是汽车车身附件中必不可少的，主要起到防护作用。汽车玻璃主要有以下三类：夹层玻璃，钢化玻璃和区域钢化玻璃，能承受较强的冲击力。汽车玻璃按所在的位置分为前挡风玻璃，侧窗玻璃，后挡风玻璃和天窗玻璃四种。

前挡风玻璃应该采用夹层玻璃（适用于所有机动车）或区域钢化玻璃（适用于不以载人为目的的货车），侧窗玻璃可以是钢化玻璃、夹层玻璃、中空玻璃，后挡风玻璃一般是带电加热丝的钢化玻璃。

汽车玻璃

学后测评

一、填空题

1. 玻璃是由_____等硅酸盐矿物材料经过_____、_____而成的非金属材料。玻璃具有_____、_____、_____等特性，并具有良好的_____。
2. 按用途，汽车用玻璃可分为_____、_____、_____、_____、_____等。
3. 前挡风玻璃应该采用_____，侧窗玻璃可以是_____，后挡风玻璃一般是_____。
4. 现代汽车玻璃的发展趋势是_____、_____、_____、_____。

二、选择题

1. 玻璃是一种（　　）材料。
   A. 塑料　　　　B. 陶瓷　　　　C. 复合材料
2. 普通轿车的前挡风玻璃采用（　　）。
   A. 钢化玻璃　　B. 中空玻璃　　C. 夹层玻璃

3.下列安全性最好的玻璃是（　　）。
　　A. 钢化玻璃　　　　B. 夹层玻璃　　　　C. 平面玻璃
三、判断题
1.钢化玻璃属于高级安全玻璃，应用于高级汽车前挡风玻璃。（　　）
2.中空玻璃主要用于有隔音要求的侧窗上。（　　）
3.防弹玻璃是具有防子弹穿透功能的专用玻璃。（　　）
4.区域钢化玻璃只有部分区域钢化了，所以不能作为前挡风玻璃。（　　）
四、简答题
1.汽车前挡风玻璃可以用钢化玻璃吗，为什么？
2.汽车侧窗玻璃可以用哪些玻璃，有什么好处？

课题二　陶瓷

1.了解陶瓷材料的分类及性能特点。
2.了解车用陶瓷在汽车上的应用。

陶瓷是以天然或合成的化合物为原料，经处理、成形、干燥、烧结而制成的一种无机非金属材料。汽车上采用陶瓷材料可以有效地减小汽车的重量，提高发动机的热效率、降低油耗、减少排气污染、提高机件使用寿命以及实现汽车智能化等。

一、陶瓷的分类及性能特点

陶瓷是古老而又新型的材料，通常分为普通陶瓷和特种陶瓷两大类。普通陶瓷以天然硅酸盐矿物为原料烧制而成，也叫硅酸盐陶瓷。与之相区别，人们将近代发展起来的各种陶瓷总称为精细陶瓷，也称为新型陶瓷、高技术陶瓷或特种陶瓷。

1. 普通陶瓷

普通陶瓷是用天然硅酸盐材料（含二氧化硅的化合物）为原料，经过配制、烧结而制成的。这类陶瓷质地坚硬、耐腐蚀性好、不导电、易于加工成形，是应用广泛的材料。生活中见到的就是普通陶瓷。普通陶瓷在汽车上常用于制造发动机火花塞等。

2. 精细陶瓷

以氧化物、氮化物、碳化物和硼化物等化合物为原料经过配制、烧结而制成的新型材料，具有优良的物理性能、化学性能和力学性能。按使用性能分类，特种陶瓷分为工程陶瓷和功能陶瓷两类。

（1）工程陶瓷是近年来大力开发研究的新型工程材料。工程陶瓷具有很高的强度、耐热性、耐磨性，质量小，在汽车制造中得到广泛的应用。常用的有氧化铝陶瓷、氮化硅陶瓷、碳化硅陶瓷等。工程陶瓷在汽车上常用于制造发动机活塞、气缸套、凸轮轴、柴油机喷嘴等零件。随着研究的开展，工程陶瓷在汽车上的应用范围越来越广，前景十分广阔。

（2）功能陶瓷是指一些具有特殊性能（如电性、压电性、导电性等）的陶瓷材料，它们在汽车上主要用于制造传感器、导电元件和显示元件等。功能陶瓷是汽车电子化的重要材料。

汽车陶瓷

二、陶瓷的性能

1. 力学性能

高硬度、高耐磨性，几乎没有塑性，抗拉强度低，抗压强度高。弹性模量高，可达金属的数倍。

2. 物理性能

熔点很高，有很好的高温强度，热膨胀系数低，导热性小，是优良的高温绝热材料，但其抗热振性差，温度剧烈变化时易破裂，温度不能急剧变化。陶瓷导电性差，可直接作为绝缘材料用，有的可做半导体材料。

3. 化学性能

陶瓷在室温和高温都不会氧化，对酸、碱、盐有良好抗蚀能力，是化学稳定性很高的材料。

三、陶瓷材料在汽车上的应用

汽车上能用特种陶瓷材料制造的零件很多，如图1-6-2所示，但由于受到生产价格、制备工艺、可靠性等条件的限制，实际大批投入生产、应用到汽车上的零部件并不多，大部分仍处于研究开发阶段。

陶瓷制动盘

陶瓷轴承

火花塞

陶瓷传感器

图1-6-2　陶瓷在汽车上的应用

（1）陶瓷传感器：汽车用传感器要求能长久适应汽车特有的恶劣环境（高温、振动、潮湿、噪声、废气等），并应具有小型轻量、重复使用性好、输出范围广等特点，陶瓷传感器由于能完全满足上面的要求而在汽车上得到广泛应用。

（2）陶瓷汽车制动器：陶瓷制动器是在碳纤维制动器上制造而成的。一块碳纤维制动碟最初由碳纤维和树脂构成，它被机器压制成形，之后经过加热、碳化、加热、冷却等几道工序制成陶瓷制动器，陶瓷制动器的碳硅化合物表面硬度接近钻石，碟片内的碳纤维结构使它坚固耐冲击、耐腐蚀，让碟片极为耐磨。目前此类技术在F1赛车上应用，在超级民用跑车上也有涉入，例如奔驰的CL55AMG。

（3）陶瓷汽车减振器：高级轿车的减振装置是综合利用敏感陶瓷正压电效应、逆压电效应和电致伸缩效应研制成功的智能减振器。由于采用高灵敏度陶瓷元件，这种减振器具有识别路面且能做自我调节的功能，可以将轿车因粗糙路面引起的振动降到最低限度。

（4）陶瓷轴承：陶瓷轴承工作温度高且耐磨，可提高转速，轴承部件对润滑和冷却的要求较低，而且陶瓷轴承无磁性、耐腐蚀、绝缘性好。陶瓷轴承主要材质为氮化硅陶瓷，有些公司已批量生产全陶瓷轴承。

（5）陶瓷材料在汽车喷涂技术上的应用：近年来，在航天技术广泛应用的陶瓷薄膜喷涂技术开始应用于汽车上。这种技术优点是隔热效果好、能承受高温高压、工艺成熟、质量稳定。为达到低散热目标，可对发动机燃烧室部件进行陶瓷喷涂，如活塞顶喷涂的氧化锆和缸套喷涂氧化锆。经过这种处理发动机可以降低散热损失、减轻发动机自身质量、减小发动机尺寸、减少燃油消耗量。

（6）陶瓷在汽车发动机上的应用：新型陶瓷是由碳化硅和氮化硅等无机非金属材料烧结而成的。与以往使用的氧化铝陶瓷相比，新型陶瓷的强度是其三倍以上，能耐1000℃以上高温，新材料推进了汽车上新用途的开发。用新型陶瓷围住燃烧室进行隔热，这样可以大大地提高能源的热效率。另外，利用新型陶瓷，柴油机瞬间起动将成为可能。日本、美国在绝热发动机上采用的陶瓷材料见表1-6-1。

表1-6-1　日本、美国在绝热发动机上采用的陶瓷

陶瓷材料	应用举例
PSZ	活塞、活塞环、预燃烧室、气门座、气门导管、机械密封等
Si3N4	活塞、气缸套、气门挺杆、涡轮增压器叶片、进/排气口
SSN	活塞环、气门头、气门座
SiC	气门挺杆、气门导管、涡轮增压器叶片
ZrO2	进排所管、涡轮增压器隔热板

精细陶瓷制品对其原材料要求比较严格，工艺难以掌握，使得每批制品的性能难以保持同前一批一致，因此，它有成形工艺复杂，要求高，成本居高不下等缺点。但是随着科学技术的发展，工艺不断完善，精细陶瓷材料以其优异的性能，一定会在汽车生产中得到广泛的应用。

一、填空题
1. 陶瓷可以分为两大类：_____、_____。
2. 工程陶瓷具有_____、_____、_____，在汽车制造中得到广泛的应用。常用的有_____陶瓷、_____陶瓷、_____陶瓷等。
3. 功能陶瓷是指一些具有_____、_____等的陶瓷材料。
4. 陶瓷在汽车上应用有_____、_____、_____、_____、_____等。
5. 部分稳定氧化锆（PSZ）在汽车上的应用有_____、_____、_____等。
6. 陶瓷轴承的优点是：_____、_____、_____、_____、_____。

二、选择题
1. 陶瓷是（　　）材料。
   A. 合金　　　　　B. 复合　　　　　C. 有机非金属　　　D. 无机非金属
2. 汽车火花塞上的陶瓷属于（　　）。
   A. 普通陶瓷　　　B. 特种陶瓷　　　C. 工程陶瓷　　　　D. 氧化陶瓷
3. 关于陶瓷性能说法正确的是：（　　）。
   A. 陶瓷硬度高、塑性好，综合力学性能优异
   B. 陶瓷熔点高，导热性能好，热膨胀系数小
   C. 陶瓷在室温和高温都不会氧化，化学稳定性很高

三、判断题
1. 功能陶瓷在汽车上的应用主要用于传感器、导电元件和显示元件等。（　　）
2. 目前工程陶瓷在汽车上已得到广泛的应用。（　　）
3. 在乘用车上，陶瓷制动器应用较多。（　　）

四、简答题
1. 陶瓷材料有哪些性能使它在汽车上的应用有广阔的前景。
2. 目前陶瓷在汽车上已有很多的应用，试加以说明。

课题三　复合材料

1. 了解复合材料的分类及性能特点。
2. 了解复合材料在汽车上的应用。

复合材料可用于汽车内饰、底盘系统、保险杠梁和仪表板等。在赛车及高性能汽车上复合材料使用

的增长是汽车行业对复合材料用量增加的驱动因素，甚至在先进的B2隐形战略轰炸机的机身和机翼上也大量使用了复合材料。

一、复合材料的种类及特点

复合材料是由两种或两种以上不同性质的材料通过物理或化学的方法，在宏观上组成具有新性能的材料。复合材料不仅保持各组分材料性能的优点，而且通过各组分性能的互补和关联可以获得单一组成材料所不能达到的综合性能。

1. 复合材料的分类

（1）按性能分为结构复合材料和功能复合材料。

（2）按其组成分为金属基复合材料和非金属基复合材料。

（3）按其结构特点又分为纤维增强复合材料、夹层复合材料、细粒复合材料等。目前应用最多的是纤维增强复合材料。

2. 复合材料的性能特点

（1）比强度和比模量高。复合材料中以纤维增强材料应用最广、用量最大。其特点是密度小、比强度和比模量大。例如碳纤维与环氧树脂复合的材料，其比强度和比模量均比钢和铝合金大数倍，还具有优良的化学稳定性、减摩耐磨、自润滑、耐热、耐疲劳、耐蠕变、消声、电绝缘等性能。

（2）耐高温性能好。如：铝合金在400℃时弹性模量几乎为零，强度也降到室温的1/10以下，而碳纤维和碳化硅纤维增强的铝基复合材料，在500℃时仍能保持足够的强度和模量。碳化硅纤维与陶瓷复合，使用温度可达1500℃，比超合金涡轮叶片的使用温度（1100℃）高得多。

（3）抗疲劳性能好。大多数金属的疲劳强度是抗拉强度的50%左右，而碳纤维增强复合材料的疲劳强度高达70%～80%。

复合材料还有减振性强、断裂安全性好、化学稳定性好等优点。石墨纤维与树脂复合可得到热膨胀系数几乎等于零的材料。纤维增强材料的另一个特点是各向异性，因此可按制件不同部位的强度要求设计纤维的排列。碳化硅纤维与钛复合，不但钛的耐热性提高，且耐磨损，可用作发动机风扇叶片碳纤维增强碳、石墨纤维增强碳或石墨纤维增强石墨，构成耐烧蚀材料，应用于航天器、火箭导弹和原子能反应堆中。

非金属基复合材料由于密度小，用于汽车和飞机可减轻重量、提高速度、节约能源。用碳纤维和玻璃纤维混合制成的复合材料片弹簧，其刚度和承载能力与重量大5倍多的钢片弹簧相当。

但复合材料也有不足之处：断裂伸长率较小；横向拉伸和层间抗剪强度低；成本高，价格比其他材料高得多。

二、复合材料在汽车上的应用

1. 纤维增强塑料（FRP）

纤维增强材料是汽车轻量化的最重要的材料。主要是由三部分组成：纤维、树脂、填充料。与金属材料相比，纤维增强塑料（FRP）不仅质量轻、比强度高、耐腐蚀性好，生产工序简单，且能实现大批量生产，因而生产效率高，成本较低。另外，FRP还可使形状复杂的金属部件设计简单化，可将相关零件集成在一个系统零件上，达到复杂零件一次成型的目的。目前，利用FRP制造的汽车部件有挡泥板、行李箱盖、车顶盖、保险杠、侧密封、轴承盖、仪表板、车门内板、座椅、发动机罩等。

纤维增强塑料中较典型的是玻璃纤维增强塑料（GFRP）和碳纤维增强塑料（CFRP）。

玻璃纤维增强塑料是以玻璃纤维为增强剂，以树脂为基体而制成的，俗称玻璃钢。以尼龙、聚烯烃类等热塑性树脂为基体制成的热塑性玻璃钢具有较高的力学、介电、耐热和抗老化性能，工艺性能也好，与基体材料相比，强度和疲劳强度可提高2～3倍以上，冲击韧度提高1～4倍，达到或超过了某些金属强度。在汽车发动机气缸盖等部件采用了玻璃纤维强化热塑性树脂，比用铸铁质量减轻了45%，汽车底盘采用GFRP，其质量比钢铁减轻80%。

碳纤维增强塑料（CFRP）是以树脂为基体碳纤维为增强材料。其弹性模量比玻璃纤维高4～5倍，强度也略高，密度更小，故其比模量与比强度均优于玻璃纤维。在-65～105℃温度范围内，基本无伸缩现象。如由CFRP制成的驱动轴，一根可代替两根钢铁轴，使质量减轻50%，并大幅降低车内噪声，还可使车身前后方向振动大幅降低。

2. 金属基复合材料（MMC）

金属基复合材料用于汽车工业的主要是颗粒增强和短纤维增强的铝基复合材料和镁基复合材料。与铝合金相比，铝基复合材料具有质量轻、比强度高和弹性模量高、耐热性和耐磨性好等优点，是汽车轻量化的理想材料，已经在汽车制动盘、制动鼓、保持架、驱动轴、发动机零件上得到应用。

用纤维增强的钛合金基复合材料在高达 815 ℃时强度比镍基超耐热合金高 2 倍，是较理想的涡轮发动机材料，美国已制成压气机圆盘、叶片等。复合材料零件如图 1-6-3 所示。

图 1-6-3　复合材料零件

学后测评

一、填空题

1. 复合材料是由_____材料通过_____或_____的方法，在宏观上_____的材料。
2. 复合材料性能优异，具体有_____、_____、_____、_____等优点。
3. 复合材料按其组成可分为_____、_____。
4. 纤维增强塑料中较典型的是_____、_____。

二、判断题

1. 碳纤维增强材料（CFRP）是纤维增强材料中的一种。　　　　　　　　　　（　　）
2. 与铝合金相比，铝基复合材料具有质量轻、比强度高和弹性模量高、耐热性和耐磨性好等优点，是汽车轻量化的理想材料。　　　　　　　　　　　　　　　　　　（　　）
3. 玻璃纤维增强塑料是以玻璃纤维为增强剂，以树脂为基体而制成的，俗称玻璃钢。　　　　　　　　　　　　　　　　　　　　　　　　　　　　　　（　　）

三、选择题

1. 下列关于复合材料的缺点正确的是（　　）。
   A. 耐高温性差　　B. 比强度高　　C. 抗疲劳性能好　　D. 价格高
2. 下列关于复合材料优点正确的是（　　）。
   A. 伸长率大　　B. 比强度高　　C. 价格低廉　　D. 抗剪强度高

四、简答题

1. 复合材料有哪些优点？
2. 简述复合材料有汽车上的应用。

模块七　实验

模块介绍

本模块有两个实验：常用汽车材料市场销售情况调查和常用的热处理方法。

模块目标

1. 能进行常用汽车材料销售情况调查。
2. 能使用设备进行普通的热处理。

实验一　常用汽车材料的市场销售情况调查

在课余时间，利用电话、网络、走访等方法，调查了解汽车材料市场的销售情况。

1. 了解市场调查的方法。
2. 会收集资料，并设计调查问题。
3. 能与人和谐交流沟通，获取所需信息。

1. 教学组织

分组实施：全班＿＿＿＿人，分为＿＿＿＿组，每组小组长一名。

2. 职责分工

教师职责：布置任务，指导学生收集资料、设计调查内容，考核学生活动。
学生职责：收集资料，设计调查内容，实施调查，撰写调查报告。

可上网的电脑，纸、笔等文具，手机、电话等。

 任务步骤

1. 收集资料，收集填写以下问题
（1）汽车材料的种类、牌号
金属材料：钢铁材料＿＿＿＿＿＿＿＿＿＿＿＿＿＿＿＿＿＿＿＿＿＿＿＿＿＿＿；
　　　　　有色金属＿＿＿＿＿＿＿＿＿＿＿＿＿＿＿＿＿＿＿＿＿＿＿＿＿＿＿；
非金属材料：＿＿＿＿＿＿＿＿＿＿＿＿＿＿＿＿＿＿＿＿＿＿＿＿＿＿＿＿＿＿；
（2）汽车材料的销售情况：
本地钢材市场位置＿＿＿＿＿＿＿＿＿＿＿＿＿＿＿＿＿＿＿＿＿＿＿＿＿＿＿；
汽车配件市场位置＿＿＿＿＿＿＿＿＿＿＿＿＿＿＿＿＿＿＿＿＿＿＿＿＿＿＿；
汽车主要材料供应商＿＿＿＿＿＿＿＿＿＿＿＿＿＿＿＿＿＿＿＿＿＿＿＿＿＿；
供应商的联系方式＿＿＿＿＿＿＿＿＿＿＿＿＿＿＿＿＿＿＿＿＿＿＿＿＿＿＿；

2. 了解市场销售调查方法

（1）观察法。观察法是社会调查和市场调查研究的最基本的方法。它是由调查人员根据调查研究的对象，利用眼睛、耳朵等感官以直接观察的方式对其进行考察并搜集资料。例如，市场调查人员到被访问者的销售场所去观察商品的品牌及包装情况。

（2）实验法。实验法是由调查人员跟进调查的要求，用实验的方式对调查的对象控制在特定的环境条件下，对其进行观察以获得相应的信息。控制对象可以是产品的价格、品质、包装等，在可控制的条件下观察市场现象，揭示在自然条件下不易发生的市场规律，这种方法主要用于市场销售实验和消费者使用实验。

（3）询问法。询问法是用询问的方法收集市场信息资料的一种方法。它是调查和分析消费者的购买行为和意向的最常用的方法。它的优点是能够在较短的时间内获得比较及时、可靠的调查资料。

询问法中询问的主要内容，一般是要求被询问者回答有关的具体事实、什么原因、有何意见等方面的问题。询问法可分为集体问卷法、访问面谈法、信询法和电话询问法。

（4）情况推测。情况推测是指根据以往的经验对自己的企业或产品做一个估计和比较。也就是根据已经知道的事物来推断不知道的事情。

（5）问卷法。通过设计调查问卷，让被调查者填写调查表的方式获得所调查对象的信息。在调查中将调查的资料设计成问卷后，让接受调查对象将自己的意见或答案，填入问卷中。在一般进行的实地调查中，以问答卷采用最广。

3. 问题设计
问题有开放式和封闭式两种。
① 开放式问题在设计时，只需要提出问题，然后受访者根据情况给出答案。
② 封闭式问题有问题及答案两部分，形式主要有填空式、判断式、多项选择式等。

4. 打电话礼仪
（1）确定合适的时间。当需要打电话时，首先应确定此刻打电话给对方是否合适，也就是说，要考虑此刻对方是否方便听电话。应该选择对方方便的时间打电话，尽量避开在对方忙碌或是休息的时间打电话。

（2）开头很重要。无论是正式的电话业务，还是一般交往中的不太正式的通话，自报家门都是必需的，这是对对方的尊重，即使是你熟悉的人，也应该主动报出自己的姓名，因为接电话方往往不容易通过声音准确无误地确定打电话人的身份。另外，自报家门还包含着另外一层礼仪内涵，那就是，直接将你的身份告诉对方，那么，对方就有是否与你通话的选择权，或者说，有拒绝受话的自由。

（3）通话尽量简单扼要。在做完自我介绍以后，应该简明扼要说明通话的目的，尽快结束交谈。因为，随意占用对方的电话线路和工作时间是不为对方考虑的失礼行为。在业务通话中，"一个电话最长3分钟"是通行的原则，超过3分钟应改换其他的交流方式。

 任务检查

检查项目	结果与数据	检查项目	结果与数据
正确使用电脑收集信息		正确设计问题	
与人和谐沟通		实践报告撰写	

 任务评价

一、评价与反馈

考核项目	评分标准	分值	自评	互评	教师评价	合计
课前准备	工作服、工作帽穿戴整齐	5				
	仪容仪表符合要求	5				
	学习文具齐全	5				
实践过程	任务明确	5				
	操作规范	20				
	积极主动	10				
	无安全隐患	20				
	完成任务	10				
职业素养	设备完好无损坏	5				
	严格执行6S过程化管理	10				
	手机入袋	5				
总分		100				
教师签名：					年 月 日	

二、撰写实验报告

实验二　常用的热处理方法

 任务布置

利用实验用的箱式电阻加热炉、洛氏硬度计等，对普通钢进行热处理，并测定硬度，了解热处理对材料性能的影响。

单元一 汽车工程材料

任务目标

1. 了解普通热处理的方法。
2. 学会正确操作设备进行热处理操作。
3. 能独立分析热处理对材料性能的影响。
4. 培养学生合作探究，精益求精的工匠精神。

任务要求

1. 教学组织

分组实施：全班_____人，分为_____组，每组小组长一名。

2. 职责分工

教师职责：课堂纪律与安全管理、实验器材管理、指导与巡查。
学生职责：对普通钢进行热处理，并测定硬度。
环境要求：6S过程化管理：安全、整理、整顿、清扫、清洁、素养。

任务准备

实验器材：实验用的箱式电阻加热炉（附测温控温装置）；洛氏硬度计；冷却剂：水；实验试样：20、45、T8、T10钢（各3块/组）。

任务步骤

1. 准备工作

教师指导学生课前准备好实验所用的实验器材。

2. 了解箱式电阻加热炉（图1-7-1）的使用

（1）操作规程

① 设备检查：开炉前应对设备作一次全面检查，检查电器控制箱内是否有工具或其他导电物质，炉内若有遗忘的工件存在应及时清除，特别是电热元件的接线柱，必须确保没有松动现象，安全防护罩必须完整有效。对电器和仪表的检查应有专人负责，当确认设备无任何隐患时，方许开炉工作。

图1-7-1 箱式电阻加热炉

热处理实验

② 炉子启动：将控温仪表的温度控制指示数字调整到工艺要求温度范围，然后接通设备总电源开关，打开仪表和加热炉开关，箱式电阻炉开始升温至工艺温度。加热炉升到工艺温度后要按校温技术规程的要求进行测校温。调整仪表温度时，要注意：表温 = 炉温 − 修正值。

③ 装炉：根据零件结构特点和批量大小，装炉量有所不同。装炉数量根据有效加热区的大小来确定。

④ 出炉：按工艺要求充分保温后即可出炉。出炉操作时要注意切断加热器电源，卸下炉内零件要防止灼伤等事故出现。

（2）实验步骤

① 领取20、45、T8、T10钢试样各三件。
② 确定各类钢常规淬火加热温度及保温时间。
③ 测定并记录淬火前试样的硬度。
④ 将各试样加热到规定的加热温度，保温后在水中快速冷却。
⑤ 测定并记录各试样硬度。
⑥ 重复上述步骤可测定退火、正火试样的硬度。

（3）操作注意事项

① 炉温高于400℃时不允许打开炉门激烈冷却。

笔记

② 最高使用温度不超过额定温度。

③ 装炉量不可过大，引起温度降低不应大于50℃。

④ 装炉时不要用力过猛，以免损坏炉底。

⑤ 经常注意仪表和电器控制箱的电器工作是否正常。

⑥ 冷却时，试样要用夹钳夹紧，动作要迅速，并要在冷却介质中不断搅动。夹钳不要夹在测定硬度的表面上，以免影响硬度值。

⑦ 测定硬度前，必须用砂纸将试样表面的氧化皮除去并磨光，应在每个试样不同部位测定3次硬度，并计算其平均值。

（4）设计表格，并将数据填入表中。

 任务检查

检查项目	结果与数据	检查项目	结果与数据
操作正确规范		数据正确	
小组协作互助		6S管理是否到位	

 任务评价

一、评价与反馈

考核项目	评分标准	分值	自评	互评	教师评价	合计
课前准备	工作服、工作帽穿戴整齐	5				
	仪容仪表符合要求	5				
	学习文具齐全	5				
实践过程	任务明确	5				
	操作规范	20				
	积极主动	10				
	无安全隐患	20				
	完成任务	10				
职业素养	设备完好无损坏	5				
	严格执行6S过程化管理	10				
	手机入袋	5				
	总分	100				
教师签名：					年 月 日	

二、撰写实验报告

单元二　平面构件的静力分析与动力分析

模块一　静力学基础

模块介绍

静力学是研究物体受力及平衡的一般规律的科学。静力学理论是从生产实践中总结出来的，是对工程结构构件进行受力分析和计算的基础，在工程技术中有着广泛的应用。静力学主要研究以下3个问题：① 物体的受力分析；② 力系的等效替换与简化；③ 力系的平衡条件及其应用。本模块让学生掌握力、刚体、平衡等概念与静力学公理，熟悉各种常见约束的性质，掌握物体受力分析方法，能熟练地画出工程结构的受力图。

模块目标

1. 掌握力学的基本概念和公理。
2. 熟悉各种常见的约束性质。
3. 掌握物体受力分析的方法。
4. 能够画出物体的受力图。

课题一　静力学的基本概念及其公理

学习目标

1. 了解力、刚体、平衡等概念。
2. 掌握力的三要素及其表示方法。
3. 了解静力学公理及其推论。

问题引导

静力学是研究物体平衡问题的科学。主要讨论作用在物体上的力系的简化和平衡两大问题。所谓平衡，在工程上是指物体相对于地球保持静止或匀速直线运动状态，它是物体机械运动的一种特殊形式。所谓公理就是无需证明就为大家在长期生活和生产实践中所公认的真理。静力学公理是静力学全部理论的基础。

一、静力学的基本概念

1. 刚体的概念

所谓刚体，是指在力的作用下不变形的物体，即在力的作用下其内部任意两点的距离永远保持不变的物体。这是一种理想化的力学模型，事实上，在受力状态下不变形的物体是不存在的，不过，当物体的变形很小，在所研究的问题中把它忽略不计，并不会对问题的性质带来本质的影响时，该物体就可近似看作刚体。刚体是在一定条件下研究物体受力和运动规律时的科学抽象，这种抽象不仅使问题大大简化，也能得出足够精确的结果，因此，静力学又称为刚体静力学。但是，在需要研究力对物体的内部效应时，这种理想化的刚体模型就不适用，而应采用变形体模型，并且变形体的平衡也是以刚体静力学为基础的，只是还需补充变形几何条件与物理条件。

2. 力与力系的概念

力是物体之间相互的机械作用。这种作用使物体的机械运动状态发生改变或使物体的形状发生变形。力使物体的机械运动状态发生改变，称为外效应；使物体的形状发生变形，称为内效应。在理论力学部分只研究力对物体的外效应，而力对物体的内效应在材料力学部分研究。

实践证明，力对物体的效应取决于力的大小、方向和作用点，这三者称为力的三要素。

（1）力的大小：表示物体间相互机械作用的强弱程度。单位：牛顿（N）或千牛顿（kN）。

（2）力的方向：表示力的作用线在空间的方位和指向。

（3）力的作用点：表示力的作用位置。

力可以用一个矢量表示。如图 2-1-1 所示，矢量的模按一定的比例尺表示力的大小；矢量的方位和指向表示力的方向；矢量的起点（或终点）表示力的作用点。

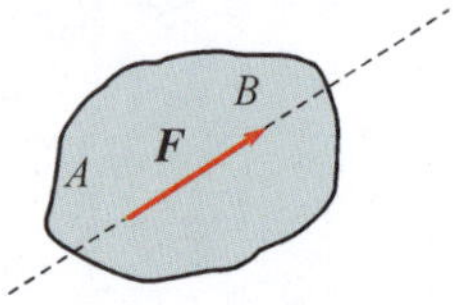

图 2-1-1　力的表示

力系是指作用在物体上的一群力。若对于同一物体，有两组不同力系对该物体的作用效果完全相同，则这两组力系称为等效力系。一个力系用其等效力系来代替，称为力系的等效替换。用一个最简单的力系等效替换一个复杂力系，称为力系的简化。若某力系与一个力等效，则此力称为该力系的合力，而该力系的各力称为此力的各个分力。

3. 平衡的概念

所谓平衡，是指物体相对于惯性参考系处于静止或作匀速直线运动。根据牛顿第一定律，物体如不受到力的作用则必然保持平衡。但客观世界中任何物体都不可避免地受到力的作用，物体上作用的力系只要满足一定的条件，即可使物体保持平衡，这种条件称为力的平衡条件。满足平衡条件的力系称为平衡力系。

二、静力学公理

静力学公理概括了力的基本性质，是建立静力学理论的基础。它是人们在生活和生产活动中长期积累的经验总结，又经过实践反复检验，被认为是符合客观实际的最普遍、最一般的规律。

公理 1　力的平行四边形法则

作用在物体上同一点的两个力，可以合成为一个合力。合力的作用点也在该点，合力的大小和方向，由这两个力为邻边构成的平行四边形的对角线确定，如图 2-1-2（a）所示。或者说，合力矢等于这两个力矢的几何和，即

$$F_R = F_1 + F_2$$

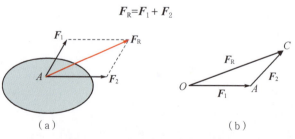

图 2-1-2　力的平行四边形法则

亦可另作一力三角形来求两汇交力合力矢的大小和方向，即依次将 F_1 和 F_2 首尾相接画出，最后由

平行四边形法则

第一个力的起点至第二个力的终点形成三角形的封闭边,即为此二力的合力矢 F_R,如图 2-1-2(b)所示,称为力的三角形法则。

公理 2 二力平衡条件

作用在刚体上的两个力,使刚体处于平衡的充要条件是:这两个力大小相等,方向相反,且作用在同一直线上。如图 2-1-3 所示。该两力的关系可用如下矢量式表示:$F=F'$。

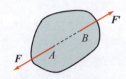

图 2-1-3 二力平衡

此公理提供了一种最简单的平衡力系。对于刚体此条件是充要条件,但对变形体只是必要条件而不是充分条件。

只在两个力作用下而平衡的刚体称为二力构件或二力杆,根据二力平衡条件,二力杆两端所受两个力大小相等、方向相反,作用线沿两个力的作用点的连线。

公理 3 加减平衡力系公理

在已知力系上加上或减去任意的平衡力系,并不改变原来力系对刚体的作用。

这一公理是研究力系等效替换与简化的重要依据,但不适用于变形体。

根据上述公理可以导出如下两个重要推论:

推论 1 力的可传性原理

作用于刚体上某点的力,可以沿着它的作用线滑移到刚体内任意一点,并不改变该力对刚体的作用效果。

证明:设在刚体上点 A 作用有力 F,如图 2-1-4(a)所示。根据加减平衡力系公理,在该力的作用线上的任意点 B 加上平衡力 F_1 与 F_2,且使 $F_2=-F_1=F$,如图 2-1-4(b)所示,由于 F 与 F_1 组成平衡力,可去除,故只剩下力 F_2,如图 2-1-4(c)所示,即将原来的力 F 沿其作用线移到了点 B。

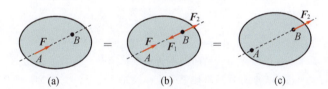

图 2-1-4 力的可传性原理

由此可见,对刚体而言,力的作用点不是决定力的作用效应的要素,它已被作用线所代替。因此作用于刚体上的力的三要素是:力的大小、方向和作用线。

必须理解,力的可传性原理只适用于刚体;而且力只能在刚体自身上沿其作用线移动,而不能移到其他刚体上去。

推论 2 三力平衡汇交定理

若刚体受三个力作用而平衡,若其中两个力的作用线相交于一点,则此三个力必共面且汇交于同一点。

证明:刚体受三力 F_1、F_2、F_3 作用而平衡,如图 2-1-5 所示。根据力的可传性,将力 F_1 和 F_2 移到汇交点 O,并合成为力 F_{12},则 F_3 应与 F_{12} 平衡。根据二力平衡条件,F_3 与 F_{12} 必等值、反向、共线,所以 F_3 必通过 O 点,且与 F_1、F_2 共面,定理得证。

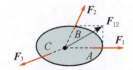

图 2-1-5 三力平衡公理

公理 4 作用与反作用公理

两个物体间的作用力与反作用力总是同时存在,且两力大小相等,方向相反,沿着同一条直线,分别作用在两个物体上。若用 F 表示作用力，F' 表示反作用力，则 $F=-F'$。

该公理表明，作用力与反作用力总是成对出现，但它们分别作用在两个物体上，因此不能视作平衡力。

公理5　刚化原理

变形体在某一力系作用下处于平衡状态时，如果将此变形体刚化为刚体，则某平衡状态保持不变。

刚化原理提供了把变形体抽象为刚体模型的条件。如柔性绳索在等值、反向、共线的两个拉力作用下处于平衡，可将绳索刚化为刚体，其平衡状态不会改变。而绳索在两个等值、反向、共线的压力作用下则不能平衡，这时，绳索不能刚化为刚体。但刚体在上述两种力系的作用下都是平衡的。

由此可知，刚体的平衡条件是变形体平衡的必要条件，而非充分条件。刚化原理建立了刚体与变形体平衡条件的联系，提供了用刚体模型来研究变形体平衡的依据。在刚体静力学的基础上考虑变形体的特性，可进一步研究变形体的平衡问题。这一公理也是研究物体系平衡问题的基础，刚化原理在力学研究中具有非常重要的地位。

1. 说明下列式子的意义和区别。
（1）$F_1=F_2$ 和 $F_1=F_2'$；
（2）$F_R=F_1+F_2$ 和 $F_R=F_1+F_2$。

2. 力的可传性原理的适用条件是什么？如图2-1-6所示，能否根据力的可传性原理，将作用于杆AC上的力F沿其作用线移至杆BC上而成力F'？

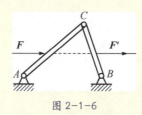

图 2-1-6

3. 作用于刚体上大小相等、方向相同的两个力对刚体的作用是否等效？

4. 物体受汇交于一点的三个力作用而处于平衡，此三力是否一定共面？为什么？

课题二　约束与受力分析

1. 了解约束与约束反力的概念。
2. 熟悉各种常见约束的性质及约束反力的特征。
3. 掌握物体受力分析方法及注意事项。
4. 能熟练地画出工程结构的受力图。

物体按照运动所受限制条件的不同可以分为两类：自由体与非自由体。自由体是指物体在空间可以

有任意方向的位移，即位移不受限制的物体。如空中飞行的炮弹、飞机、人造卫星等。非自由体是指位移受到限制而不能作任意运动的物体。如在轴承内转动的转轴、气缸中运动的活塞等。静力学问题大多是受一定约束的非自由刚体的平衡问题，解决此类问题的关键是找出主动力与约束反力之间的关系。因此，必须对物体的受力情况作全面的分析，即物体的受力分析，它是力学计算的前提和关键。

一、约束与约束反力

约束是指对非自由体的某些位移起限制作用的周围物体。如铁轨对于机车，轴承对于电机转轴，吊车钢索对于重物等，都是约束。约束限制着非自由体的运动，与非自由体接触相互产生了作用力，约束作用于非自由体上的力称为约束反力（简称：约束力或反力）。约束反力作用于接触点，其方向总是与该约束所能限制的运动方向相反，据此，可以确定约束反力的方向或作用线的位置。在静力学中，约束反力与物体所受的其他主动力组成平衡力系，故约束反力可由力系的平衡条件求出。

除约束力外，非自由体上所受到的所有促使物体运动或有运动趋势的力，称为主动力。约束力是由主动力引起的，故它是一种被动力。

下面介绍工程实际中常见的几种约束的性质，以及相应的约束反力的特征。

1. 柔索约束

在工程实际中由绳索、链条、皮带等所构成的约束统称为柔索约束，这种约束的特点是柔软易变形，它给物体的约束反力只能承受拉力。因此，柔索对物体的约束反力作用在接触点，方向沿柔索且指向背离物体。如图 2-1-7 所示。

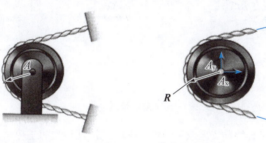

图 2-1-7　柔索约束

2. 光滑接触面约束

物体受到光滑平面或曲面的约束称作光滑面约束。这类约束不能限制物体沿约束表面切线的位移，只能限制物体沿接触表面法线并指向约束的位移。因此约束反力作用在接触点，方向沿接触表面的公法线，并指向受力物体。即约束反力为压力。如图 2-1-8 所示。

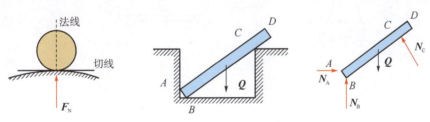

图 2-1-8　光滑接触面约束

3. 光滑圆柱铰链约束

（1）圆柱铰链约束。如图 2-1-9（a）、（b）所示，在两个构件 A、B 上分别有直径相同的圆孔，再将一直径略小于孔径的圆柱体销钉 C 插入该两构件的圆孔中，将两构件连接在一起，这种连接称为铰链连接，两个构件受到的约束称为光滑圆柱铰链约束。受这种约束的物体，只可绕销钉的中心轴线转动，而不能相对销钉沿任意径向方向运动。这种约束实质是两个光滑圆柱面的接触［图 2-1-9（c）］，其约束反力作用线必然通过销钉中心并垂直圆孔在 K 点的切线，约束反力的指向和大小与作用在物体上的其他力有关，所以光滑圆柱铰链的约束反力的大小和方向都是未知的，通常用大小未知的两个垂直分力表示，如图 2-1-9（d）所示。光滑圆柱铰链的简图如图 2-1-9（e）所示。

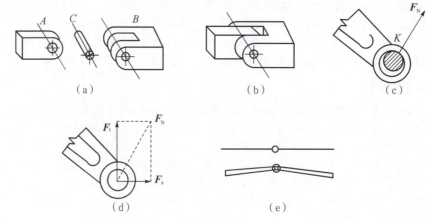

图 2-1-9　圆柱铰链约束

（2）固定铰链支座。固定铰链支座可认为是圆柱铰链约束的演变形式，两个构件中有一个固定在地面或机架上，其结构简图如图 2-1-10（b）所示。这种约束的约束反力的作用线也不能预先确定，可以用大小未知的两个垂直分力表示，如图 2-1-10（c）所示。

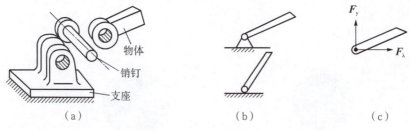

图 2-1-10　固定铰链支座

（3）辊轴支座。辊轴支座又称滚动支座或可动铰支座。在桥梁、屋架等工程结构中经常采用这类约束，如图 2-1-11（a）所示为桥梁采用的滚动支座，这种支座可以沿固定面滚动，常用于支承较长的梁，它允许梁的支承端沿支承面移动。因此这种约束的特点与光滑接触面约束相同，约束反力垂直于支承面指向被约束物体，如图 2-1-11（c）所示。

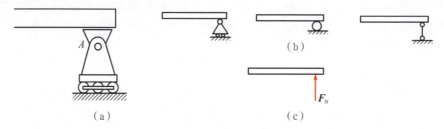

图 2-1-11　辊轴支座

4. 链杆约束

两端用光滑铰链与其他物体连接，中间不受力且不计自重的杆件，即为二力杆。二力杆两端所受的两个力大小相等、方向相反，作用线沿着两铰接点的连线，至于二力杆受拉还是受压则可假设。图 2-1-12（a）的结构中，杆件 BC 为二力杆，其受力如图 2-1-12（b）所示。

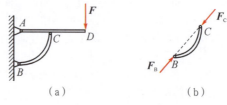

图 2-1-12　链杆约束

二、物体的受力分析和受力图

1. 物体受力分析的过程

为了清晰地表示物体的受力情况，将所研究的物体或物体系统从与其联系的周围物体或约束中分离出来，并单独画出它的简图，分析它受几个力作用，确定每个力的作用位置和力的作用方向，这一过程称为物体受力分析。物体受力分析过程包括如下两个主要步骤。

（1）确定研究对象，取出分离体。

待分析的某物体或物体系统称为研究对象。明确研究对象后，需要解除它受到的全部约束，将其从周围的物体或约束中分离出来，单独画出相应简图，这个步骤称为取分离体。

（2）画受力图。

在分离体图上，画出研究对象所受的全部主动力和所有去除约束处的约束反力，并标明各力的符号及受力位置符号。

这样得到的表明物体受力状态的简明图形，称为受力图。下面举例说明受力图的画法。

例 2-1-1　简支梁两端分别为固定铰支座和可动铰支座，在 C 处作用一集中荷载 P [图 2-1-13（a）]，梁重不计，试画梁 AB 的受力图。

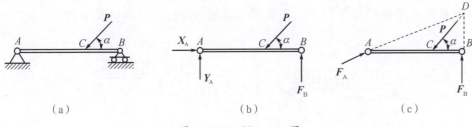

图 2-1-13　例 2-1-1 图

解：取梁 AB 为研究对象。作用于梁上的力有集中荷载 P，可动铰支座 B 的反力 F_B，铅垂向上，固定铰支座 A 的反力用过点 A 的两个正交分力 X_A 和 Y_A。受力图如图 2-1-13（b）所示。由于梁受三个力作用而平衡，故可由推论二确定 F_A 的方向。用点 D 表示 P 和 F_B 的作用线交点。F_A 的作用线必过交点 D，如图 2-1-13（c）所示。

例 2-1-2　三铰拱桥由左右两拱铰接而成，如图 2-1-14（a）所示。设各拱自重不计，在拱 AC 上作用荷载 F。试分别画出拱 AC 和 CB 的受力图。

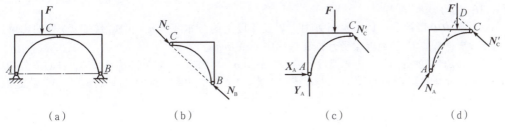

图 2-1-14　例 2-1-2 图

解：（1）取拱 CB 为研究对象。由于拱自重不计，且只在 B、C 处受到铰约束，因此 CB 为二力构件。在铰链中心 B、C 分别受到 N_B 和 N_C 的作用，且 $N_B = -N_C$。拱 CB 的受力图如图 2-1-14（b）所示。

（2）取拱 AC 连同销钉 C 为研究对象。由于自重不计，主动力只有荷载 F；点 C 受拱 CB 施加的约束力 N_C'，且 $N_C' = -N_C$；点 A 处的约束反力可分解为 X_A 和 Y_A。拱 AC 的受力图如图 2-1-14（c）所示。

又拱 AC 在 F、N_C' 和 N_A 三力作用下平衡，根据三力平衡汇交定理，可确定出铰链 A 处约束反力 N_A 的方向。点 D 为力 F 与 N_C' 的交点，当拱 AC 平衡时，N_A 的作用线必通过点 D，如图 2-1-14（d）所示，N_A 的指向，可先作假设，以后由平衡条件确定。

例 2-1-3　试画出图 2-1-15（a）所示结构的整体、AB 杆、AC 杆的受力图。

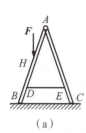
(a)
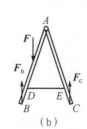
(b)
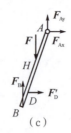
(c)
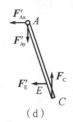
(d)
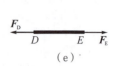
(e)

图 2-1-15　例 2-1-3 图

解：（1）以结构整体为研究对象，主动力有荷载 F，注意到 B、C 处为光滑面约束，约束反力为 F_B、F_C。其受力图如图 2-1-15（b）所示。

（2）取 AB 杆的分离体，A 处为光滑圆柱铰链约束，D 处受到柔绳约束，其受力图如图 2-1-15（c）所示。

（3）取出 AC 杆的分离体，A 处受到 AB 杆的反作用力 F_{Ax}'、F_{Ay}'，E 处为柔绳约束，AC 杆受力如图 2-1-15（d）所示。

例 2-1-4　在图 2-1-16（a）中，多跨梁 ABC 由 ADB、BC 两个简单的梁组合而成，受集中力 F 及均布载荷 q 作用，试画出整体及梁 ADB、BC 段的受力图。

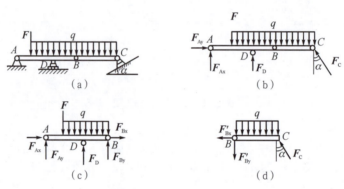

图 2-1-16　例 2-1-4 图

解：（1）取整体为研究对象，先画集中力 F 与分布载荷 q，再画约束反力。A 处约束反力分解为二正交分量，D、C 处的约束反力分别与其支承面垂直，B 处约束反力为内力，不能画出，整体的受力图如图 2-1-16（b）所示。

（2）取 ADB 段的分离体，先画集中力 F 及梁段上的分布载荷 q，再画 A、D、B 处的约束反力 F_{Ax}、F_{Ay}、F_D、F_{Bx}、F_{By}，ADB 梁受力如图 2-1-16（c）所示。

（3）取 BC 段的分离体，先画梁段上的分布载荷 q，再画出 B、C 处的约束反力，注意 B 处的约束反力与 AB 段 B 处的约束反力是作用力与反作用力关系，C 处的约束反力 F_C 与斜面垂直，BC 梁受力如图 2-1-16（d）所示。

2. 物体受力分析的过程

画受力图时须注意以下几点：

（1）首先要明确是画哪个物体的受力图，确定受力物体，及施力物体。要求一个研究对象画一个受力图。

（2）在分离体的简图上要画出全部主动力和约束力，明确力的数量，不能多画，也不能少画。若选取的研究对象是物体系统，则系统内物体与物体间的作用力对物体系统而言是内力，受力图上不画内力。

（3）画约束力时，一定注意，一个物体往往同时受到几个约束的作用，这时应分别根据每个约束单独作用时，由该约束本身特性来确定约束力的方向，而不能凭主观臆测。

（4）受力图上要标明各力的名称及其作用点的位置，不要任意改变力的作用位置。

（5）一般情况下，不要将力分解或合成。如果需要分解或合成，分力与合力不要同时画在同一受力图上，以免重复。必要时，用虚线表示分力与合力中的一种。

（6）画受力图时，要注意应用二力平衡公理、三力平衡汇交定理及作用与反作用公理。

1. 画出图2-1-17中物体A，或构件ABC、AB、AC、CD的受力图。

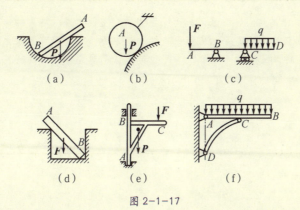

（a） （b） （c）

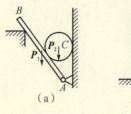 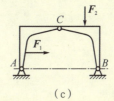

（d） （e） （f）

图2-1-17

2. 画出图2-1-18所示结构中各杆件的受力图与系统整体的受力图。

（a） （b） （c）

图2-1-18

模块二 平面力系

模块介绍

根据力系中各力作用线的位置，力系可分为平面力系和空间力系。各力的作用线都在同一平面内的力系称为平面力系。平面汇交力系与平面力偶系是两种简单力系，是研究复杂力系的基础。本模块将分别用几何法与解析法研究平面汇交力系的合成与平衡问题，同时介绍力偶的特性及平面力偶系的合成与平衡问题。

模块目标

1. 了解平面汇交力系的合成与平衡。
2. 掌握平面汇交力系合成的几何法和解析法。
3. 理解力在直角坐标系的投影。
4. 能熟练计算力在直角坐标轴上的投影。
5. 熟悉力和力偶的基本概念及其性质。
6. 能熟练的计算平面问题中力对点之矩。
7. 掌握合力距定理。
8. 掌握平面力偶系的合成和平衡条件。

课题一 平面汇交力系

学习目标

1. 了解平面汇交力系的合成与平衡。
2. 掌握平面汇交力系合成的几何法和解析法。
3. 理解力在直角坐标系的投影。
4. 能熟练计算力在直角坐标轴上的投影。

问题引导

在平面力系中又可以分为平面汇交力系、平面平行力系、平面力偶系和平面一般力系。在平面力系中，各力作用线汇交于一点的力系称平面汇交力系。平面汇交力系的合成与平衡问题可以通过几何法和解析法进行求解。

一、平面汇交力系合成与平衡的几何法

1. 平面汇交力系合成的几何法

设在某刚体上作用有由力 F_1、F_2、F_3、F_4 组成的平面汇交力系，各力的作用线交于点 A，如图2-2-1（a）所示。由力的可传性，将力的作用线移至汇交点 A；然后由力的合成三角形法则将各力依次合成，即从任意点 a 作矢量 ab 代表力矢 F_1，在其末端 b 作矢量 bc 代表力矢 F_2，则虚线 ac 表示力矢 F_1 和 F_2 的合力矢 F_{R1}；再从点 C 作矢量 cd 代表力矢 F_3，则 ad 表示力矢 F_R 和 F_3 的合力矢 F_{R2}；最后从点 d 作 de 代表力矢 F_4，

则 ae 代表力矢 F_{R2} 与 F_4 的合力矢，亦即力 F_1、F_2、F_3、F_4 的合力矢 F_R，其大小和方向如图 2-2-1（b）所示，其作用线通过汇交点 A。

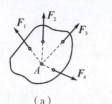 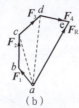 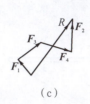

(a) (b) (c)

图 2-2-1 平面汇交力系合成

作图 2-2-1（b）时，虚线 ac 和 ad 不必画出，只需把各力矢首尾相连，得折线 $abcd$，则第一个力矢 F_1 的起点 a 向最后一个力矢 F_4 的终点 e 作 ae，即得合力矢 F_R。各分力矢与合力矢构成的多边形称为力的多边形，表示合力矢的边 ae 称为力的多边形的逆封边。这种求合力的方法称为力的多边形法则。

若改变各力矢的作图顺序，所得的力的多边形的形状则不同，但是这并不影响最后所得的逆封边的大小和方向。但应注意，各分力矢必须首尾相连，而环绕力多边形周边的同一方向，而合力矢则指向封闭力多边形。

上述方法可以推广到由 n 个力 F_1、F_2、$\cdots$、F_n 组成的平面汇交力系：平面汇交力系合成的结果是一个合力，合力的作用线过力系的汇交点，合力等于原力系中所有各力的矢量和。

可用矢量式表示为

$$F_R = F_1 + F_2 + \cdots + F_n = \sum F \qquad (2\text{-}2\text{-}1)$$

例 2-2-1 同一平面的三根钢索边连接在一固定环上，如图 2-2-2（a）所示，已知三钢索的拉力分别为：$F_1=500\text{N}$，$F_2=1000\text{N}$，$F_3=2000\text{N}$。试用几何作图法求三根钢索在环上作用的合力。

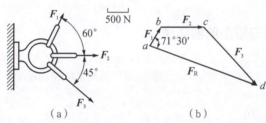

图 2-2-2 例 2-2-1 图

解：先定力的比例尺如图。作力多边形先将各分力乘以比例尺得到各力的长度，然后作出力多边形[图 2-2-2（b）]，量得代表合力矢的长度，则 F_R 的实际值为：

$$F_R = 2700\text{N}$$

F_R 的方向可由力的多边形图直接量出，F_R 与 F_1 的夹角为 71°31′。

2. 平面汇交力系平衡的几何条件

在图 2-2-3（a）中，平面汇交力系合成为一合力，即与原力系等效。若在该力系中再加一个与等值、反向、共线的力，根据二力平衡公理知物体处于平衡状态，即为平衡力系。对该力系作力的多边形时，得出一个闭合的力的多边形，即最后一个力矢的末端与第一个力矢的始端相重合，亦即该力系的合力为零。因此，平面汇交力系的平衡的必要与充分的几何条件是：力的多边形自行封闭，或各力矢的矢量和等于零。用矢量表示为：

$$F_R = \sum F = 0 \qquad (2\text{-}2\text{-}2)$$

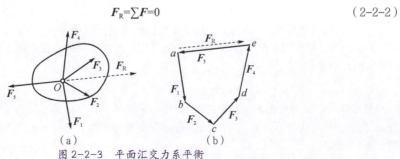

(a) (b)

图 2-2-3 平面汇交力系平衡

例 2-2-2 图 2-2-4（a）所求一支架，A、B 为铰链支座，C 为圆柱铰链。斜撑杆 BC 与水平杆 AC 的夹角为 30°。在支架的 C 处用绳子吊着重 G=20kN 的重物。不计杆件的自重，试求各杆所受的力。

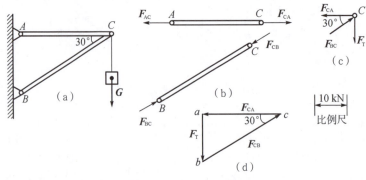

图 2-2-4 例 2-2-2 图

解：杆 AC 和 BC 均为二力杆，其受力如图 2-2-4（b）所示。取销钉 C 为研究对象，作用在它上面的力有：绳子的拉力 F_T（$F_T=G$），AC 杆和 BC 杆对销钉 C 的作用力 F_{CA} 和 F_{CB}。这三个力为一平面汇交力系 [销钉 C 的受力图如图 2-2-4（c）所示]。

根据平面汇交力系平衡的几何条件，F_T、F_{CA} 和 F_{CB} 应组成闭合的力三角形。选取比例尺如图，先画已知力 $F_T=ab$，过 a、b 两点分别作直线平行于 F_{CA} 和 F_{CB} 得交点 c，于是得力三角形 abc，顺着 abc 的方向标出箭头，使其首尾相连，则矢量 ca 和 bc 就分别表示力 F_{CA} 和 F_{CB} 的大小和方向。用同样的比例尺量得：

$$F_{CA}= 34.6（kN）$$
$$F_{CB}= 40（kN）$$

二、平面汇交力系合成与平衡的解析法

求解平面汇交力系问题的几何法，具有直观简捷的优点，但是作图时的误差难以避免。因此，工程中多用解析法来求解力系的合成和平衡问题。解析法是以力在坐标轴上的投影为基础的。

1. 在坐标轴上的投影

如图 2-2-5 所示，设力 F 作用于刚体上的 A 点，在力作用的平面内建立坐标系 Oxy，由力 F 的起点和终点分别向 x 轴作垂线，得垂足 a_1 和 b_1，则线段 a_1b_1 冠以相应的正负号称为力 F 在 x 轴上的投影，用 X 表示。即 $X=\pm a_1b_1$；同理，力 F 在 y 轴上的投影用 Y 表示，即 $Y=\pm a_2b_2$。

力在坐标轴上的投影是代数量，正负号规定：力的投影由始到末端与坐标轴正向一致其投影取正号，反之取负号。投影与力的大小及方向有关，即

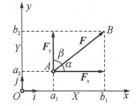

图 2-2-5 力在坐标轴上的投影

$$\left. \begin{array}{l} X=\pm ab=F\cos\alpha \\ Y=\pm ab=F\cos\beta \end{array} \right\} \quad (2\text{-}2\text{-}3)$$

式中，α、β 分别为 F 与 X、Y 轴正向所夹的锐角。

反之，若已知力 F 在坐标轴上的投影 X、Y，则该力的大小及方向余弦为

$$\left. \begin{array}{l} F=\sqrt{X^2+Y^2} \\ \cos\alpha=\dfrac{X}{F} \end{array} \right\} \quad (2\text{-}2\text{-}4)$$

应当注意，力的投影和力的分量是两个不同的概念。投影是代数量，而分力是矢量；投影无所谓作用点，而分力作用点必须作用在原力的作用点上。另外仅在直角坐标系中在坐标上的投影的绝对值和力沿该轴的分量的大小相等。

2. 合力投影定理

设一平面汇交力系由 F_1、F_2、F_3 和 F_4 作用于刚体上，其力的多边形 abcde 如图 2-2-6 所示，封闭边 ae 表示该力系的合力矢 F_R，在力的多边形所在平面内取一坐标系 Oxy，将所有的力矢都投影到 x 轴和 y 轴上。得

$$X=a_1e_1, \quad X_1=a_1b_1, \quad X_2=b_1c_1, \quad X_3=c_1d_1, \quad X_4=d_1e_1$$

由图 2-2-6 可知
$$a_1e_1 = a_1b_1 + b_1c_1 + c_1d_1 + d_1e_1$$
即
$$X = X_1 + X_2 + X_3 + X_4$$
同理
$$Y = Y_1 + Y_2 + Y_3 + Y_4$$
将上述关系式推广到任意平面汇交力系的情形，得

$$\left. \begin{array}{l} X = X_1 + X_2 + \cdots + X_n = \Sigma X \\ Y = Y_1 + Y_2 + \cdots + Y_n = \Sigma Y \end{array} \right\} \quad (2\text{-}2\text{-}5)$$

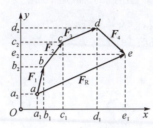

图 2-2-6　合力投影定理

即合力在任一轴上的投影，等于各分力在同一轴上投影的代数和，这就是合力投影定理。

3. 平面汇交力系合成的解析法

用解析法求平面汇交力系的合成时，首先在其所在的平面内选定坐标系 Oxy。求出力系中各力在 x 轴和 y 轴上的投影，由合力投影定理得

$$\left. \begin{array}{l} F_R = \sqrt{X^2 + Y^2} = \sqrt{(\Sigma X)^2 + (\Sigma Y)^2} \\ \cos\alpha = \left|\dfrac{X}{F_R}\right| = \left|\dfrac{\Sigma X}{F_R}\right| \end{array} \right\} \quad (2\text{-}2\text{-}6)$$

其中 α 是合力 F_R 与 x 轴正向所夹的锐角。

例 2-2-3　如图 2-2-7 所求，固定圆环作用有四根绳索，其拉力分别为 $F_1=0.2$kN，$F_2=0.3$kN，$F_3=0.5$kN，$F_4=0.4$kN，它们与轴的夹角分别为 $\alpha_1=30°$，$\alpha_2=45°$，$\alpha_3=0$，$\alpha_4=60°$。试求它们的合力大小和方向。

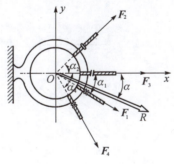

图 2-2-7　例 2-2-3 图

解：建立如图 2-2-7 所示直角坐标系。根据合力投影定理，有
$$X = \Sigma X = X_1 + X_2 + X_3 + X_4 = F_1\cos\alpha_1 + F_2\cos\alpha_2 + F_3\cos\alpha_3 + F_4\cos\alpha_4 = 1.085\text{kN}$$
$$Y = \Sigma Y = Y_1 + Y_2 + Y_3 + Y_4 = F_1\sin\alpha_1 + F_2\sin\alpha_2 + F_3\sin\alpha_3 - F_4\sin\alpha_4 = -0.234\text{kN}$$
由 ΣX、ΣY 的代数值可知，X 沿 x 轴的正向，Y 沿 y 轴的负向。由式（2-2-6）得合力的大小
$$F_R = \sqrt{(\Sigma X)^2 + (\Sigma Y)^2} = 1.11\text{kN}$$
方向为
$$\cos\alpha = \left|\dfrac{\Sigma X}{F_R}\right| = 0.977$$
解得
$$\alpha = 12°\,12'$$

4. 平面汇交力系平衡的解析条件

我们已经知道平面汇交力系平衡的必要与充分条件上其合力等于零，即 $F_R = 0$。由式（2-2-6）可知，要使 $F_R=0$，须有

$$\Sigma X=0 ; \Sigma Y=0 \qquad (2\text{-}2\text{-}7)$$

上式表明，平面汇交力系平衡的必要与充分条件是：力系中各力在力系所在平面内两个相交轴上投影的代数和同时为零。式（2-2-7）称为平面汇交力系的平衡方程。

式（2-2-7）是由两个独立的平衡方程组成的，故用平面汇交力系的平衡方程只能求解两个未知量。

例 2-2-4　重量为 G 的重物，放置在倾角为 α 的光滑斜面上（图 2-2-8），试求保持重物成平衡时需沿斜面方向所加的力 F 和重物对斜面的压力 $F_N{'}$。

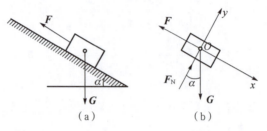

图 2-2-8　例 2-2-4 图

解： 以重物为研究对象。重物受到重力 G、拉力 F 和斜面对重物的作用力 F_N，其受力图如图 2-2-8（b）所示。取坐标系 Oxy，列平衡方程

$$\Sigma X=0 \qquad G\sin\alpha - F=0 \qquad (1)$$
$$\Sigma Y=0 \qquad -G\cos\alpha + F_N=0 \qquad (2)$$

解得　　　　　　$F=G\sin\alpha$　　　　$F_N = G\cos\alpha$

则需沿斜面方向所加的力 $F=G\sin\alpha$，方向与斜面平行且指向左上方；重物对斜面的压力 $F_N{'} = G\cos\alpha$，指向和重物对斜面的压力 F_N 相反。

例 2-2-5　重 $G = 20\text{kN}$ 的物体被绞车匀速吊起，绞车的绳子绕过光滑的定滑轮 A [图 2-2-9（a）]，滑轮由不计重量的杆 AB、AC 支撑，A、B、C 三点均为光滑铰链。试求 AB、AC 所受的力。

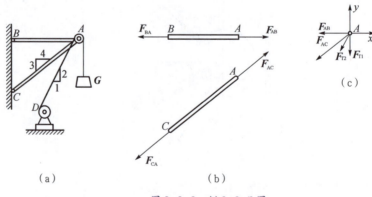

图 2-2-9　例 2-2-5 图

解： 杆 AB 和 AC 都是二力杆，其受力如图 2-2-9（b）所示。假设两杆都受拉。取滑轮连同销钉 A 为研究对象。重物 G 通过绳索直接加在滑轮的一边。在其匀速上升时，拉力 $F_{T1}=G$，而绳索又在滑轮的另一边施加同样大小的拉力，即 $F_{T1}=F_{T2}$。受力图如图 2-2-9（c）所示，取坐标系 A_{xy}。

列平衡方程

由　　　　　$\Sigma X=0$　　　　$-F_{AC}\dfrac{3}{\sqrt{4^2+3^2}} - F_{T2}\dfrac{2}{\sqrt{1^2+2^2}} - F_{T1} = 0$

解得　　　　　　　　$F_{AC} = -63.2\text{kN}$

由 $\Sigma Y=0$ $\quad -F_{AB}-F_{AC}\dfrac{4}{\sqrt{4^2+3^2}}-F_{T2}\dfrac{1}{\sqrt{1^2+2^2}}=0$

解得 $\quad F_{AB}=41.6\text{kN}$

力 F_{AC} 是负值，表示该力的假设方向与实际方向相反，因此杆 AC 是受压杆。

1. 如图 2-2-10 所示的平面汇交力系的各力多边形中，各代表什么意义？

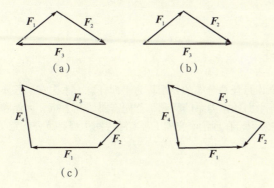

图 2-2-10

2. 如图 2-2-11 所示，已知力 F 大小和其与 x 轴正向的夹角 θ，试问能否求出此力在 x 轴上的投影？能否求出此力沿 x 轴方向的分力？

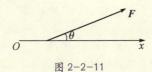

图 2-2-11

3. 同一个力在两个互相平行的轴上的投影有何关系？如果两个力在同一轴上的投影相等，问这两个力的大小是否一定相等？

4. 平面汇交力系在任意两根轴上的投影的代数和分别等于零，则力系必平衡，对吗？为什么？

5. 若选择同一平面内的三个轴 x、y 和 z，其中 x 轴垂直于 y 轴，而 z 轴是任意的（图 2-2-12），若作用在物体上的平面汇交力系满足下列方程式：

$$\Sigma X=0$$
$$\Sigma Y=0$$

能否说明该力系一定满足下列方程式：$\Sigma Z=0$，试说明理由。

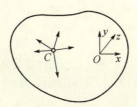

图 2-2-12

课题二 平面力偶系

学习目标

1. 熟悉力和力偶的基本概念及其性质。
2. 能熟练的计算平面问题中力对点之矩。
3. 掌握合力距定理。
4. 掌握平面力偶系的合成和平衡条件。
5. 掌握力的平移定理。

问题引导

各力作用线在同一平面内且任意分布的力系称为平面任意力系。在工程实际中经常遇到平面任意力系的问题。为了能够解决好平面任意力系的问题,首先需要研究力矩、力偶和平面力偶系的理论。这都是有关力的转动效应的基本知识,在理论研究和工程实际应用中都有重要的意义。

一、力对点之矩

1. 力矩的概念

力不仅可以改变物体的移动状态,而且还能改变物体的转动状态。力使物体绕某点转动的力学效应,称为力对该点之矩。以扳手旋转螺母为例,如图 2-2-13 所示,设螺母能绕点 O 转动。由经验可知,螺母能否旋动,不仅取决于作用在扳手上的力 F 的大小,而且还与点 O 到 F 的作用线的垂直距离 d 有关。因此,用 F 与 d 的乘积作为力 F 使螺母绕点 O 转动效应的量度。其中距离 d 称为 F 对 O 点的力臂,点 O 称为矩心。由于转动有逆时针和顺时针两个转向,则力 F 对 O 点之矩定义为:力的大小 F 与力臂 d 的乘积冠以适当的正负号,以符号 $m_o(F)$ 表示,记为

$$m_o(F) = \pm Fd \tag{2-2-8}$$

通常规定:力使物体绕矩心逆时针方向转动时,力矩为正,反之为负。

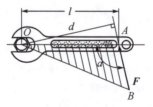

图 2-2-13 力矩

由图 2-2-13 可见,力 F 对 O 点之矩的大小,也可以用三角形 OAB 的面积的两倍表示,即

$$m_o(F) = \pm 2 S_{\triangle ABO} \tag{2-2-9}$$

在国际单位制中,力矩的单位是牛·米(N·m)或千牛·米(kN·m)。
由上述分析可得力矩的性质:
(1)力对点之矩,不仅取决于力的大小,还与矩心的位置有关。力矩随矩心的位置变化而变化。
(2)力对任一点之矩,不因该力的作用点沿其作用线移动而改变,再次说明力是滑移矢量。
(3)力的大小等于零或其作用线通过矩心时,力矩等于零。

2. 合力矩定理

定理:平面汇交力系的合力对其平面内任一点的矩等于所有各分力对同一点之矩的代数和。

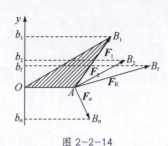

图 2-2-14

证明：设刚体上的 A 点作用着一平面汇交力系。力系的合力 F_R。在力系所在平面内任选一点 O，过 O 作 Oy 轴，且垂直于 OA。如图 2-2-14 所示。则图中 Ob_1、Ob_2、$\cdots$、Ob_n 分别等于力 F_1、F_2、$\cdots$、F_n 和 F_R 在 Oy 轴上的投影 Y_1、Y_2、$\cdots$、Y_n 和 Y_R。现分别计算 F_1、F_2、$\cdots$、F_n 和 F_R 各分力对点 O 的力矩。

由图 2-2-14 可以看出

$$\left.\begin{aligned} m_O(F_1) &= Ob_1 OA = Y_1 OA \\ m_O(F_2) &= Ob_2 OA = Y_2 OA \\ &\cdots \\ m_O(F_n) &= Ob_n OA = Y_n OA \\ m_O(F_R) &= Ob_r OA = Y_R OA \end{aligned}\right\} \quad (1)$$

根据合力投影定理

$$Y_R = Y_1 + Y_2 + \cdots + Y_n$$

两端乘以 OA 得

$$Y_R OA = Y_1 OA + Y_2 OA + \cdots + Y_n OA$$

将式（1）代入得

$$m_O(F_R) = m_O(F_1) + m_O(F_2) + \cdots + m_O(F_n)$$

即

$$m_O(F_R) = \Sigma m_O(F) \qquad (2\text{-}2\text{-}10)$$

上式称为合力矩定理。合力矩定理建立了合力对点之矩与分力对同一点之矩的关系。这个定理也适用于有合力的其他力系。

例 2-2-6 试计算图 2-2-15 中力对 A 点之矩。

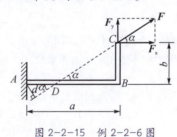

图 2-2-15 例 2-2-6 图

解：本题有两种解法。
（1）由力矩的定义计算力 F 对 A 点之矩。
先求力臂 d。由图中几何关系有：
$d = AD\sin\alpha = (AB - DB)\sin\alpha = (AB - BC\cot\alpha)\sin\alpha = (a - b\cot\alpha)\sin\alpha = a\sin\alpha - b\cos\alpha$
所以

$$m_A(F) = Fd = F(a\sin\alpha - b\cos\alpha)$$

（2）根据合力矩定理计算力 F 对 A 点之矩。
将力 F 在 C 点分解为两个正交的分力和，由合力矩定理可得

$$m_A(F) = m_A(F_x) + m_A(F_y) = -F_x b + F_y a = -F(b\cos\alpha + a\sin\alpha) = F(a\sin\alpha - b\cos\alpha)$$

本例两种解法的计算结果是相同的，当力臂不易确定时，用后一种方法较为简便。

二、力偶

1. 力偶和力偶矩

在日常生活和工程实际中经常见到物体受到两个大小相等、方向相反，但不在同一直线上的两个平

行力作用的情况。例如，司机驾驶汽车时两手作用在转向盘上的力[图2-2-16（a）]；工人用丝锥攻螺纹时两手加在扳手上的力[图2-2-16（b）]；以及用两个手指拧动水龙头所加的力[图2-2-16（c）]等等。在力学中把这样一对等值、反向而不共线的平行力称为力偶，用符号（F, F'）表示。两个力作用线之间的垂直距离称为力偶臂，两个力作用线所决定的平面称为力偶的作用面。

 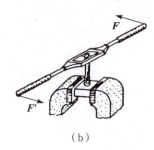 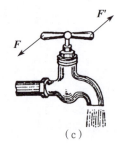

（a）　　　　　　　　　（b）　　　　　　　　　（c）

图 2-2-16　力偶

实验表明，力偶对物体只能产生转动效应，且当力愈大或力偶臂愈大时，力偶使刚体转动效应就愈显著。因此，力偶对物体的转动效应取决于：力偶中力的大小、力偶的转向以及力偶臂的大小。在平面问题中，将力偶中的一个力的大小和力偶臂的乘积冠以正负号，作为力偶对物体转动效应的量度，称为力偶矩，用 m 或 $m(F, F')$ 表示，如图 2-2-17 所示，即

$$m(F) = F \cdot d = \pm 2 S_{\triangle ABO} \qquad (2\text{-}2\text{-}11)$$

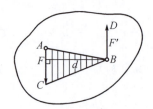

图 2-2-17　力偶矩

通常规定：力偶使物体逆时针方向转动时，力偶矩为正，反之为负。
在国际单位制中，力矩的单位是牛·米（N·m）或千牛·米（kN·m）。

2. 力偶的性质

力和力偶是静力学中两个基本要素。力偶与力具有不同的性质：

（1）力偶不能简化为一个力，即力偶不能用一个力等效替代。因此力偶不能与一个力平衡，力偶只能与力偶平衡。

设刚体上的 A 和 B 分别作用着大小不等，指向相反的平行力 F_1 和 F_2，若 $F_1 > F_2$。由同向平行力合成的内分反比关系，来求反向平行力的合力。图 2-2-18（a）所示，将力 F_1 分解成两个同向平行力，使其中一个分力 F_2' 作用于点 B，且 $F_2' = -F_2$，设另一个分力为 F_R，其作用线与 AB 的延长线交于 C 点。现将平衡力 F_2 和 F_2' 减去，力 F_R 就与原来两反向平行力 F_1 和 F_2 等效。即力 F_R 为 F_1 和 F_2 的合力。如图 2-2-18（b）所示。

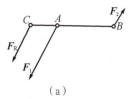 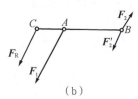

（a）　　　　　　　　　　（b）

图 2-2-18　力偶的性质1

因为　　　$F_1 = F_2' + F_R = F_2 + F_R$
所以　　　$F_R = F_1 - F_2$
由内分反比关系知

$$\frac{CA}{AB} = \frac{F_2'}{F_R} = \frac{F_2}{F_R}, \quad CA = AB \cdot \frac{F_2}{F_R}$$

若 $F_1=F_2$，则力 F_1 和 F_2 组成力偶，此时，$F_R=0$，于是
$$CA=\infty$$
$CA=\infty$，说明合力的作用点 C 不存在，所以力偶不能合成为一合力。即力偶不能用一个力代替，也不能与一个力平衡，力偶只能用力偶来平衡。

（2）力偶对其作在平面内任一点的矩恒等于力偶矩，与矩心位置无关。

如图2-2-19所示，力偶（F，F'）的力偶矩 $m(F)=F \cdot d$ 在其作用面内任取一点 O 为矩心，因为力使物体转动效应用力对点之矩量度，因此力偶的转动效应可用力偶中的两个力对其作用面内任何一点的矩的代数和来量度。设 O 到力 F' 的垂直距离为 x，则力偶（F，F'）对于点 O 的矩为
$$m_o(F, F')=m_o(F)+m_o(F')=F(x+d)-F'x=F \cdot d=m$$

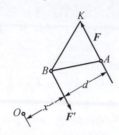

图 2-2-19 力偶的性质2

所得结果表明，不论点 O 选在何处，其结果都不会变，即力偶对其作用面内任一点的矩总等于力偶矩。所以力偶对物体的转动效应总取决于力偶矩（包括大小和转向），而与矩心位置无关。

由上述分析得到如下结论：

在同一平面内的两个力偶，只要两力偶的代数值相等，则这两个力偶相等。这就是平面力偶的等效条件。

根据力偶的等效性，可得出下面两个推论：

推论1 力偶可在其作用面内任意移动和转动，而不会改变它对物体的效应。

推论2 只要保持力偶矩不变，可同时改变力偶中力的大小和力偶臂的长度，而不会改变它对物体的作用效应。

由力偶的等效性可知，力偶对物体的作用，完全取决于力偶矩的大小和转向。因此，力偶可以用一带箭头的弧线来表示，如图2-2-20所示，其中箭头表示力偶的转向，m 表示力偶矩的大小。

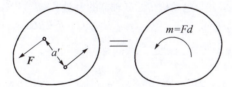

图 2-2-20 力偶的表示

3. 平面力偶系的合成

作用在物体同一平面内的各力偶组成平面力偶系。

设在刚体的同一平面内作用三个力偶（F_1，F_1'）（F_2，F_2'）和（F_3，F_3'），如图2-2-21所示。各力偶矩分别为：
$$m_1=F_1 d_1, \quad m_2=F_2 d_2, \quad m_3=-F_3 d_3,$$

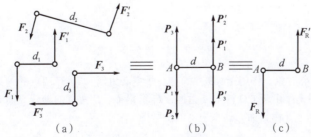

图 2-2-21 平面力偶系的合成

在力偶作用面内任取一线段 $AB=d$，按力偶等效条件，将这三个力偶都等效地改为以 d 为力偶臂的力偶（P_1, P_1'）（P_2, P_2'）和（P_3, P_3'）。如图 2-2-21 所示。由等效条件可知

$$P_1d=F_1d_1, \quad P_2d=F_2d_2, \quad -P_3d=-F_3d_3$$

则等效变换后的三个力偶的力的大小可求出。

然后移转各力偶，使它们的力偶臂都与 AB 重合，则原平面力偶系变换为作用于点 A、B 的两个共线力系 [图 2-2-21（b）]。将这两个共线力系分别合成，得

$$F_R = P_1 + P_2 - P_3$$
$$F_R' = P_1' + P_2' - P_3'$$

可见，力 F_R 与 F_R' 等值、反向作用线平行但不共线，构成一新的力偶（F_R, F_R'），如图 2-2-21（c）所示。力偶（F_R, F_R'）称为原来的三个力偶的合力偶。用 M 表示此合力偶矩，则

$$M = F_R d = (P_1 + P_2 - P_3)d = P_1 \cdot d + P_2 \cdot d - P_3 \cdot d = F_1 \cdot d_1 + F_2 \cdot d_2 - F_3 \cdot d_3$$

所以
$$M = m_1 + m_2 + m_3$$

若作用在同一平面内有个力偶，则上式可以推广为

$$M = m_1 + m_2 + \cdots + m_n = \Sigma m$$

由此可得到如下结论：

平面力偶系可以合成为一合力偶，此合力偶的力偶矩等于力偶系中各力偶的力偶矩的代数和。

4. 平面力偶系的平衡条件

平面力偶系中可以用它的合力偶等效代替，因此，若合力偶矩等于零，则原力偶系必定平衡；反之若原力偶系平衡，则合力偶矩必等于零。由此可得到平面力偶系平衡的必要与充分条件：平面力偶系中所有各力偶的力偶矩的代数和等于零。即

$$\Sigma m = 0 \tag{2-2-12}$$

平面力偶系有一个平衡方程，可以求解一个未知量。

例 2-2-7 如图 2-2-22 所示，电动机轴通过联轴器与工作轴相连，联轴器上 4 个螺栓 A、B、C、D 的孔心均匀地分布在同一圆周上，此圆的直径 $d=150$mm，电动机轴传给联轴器的力偶矩 $m=2.5$ kN·m，试求每个螺栓所受的力为多少？

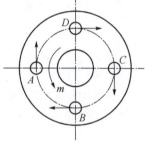

图 2-2-22 例 2-2-7 图

解：取联轴器为研究对象，作用于联轴器上的力有电动机传给联轴器的力偶，每个螺栓的反力，受力图如图所示。设 4 个螺栓的受力均匀，即 $F_1=F_2=F_3=F_4=F$，则组成两个力偶并与电动机传给联轴器的力偶平衡。

由 $\Sigma m = 0$，$m - F \cdot AC - F \cdot BD = 0$

解得 $F = \dfrac{m}{2d} = \dfrac{2.5}{2 \times 0.15} = 8.33$(kN)

例 2-2-8 水平杆重量不计，受固定铰支座 A 及 CD 的约束，如图 2-2-23 所示，在杆端 B 受一力偶作用，已知力偶矩 $m=100$N·m，求 A、C 处的约束反力。

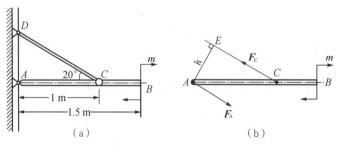

图 2-2-23 例 2-2-8 图

解：取 AB 杆为研究对象。作用于 AB 杆的是一个主动力偶，A、C 两点的约束反力也必然组成一个力偶才能与主动力偶平衡。由于 CD 杆是二力杆，F_C 必沿 C、D 两点的连线，而 F_A 应与 F_C 平行，且有 $F_A=F_C$ [图 2-2-23（b）]，由平面力偶系平衡条件可得

$$\Sigma m = 0, \quad F_A \times h - m = 0$$

其中 $h = Ac\sin 30° = 1 \times 0.5 = 0.5$（m）

则 $F_A = F_C = \dfrac{m}{h} = \dfrac{100}{0.5} = 200$（N）

三、力的平移定理

由力的可传性可知，力可以沿其作用线滑移到刚体上任意一点，而不改变力对刚体的作用效应。但当力平行于原来的作用线移动到刚体上任意一点时，力对刚体的作用效应便会改变，为了进行力系的简化，将力等效地平行移动，给出如下定理：

力的平移定理：作用于刚体上的力可以平行移动到刚体上的任意一指定点，但必须同时在该力与指定点所决定的平面内附加一力偶，其力偶矩等于原力对指定点之矩。

证明：设力 F 作用于刚体上 A 点，如图2-2-24（a）所示。为将力 F 等效地平行移动到刚体上任意一点，根据加减平衡力系公理，在 B 点加上两个等值、反向的力 F' 和 F''，并使 $F'=F''=F$，如图2-2-24（b）所示。显然，力 F、F' 和 F'' 组成的力系与原力 F 等效。由于在力系 F、F' 和 F'' 中，力 F 与力 F'' 等值、反向且作用线平行，它们组成力偶（F，F''）。于是作用在 B 点的力 F' 和力偶（F，F''）与原力 F 等效。亦即把作用于 A 点的力 F 平行移动到任意一点 B，但同时附加了一个力偶，如图2-2-24（c）所示。由图可见，附加力偶的力偶矩为

$$m = F \cdot d = m_B(F)$$

（a）
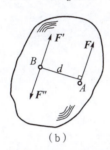
（b）
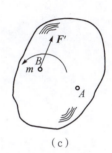
（c）

图2-2-24 力的平移

力的平移定理表明，可以将一个力分解为一个力和一个力偶；反过来，也可以将同一平面内一个力和一个力偶合成为一个力。应该注意，力的平移定理只适用于刚体，而不适用于变形体，并且只能在同一刚体上平行移动。

1. 将图2-2-25所示 A 点的力 F 沿作用线移至 B 点，是否改变该力对 O 点之矩？

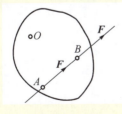

图2-2-25

图2-2-26

2. 一矩形钢板放在水平地面上，其边长 $a=3$m，$b=2$m（图2-2-26）。按图示方向加力，转动钢板需要 $P=P'=250$N。试问如何加力才能使转动钢板所用的力最小，并求这个最小力的大小。

3. 一力偶（F_1，F_1'）作用在 Oxy 平面内，另一力偶（F_2，F_2'）作用在 Oyz 平面内，力偶矩之绝对值相等（图2-2-27），试问两力偶是否等效？为什么？

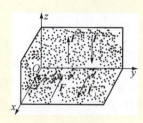

图 2-2-27

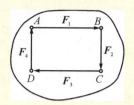

图 2-2-28

4. 图 2-2-28 中四个力作用在某物体同一平面上 A、B、C、D 四点上（$ABCD$ 为一矩形），若四个力的力矢恰好首尾相接，这时物体平衡吗？为什么？

5. 力偶不能与一力平衡，那么如何解释图 2-2-29 所示的平衡现象？

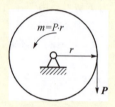

图 2-2-29

模块三 旋转构件的运动分析和动力分析

模块介绍

工程中最常见的齿轮、机床的主轴、电机的转子等，它们都有一条固定的轴线，物体绕此固定轴转动。显然，只要轴线上有两点是不动的，这轴线就是固定的。刚体在运动时，其上或其扩展部分有两点保持不动，则这种运动称为刚体绕定轴的转动，简称刚体的转动。作刚体的转动的构件为旋转构件，本模块就是介绍旋转构件的运动分析和动力分析方法。

模块目标

1. 了解刚体绕定轴转动的概念。
2. 了解转角、角速度及角加速度的概念。
3. 能够计算刚体内某点的速度和加速度。
4. 了解切向加速度和法向加速度的概念和计算。
5. 了解惯性以及惯性力的概念。
6. 了解动静法的原理。
7. 了解功和功率的概念。

课题一　旋转构件的运动分析

学习目标

1. 了解刚体绕定轴转动的概念。
2. 了解转角、角速度及角加速度的概念。
3. 能够计算刚体内某点的速度和加速度。
4. 了解切向加速度和法向加速度的概念和计算。

问题引导

刚体是由无数点组成的，在点的运动学基础上可研究刚体的运动，研究刚体的整体运动及其各点运动之间的关系。本模块主要研究刚体绕定轴转动中转角、角速度、角加速度的概念，在此基础上介绍刚体上某点运动的速度和加速度。

一、刚体绕定轴的转动

1. 转角

为确定转动刚体的位置，取其转轴为 z 轴，正向如图 2-3-1 所示。通过轴线作一固定平面 A，此外，通过轴线再作一动平面 B，这个平面与刚体固结，一起转动。两个平面间的夹角用 φ 表示，称为刚体的转角。

转角 φ 是一个代数量，它确定了刚体的位置，它的符号规定如下：自 z 轴的正端往负端看，从固定面起按逆时针转向计算角 φ，取正值；按顺时针转向计算角 φ，

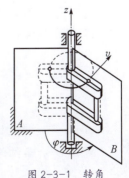

图 2-3-1　转角

取负值。并用弧度（rad）表示。当刚体转动时，转角 φ 是时间 t 的单值连续函数，即

$$\varphi=f(t) \tag{2-3-1}$$

这个方程称为刚体绕定轴转动的运动方程。

2. 瞬时角速度

转角 φ 对时间的一阶导数，称为刚体的瞬时角速度，如图 2-3-2 所示，并用 ω 表示，即

$$\omega = \frac{d\varphi}{dt} \tag{2-3-2}$$

角速度表征刚体转动的快慢和方向，其单位一般用 rad/s（弧度/秒）表示。角速度是代数量，从轴的正端向负端看，刚体逆时针转动时，角速度取正值，反之取负值。

图 2-3-2 瞬时角速度

3. 瞬时角加速度

角速度对时间的一阶导数，称为刚体的瞬时角加速度，如图 2-3-3 所示，用字母 α 表示，即

$$\alpha = \frac{d\omega}{dt} = \frac{d^2\varphi}{dt^2} \tag{2-3-3}$$

角加速度表征角速度变化的快慢，其单位一般用 rad/s²（弧度/秒²）。角加速度也是代数量。

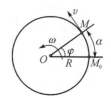

图 2-3-3 瞬时角加速度

如果 ω 与 α 同号，则转动是加速的，如果 ω 与 α 异号，则转动是减速的。

现在讨论两种特殊情形。

（1）匀速转动。如果刚体的角速度不变，即 $\omega=$ 常量，这种转动称为匀速转动。仿照点的匀速运动公式，可得

$$\varphi=\varphi_0+\omega t \tag{2-3-4}$$

其中 φ_0 是 $t=0$ 时转角的值。

机器中的转动部件或零件一般都在匀速转动情况下工作。转动的快慢常用每分钟转数 n 来表示，其单位为 r/min（转/分），称为转速。例如车床主轴的转速为 12.5～1200 r/min，汽轮机的转速约为 3000 r/min 等。

角速度 ω 与转速 n 的关系为

$$\omega=\frac{2\pi n}{60}=\frac{\pi n}{30} \tag{2-3-5}$$

式中转速 n 的单位为 r/min，ω 的单位为 rad/s。在粗略的近似计算中，可取 $\pi \approx 3$，于是 $\omega \approx 0.1n$。

（2）匀变速转动。如果刚体的角加速度不变，即 $\alpha=$ 常量，这种转动称为匀变速转动。仿照点的匀变速运动公式，可得

$$\omega=\omega_0+\alpha t \tag{2-3-6}$$

$$\varphi=\varphi_0+\omega_0 t+\frac{1}{2}\alpha t^2 \tag{2-3-7}$$

式中 ω_0 和 φ_0 分别是 $t=0$ 时的角速度和转角。

由上面一些公式可知：匀变速转动时，刚体的角速度、转角和时间之间的关系与点在匀变速运动中的速度、坐标和时间之间的关系相似。

例 2-3-1 已知电动机的转动方程为 $\varphi=2t^2$；求当 $t=2$s 时，转轴的角速度与角加速度。

解：转轴的角速度与角加速度为：

$$\omega=\frac{d\varphi}{dt}=4t=8\text{rad/s}$$

$$\alpha=\frac{d\omega}{dt}=\frac{d^2\varphi}{dt^2}=4\text{rad/s}^2$$

由于 ω 与 α 同号且为正，并且 $\alpha=$ 常量，故知转轴按逆时针方向作匀加速转动。

例 2-3-2 车细螺纹时，如果车床主轴的转速 $n_0=300$r/min，要求主轴两转后立即停止，以便很快反转。设停车过程是匀变速转动，求主轴的角加速度。

解：已知：

$$\omega_0 = \frac{\pi n_0}{30} = \frac{\pi \times 300}{30} = 10\pi \text{(rad/s)}; \quad \omega = 0; \quad \varphi = 2 \times 2\pi = 4\pi \text{(rad)}$$

（1）分析运动：主轴是匀变速运动。

（2）列出匀变速转动公式，求未知量：

$$\omega^2 = \omega_0^2 + 2\alpha(\varphi - \varphi_0) \quad (\varphi_0 = 0)$$

代入数据可得：$\alpha = -39.25 \text{ rad/s}^2$

（3）分析讨论：负号表示 α 的方向与主轴转动方向相反，故为减速运动。

二、旋转构件内各点的速度和加速度

当刚体绕定轴转动时，刚体内任意一点都作圆周运动，圆心在轴线上，圆周所在的平面与轴线垂直，圆周的半径 r 等于该点到轴线的垂直距离，对此，宜采用自然法研究各点的运动。

1. 速度

如图 2-3-4 所示，r 为刚体内某点的转动半径，M_0 为弧坐标原点，M 为 t 瞬时点的位置。

则 M 点的速度为：

$$v = \frac{ds}{dt} = \frac{d(r\varphi)}{dt} = r\frac{d(\varphi)}{dt} = r \cdot \omega \quad (2\text{-}3\text{-}8)$$

或

$$v = r \cdot \omega = \frac{d}{2} \cdot \frac{2\pi n}{60} = \frac{\pi d n}{60} \quad (2\text{-}3\text{-}9)$$

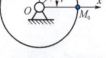

图 2-3-4　速度

物理意义：旋转构件上任意点的速度等于该点转动半径与刚体角速度的乘积，方向垂直于转动半径，指向与 ω 的转向一致。

2. 加速度

如图 2-3-5 所示，根据平面曲线运动规律可知，此点处的加速度包括切向加速度和法向加速度。

它们分别为：

$$a_\tau = \frac{dv}{dt} = \frac{d(r\omega)}{dt} = r\frac{d\omega}{dt} = r\alpha$$

$$a_n = \frac{v^2}{r} = \frac{(r\omega)^2}{r} = r\omega^2 \quad (2\text{-}3\text{-}10)$$

图 2-3-5　加速度

物理意义：转动刚体上任意点的切向加速度等于该点转动半径与刚体角加速度的乘积，方向垂直于转动半径，指向与 α 的转向一致。法向加速度等于该点转动半径与刚体角速度平方的乘积，方向指向圆心 O。

全加速度为：

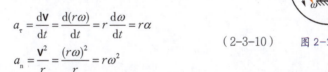

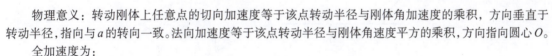

$$(2\text{-}3\text{-}11)$$

其中 θ 为全加速度与该点半径之间的夹角。

结论：由于在每一瞬时，刚体的 ω 和 α 对于其上所有各点来说具有相同的数值，所以由式（2-3-10）和式（2-3-11）可知：

（1）在每一瞬时，转动刚体内所有各点的切向加速度、法向加速度以及全加速度都与各点的转动半径成正比。

（2）在每一瞬时，转动刚体内所有各点的全加速度与转动半径的夹角都相同，即 θ 角与转动半径的大小无关。

例 2-3-3　图 2-3-6 是辊道工作原理简图，已知辊子直径 $d=200\text{mm}$，转速 $n=50\text{r/min}$，求辊道上钢坯运动速度。

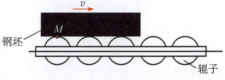

图 2-3-6　例 2-3-3 图

解：（1）分析运动：钢坯平动，辊子的运动是定轴运动；

（2）求未知量：辊子同钢坯接触点的速度即为钢坯的运动速度

$$v_M = \frac{\pi d n}{60} = \frac{\pi \times 200 \times 50}{60} = 524 \text{mm/s} = 0.524 \text{m/s}$$

例 2-3-4　图 2-3-7 是矿井提升机的工作原理图，矿山提升机的罐笼按匀变速直线规律上升 $y = \frac{1}{2}a_0 t^2$，其中 a_0 为常数，求卷筒的角速度及角加速度。

解：（1）分析运动：罐笼平动，卷筒定轴转动；

（2）求未知量

由 $y = \frac{1}{2}a_0 t^2$ 得　$v = \frac{dy}{dt} = \frac{d}{dt}(\frac{1}{2}a_0 t^2) = a_0 t$

$$a_\tau = \frac{dv}{dt} = a_0 \quad \omega = \frac{v}{R} = \frac{1}{R}a_0 t$$

又因为　　　$a_\tau = R\alpha = a_0$

所以　　　　$\alpha = \frac{a_0}{R} =$ 常数

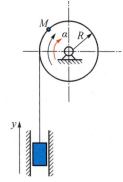

图 2-3-7　例 2-3-4 图

学后测评

1. 试推导刚体作匀速转动和匀加速转动的转动方程。
2. 各点都作圆周运动的刚体一定是定轴转动吗？
3. "刚体作平移时，各点的轨迹一定是直线或平面曲线；刚体绕定轴转动时，各点的轨迹一定是圆"。这种说法对吗？
4. 有人说："刚体绕定轴转动时，角加速度为正，表示加速转动；角加速度为负，表示减速转动"。对吗？为什么？
5. 试画出图 2-3-8（a）、（b）中标有字母的各点的速度方向和加速度方向。

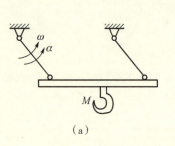

图 2-3-8

6. 计算图 2-3-9 所示谷轮的角速度。

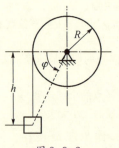

图 2-3-9

课题二　旋转构件的动力分析

1. 了解惯性以及惯性力的概念。
2. 了解动静法的原理。
3. 了解功和功率的概念。

达朗贝尔原理提供了研究动力学问题的一个新的普遍的方法，即用静力学中研究平衡问题的方法来研究动力学问题，因此也称为动静法。本课题研究惯性力、动静法以及功和功率的概念。

一、惯性力与达朗贝尔原理

1. 惯性与惯性力

惯性：是指物体所具有保持静止或匀速直线运动状态的性质。例如，当汽车刹车时，车上的人因为惯性而向前倾，在车上的人看来仿佛有一股力量将他们向前推，即为惯性力。然而只有作用在汽车的刹车以及轮胎上的摩擦力使公车减速，实际上并不存在将乘客往前推的力。因此惯性力又称为假想力。

惯性力：当质点受到力的作用而改变原来的运动状态时（即当质点具有加速度时），由于质点的惯性而产生的对施力物体的反作用力。

活塞高速时会产生很大的惯性力，如图2-3-10所示。

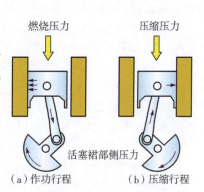

图 2-3-10　活塞的惯性力

2. 达朗贝尔原理（动静法）

在质点运动的任一瞬时，作用于质点上的主动力、约束反力与虚加在质点上的惯性力，在形式上组成一平衡力系。这种处理动力学问题的方法称为动静法。

设一质点的质量为 m，加速度为 a，作用于质点的主动力为 F，约束力为 F_N，如图2-3-11所示。由牛顿第二定律，有

$$ma = F + F_N$$

将上式移项改写为

$$F + F_N - ma = 0$$

令

$$F_I = -ma \qquad (2\text{-}3\text{-}12)$$

有

$$F + F_N + F_I = 0 \qquad (2\text{-}3\text{-}13)$$

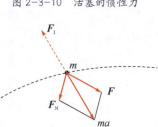

图 2-3-11

达朗贝尔原理

具有力的量纲，且与质点的质量有关，称其为质点的惯性力，它的大小等于质点的质量与加速度的乘积，它的方向与质点加速度的方向相反。式（2-3-13）可解释为：作用在质点上的主动力、约束力和虚加的惯性力在形式上组成平衡力系。这就是质点的达朗贝尔原理（动静法）。利用这三个矢量的静力平衡方程可以求出动反力。这就是动静法的实质。这种方法可以推广应用于质点系（包括刚体）。

应该强调指出，质点并非处于平衡状态，这样做的目的是将动力学问题转化为静力学问题求解。对质点系动力学问题，这一方法具有很多优越性，因此在工程中应用比较广泛。同时，达朗贝尔原理与虚位移原理构成了分析力学的基础。

例2-3-5　一圆锥摆，如图2-3-12所示。质量 $m=0.1\text{kg}$ 的小球系于长为0.3m的绳上，绳的另一端系在固定点 O，并与铅直线成 θ 角。如小球在水平面内作匀速圆周运动，用动静法求小球的速度 v 与绳的张力 F_T 的大小。

解：
视小球为质点，其受重力（主动力）mg 与绳拉力（约束力）F_T 作用。质点作匀速圆周运动，只有法向加速度，加上法向惯性力。

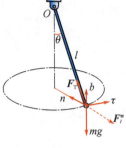

图 2-3-12

且
$$F_1^n = ma_n = m\frac{v^2}{l\sin\theta}$$

依据质点的达朗贝尔原理，这三力在形式上组成平衡力系，
$$mg + F_T + F_1^n = 0$$

取上式在图示自然轴上的投影式，有
$$\Sigma F_b = 0, \quad F_T\cos\theta - mg = 0$$
$$\Sigma F_n = 0, \quad F_T\sin\theta - F_1^n = 0$$

解得
$$F_T = \frac{mg}{\cos\theta} = 1.96\text{N} \quad v = \sqrt{\frac{F_T l \sin^2\theta}{m}} = 2.1\text{m/s}$$

二、功和功率

1. 功的定义

作用在物体上的力，使物体在力的方向上通过了一段距离，就说这个力对物体做了功。公式：$W=Fs$，国际单位是 N·m，其中 $1\text{J}=1\text{N·m}$。

力对物体做功必须同时满足两个条件：
（1）作用在物体上的力；
（2）物体在力的方向上通过一段距离。

举例：通常用手匀速举起两个鸡蛋，升高 1m 时，手对鸡蛋做功约为 1J。

2. 功的计算

物体没有受力，靠惯性移动一段距离，或物体受力，没有在力的方向移动，处于静止，这些情况都没有做功。人提水桶在水平地面上走路，手的拉力就不对水桶做功，再如吊车吊着重物在水平方向上移动时，绳的拉力也不对重物做功。

（1）力对移动构件所做的功
$$W = Fs\cos\theta \quad (2\text{-}3\text{-}14)$$

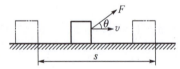

图 2-3-13 力对移动构件所做的功

功为代数量，若力的投影与力的位移方向一致，则力在这一位移上所做的功为正，反之为负。如图 2-3-13 所示。

（2）力对转动构件所做的功
$$W = F_x r\varphi \quad (2\text{-}3\text{-}15)$$

对转动构件所做的功，等于该力对回转中心的力矩与该构件转角的乘积。如图 2-3-14 所示。

3. 功率的概念

单位时间内所作的功叫做功率，其数学表示形式为：
$$P = \frac{W}{t} \quad (2\text{-}3\text{-}16)$$

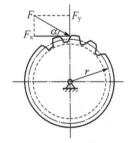

图 2-3-14 力对转动构件所做的功

功率的国际单位是 J/s，其中 $1\text{W}=1\text{J/s}$。另外，功率的单位还有 kW，$1\text{kW}=1000\text{W}$。

（1）对移动构件力的功率
对移动构件力的功率等于力在速度方向上的投影与速度的乘积。
$$P = \frac{Fs\cos\theta}{t} \quad (2\text{-}3\text{-}17)$$

其中
$$v = \frac{s}{t}$$
则
$$P = Fv\cos\theta \qquad (2\text{-}3\text{-}18)$$

（2）对转动构件力矩或力偶矩的功率

对转动构件力矩或力偶矩功率等于力矩或力偶矩与构件角速度的乘积。

$$P = \frac{M\varphi}{t} \qquad (2\text{-}3\text{-}19)$$

其中
$$\omega = \varphi/t$$
则
$$P = M\omega \qquad (2\text{-}3\text{-}20)$$

对于转动构件，转矩与功率成正比，与转速成反比。汽车爬坡时需要降低车轮的转速来增大转矩，以增加爬坡的能力。

学后测评

1. 应用动静法时，对静止的质点是否需要加惯性力？对运动着的质点是否都需要加惯性力？

2. 质点在空中运动，只受到重力作用，当质点作自由落体运动、质点被上抛、质点从楼顶水平弹出时，质点惯性力的大小与方向是否相同？

3. 用力将重物竖直提起，先是从静止开始匀加速上升，紧接着匀速上升，如果前后两过程的运动时间相同，不计空气阻力，则（ ）
A. 加速过程中拉力的功一定比匀速过程中拉力的功大
B. 匀速过程中拉力的功比加速过程中拉力的功大
C. 两过程中拉力的功一样大
D. 上述三种情况都有可能

4. 如图 2-3-15 所示，分别用力 F_1、F_2、F_3 将质量为 m 的物体由静止沿同一光滑斜面以相同的加速度从斜面底端拉到斜面的顶端，在此过程中，F_1、F_2、F_3 做功的功率大小关系是（ ）。
A. $P_1 = P_2 = P_3$ B. $P_1 > P_2 = P_3$ C. $P_3 > P_2 > P_1$ D. $P_1 > P_2 > P_3$

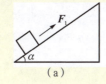 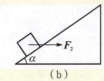 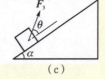

图 2-3-15

5. 如图 2-3-16 所示，小物块 A 位于光滑的斜面上，斜面位于光滑的水平面上，从地面上看，在小物块沿斜面下滑的过程中，斜面对小物块的作用力（ ）。
A. 垂直于接触面，做功为零
B. 垂直于接触面，做功不为零
C. 不垂直于斜面，做功为零
D. 不垂直于接触面，做功不为零

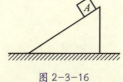   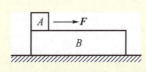

图 2-3-16   图 2-3-17

6. 如图 2-3-17 所示，木块 A 放在木块 B 的左上端，用恒力 F 拉至 B 的右端，第一次将 B 固定在地面上，F 做的功为 W_1；第二次让 B 可以在光滑地面上自由滑动，F 做的功为 W_2，比较两次做功，可能是（ ）。
A. $W_1 < W_2$ B. $W_1 = W_2$ C. $W_1 > W_2$ D. 无法比较

7. 一跳绳运动员质量 $m=50$kg，一分钟跳 $N=180$ 次。假设每次跳跃中，脚与地面的接触时间占跳跃一次时间的 2/5，试估算该运动员跳绳时克服重力做功的平均功率为_____（取 $g=10$m/s²）。

8. 质量为 $2×10^3$kg 的汽车，发动机输出功率为 $30×10^3$W，在水平公路上能达到的最大速度为 15m/s，当汽车的速度为 10m/s 时，其加速度为_____m/s²。

9. 质量 $m=1$t 的小汽车，以额定功率行驶在平直公路上的最大速度是 $v_{m1}=12$m/s，开上每前进 20m 升高 1m 的山坡时最大速度是 $v_{m2}=8$m/s。如果这两种情况中车所受到的摩擦力相等，求：（1）摩擦阻力。（2）汽车发动机的功率。（3）车沿原山坡下行时的最大速度 v_{m3}。（g 取 10m/s²）

10. 铁路提速，要解决许多技术问题。通常，列车阻力与速度平方成正比，即 $F_f=kv^2$。列车要跑得快，必须用大功率的机车来牵引。

（1）试计算列车分别以 120km/h 和 40km/h 的速度匀速行驶时，机车功率大小的比值。

（2）除上题涉及的问题外，还有许多其他技术问题需要解决。例如：为了减少列车在高速行驶中的振动，需要把原先的有接缝轨道改为无接缝轨道。请你再举一例，并简要说明。

单元三　构件承载能力分析

模块一　轴的拉伸与压缩

模块介绍

本单元研究构件在外力作用下的受力、变形和破坏的规律，从而为正确维护和使用汽车打下一定的知识基础。汽车上构件的形状各式各样，为了便于分析，常常把长度尺寸远大于横截面尺寸的构件简化为杆件。杆件变形一般可归纳为四种基本形式中的一种或者某几种形式的组合。其中轴向拉伸与压缩是杆件受力或变形的一种最基本形式。本模块重点讲解轴的拉伸与压缩的相关概念以及拉伸与压缩的强度计算。

模块目标

（1）掌握拉伸与压缩、内力及轴力的概念。
（2）掌握轴在拉伸与压缩的变形条件下杆件的内力计算方法、应力计算方法。
（3）能对杆件进行强度的计算和分析，从而解决构件的强度校核、截面设计、承载能力确定等工作。

课题一　基本概念

1. 了解杆件变形的基本形式。
2. 掌握衡量构件承载能力的主要指标。
3. 掌握轴向拉伸与压缩、内力及轴力的概念。
4. 掌握截面法求杆件的轴力的方法。

工程中经常遇到受拉伸或压缩的构件，这些构件大多数是等直杆。杆件在大小相等、方向相反、作用线与轴线重合的一对力作用下，有什么样的受力特点和变形特点呢？

一、杆件

长度（横向尺寸）远大于横截面尺寸（纵向尺寸）的构件称为杆件（图3-1-1）。在研究问题时，往往将杆件的外形因素忽略，对其抽象、简化为计算简图：用简单的线条、符号表示工程构件和机构等。

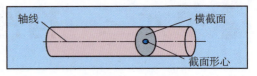

图3-1-1 杆件示意图

二、杆件变形的基本形式

杆件的变形形式可分为四种，在不同形式的外力作用下，杆件的变形可能为其中的一种，也可能为几种基本变形的组合，两种或两种以上的基本变形组合称为组合变形。杆件的四种基本变形形式为：拉伸与压缩、剪切变形、扭转变形、弯曲变形，如图3-1-2所示。

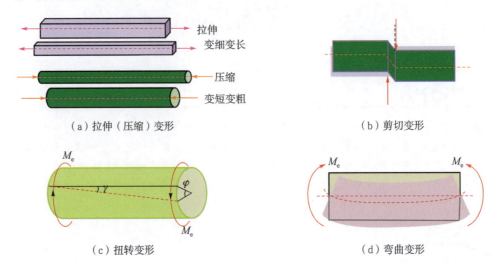

图3-1-2 几种基本变形形式

三、衡量构件承载能力的主要指标

为保证构件的正常工作，在载荷作用下的构件应有足够的承载能力。构件的承载能力主要由三方面来衡量：

（1）强度。强度是指构件在载荷作用下抵抗破坏的能力。

（2）刚度。刚度是指构件在载荷作用下抵抗变形的能力。

（3）稳定性。稳定性是指构件保持其原有平衡形态的能力。

构件的安全可靠性与经济性是矛盾的。构件承载能力分析的内容就是在保证构件既安全可靠又经济的前提下，为构件选择合适的材料、确定合理的截面形状和尺寸，提供必要的理论基础和实用的计算方法。

四、轴向拉伸、压缩时横截面上的内力

1. 拉伸与压缩

（1）定义：杆件两端受大小相等、方向相反、作用线与杆件轴线重合的一对外力的作用而产生的变形。

（2）受力特点：外力（或外力的合力）沿杆件的轴线作用，且作用线与轴线重合。

（3）变形特点：杆沿轴线方向伸长（或缩短），沿横向缩短（或伸长）（图3-1-3）。

发生轴向拉伸与压缩的杆件一般简称为拉（压）杆。

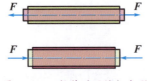

图3-1-3 拉伸（压缩）变形

2. 内力

对于所研究的构件来说，其他构件作用于其上的力均为外力。构件受到外力作用而变形时，构件内部相连两部分的相互作用力称为内力。正确分析内力是解决构件强度、刚度和稳定性问题的基础。

注意：内力随外力的大小而变化，与构件承载能力密切相关。

3. 截面法求杆件的轴力

由于内力与杆件轴线重合，故又称为轴力，用 N 表示，单位：N（牛顿）或 kN。

截面法是杆件基本变形中求轴力的普遍方法，可归纳为以下三个步骤，如图3-1-4所示。

（1）截开。用一假想垂直于轴线的横截面，在需要求内力的某截面处将构件截成两部分。

（2）替代。在截开的截面处取一部分为研究对象，移去另一部分，并用内力代替移去部分对研究对象的作用，画出研究对象的受力图。

（3）求解。列出研究对象的平衡方程，由已知外力求出未知轴力。

取左半部分：　　　　　　　$\sum F_x = 0$　　$N = F$

取右半部分：　　　　　　　$\sum F_x = 0$　　$N = F$

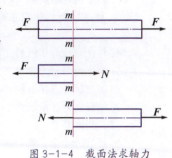

图 3-1-4　截面法求轴力

通常规定：轴力使杆件受拉为正，受压为负。

4. 绘制轴力图

用平行于轴线的坐标表示横截面的位置，垂直于杆轴线的坐标表示横截面上轴力的数值，以此表示轴力与横截面位置关系的几何图形，称为轴力图。轴力图是表示轴力沿杆件轴线变化规律的图线。

画轴力图要注意以下四点：

（1）轴力图的位置应和杆件的位置相对应。轴力的大小，按比例画在坐标上，并在图上标出代表点数值。

（2）轴力方向，以杆件轴线的横坐标 x 轴为界，拉上压下，标上符号"+"与"−"号。

（3）外力作用点，应注意轴力的突变与外力作用点对齐，轴力图要画在受力图正下方。

（4）轴力图应为封闭线框，线框内要画上间隔相等的铅垂细实线。

例 3-1-1　图3-1-5所示，已知 $F_1 = 20$ kN，$F_2 = 8$ kN，$F_3 = 10$ kN，试用截面法求图示杆件指定截面1—1、2—2、3—3的轴力，并画出轴力图。

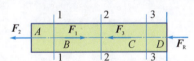

图 3-1-5　例 3-1-1 图 1

解：分别取截面1—1，2—2，3—3的左段为研究对象，如图3-1-6所示。

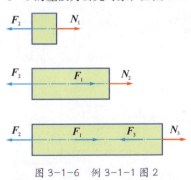

图 3-1-6　例 3-1-1 图 2

求得各段轴力为：

$$N_1 = F_2 = 8 \text{（kN）}$$
$$N_2 = F_2 - F_1 = -12 \text{（kN）}$$
$$N_3 = F_2 + F_3 - F_1 = -2 \text{（kN）}$$

轴力图如图3-1-7所示。

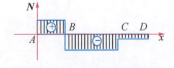

图 3-1-7　例 3-1-1 图 3

一、填空题

1. 杆件的基本变形形式有_____、_____、_____和_____。
2. 衡量构件承载能力的主要指标有_____、_____、_____。
3. 杆件轴向拉伸或压缩时，其受力特点是：作用于杆件外力的合力的作用线与杆件轴线相_____。
4. 杆件拉伸与压缩的变形特点是杆沿轴线方向_____或_____。
5. 构件受到外力作用而变形时，构件内部相连两部分的相互作用力称为_____。
6. 轴向拉伸或压缩杆件的轴力垂直于杆件横截面，并通过截面_____。
7. 轴力使杆件受拉为_____，受压为_____。

二、判断题

1. 材料力学中，在对构件进行受力分析时，能将外力沿其作用线任意移动而不影响对构件的作用。（ ）
2. 拉伸或压缩变形，表现为杆件的长度伸长或缩短。（ ）

三、选择题

1. 构件具有足够的抵抗破坏的能力，我们就说构件具有足够的（ ）。
   A. 强度　　　B. 稳定性　　　C. 刚度　　　D. 硬度
2. 构件具有足够的抵抗变形的能力，我们就说构件具有足够的（ ）。
   A. 强度　　　B. 稳定性　　　C. 刚度　　　D. 硬度
3. 构件具有保持其原有平衡形态的能力，我们就说构件具有足够的（ ）。
   A. 强度　　　B. 稳定性　　　C. 刚度　　　D. 硬度
4. 等截面直杆在两个外力作用下发生压缩变形时，这时外力所具备的特点一定是等值（ ）。
   A. 反向、共线　　　　　　　　B. 反向、过截面形心
   C. 同向、共线　　　　　　　　D. 同向、过截面形心
5. 一等截面直杆受拉力作用，如图3-1-8其截面1—1、2—2、3—3上的内力分别为N_1、N_2、N_3，三者关系为（ ）。
   A. $N_1 > N_2 > N_3$　　　　　　B. $N_1 < N_2 < N_3$
   C. $N_1 = N_2 = N_3$　　　　　　D. 不能判断

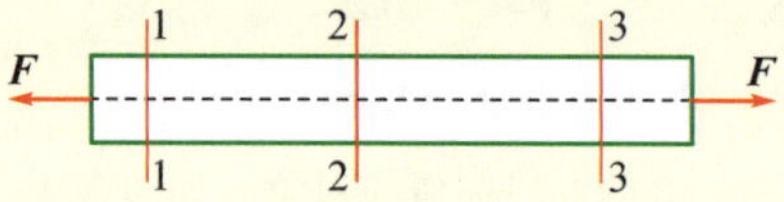

图3-1-8

四、计算题

如图3-1-9所示，试求在1—1，2—2和3—3截面上的轴力。

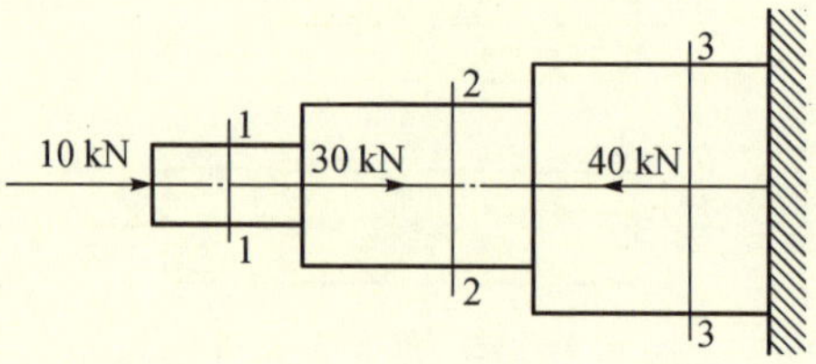

图3-1-9

课题二　拉伸与压缩的强度计算

1. 掌握轴向拉伸、压缩时的正应力和线应变。
2. 掌握拉压杆强度计算方法。

对于受拉伸的构件用截面法求出的各截面的轴力总是相等的，但当外力逐渐增大时，断裂处必在较细的一段上，这说明构件的强度不仅与轴力的大小有关，还与构件的横截面面积有关。那么如何衡量构件的受力程度呢？

一、轴向拉伸、压缩时横截面上的应力

1. 应力的概念

构件在外力作用下，单位面积上的内力称为应力。应力是判断杆件是否破坏的依据。

根据杆件变形的平面假设和材料均匀连续性假设可推断：构件的内力是连续分布在每一个截面上的，杆件受拉（压）作用时，内力在横截面上是均匀分布的（图3-1-10）。所以，拉（压）杆任一截面上的应力也是均匀分布的。如果拉（压）杆的轴力 N 垂直于横截面，则应力也垂直于横截面，这样的应力称为正应力，以符号 σ 表示，单位是帕斯卡，简称帕，记作 Pa。1 平方米的面积上作用 1 牛顿的力为 1 帕，即：$1N/m^2 = 1Pa$。（$1kPa = 10^3 Pa$，$1MPa = 10^6 Pa$，$1GPa = 10^9 Pa$）

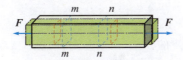

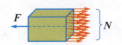

图3-1-10　内力在横截面上是均匀分布的

若拉（压）杆横截面面积为 A，轴力为 N，则拉（压）杆横截面上的正应力公式为：

$$\sigma = N/A \text{（MPa）} \tag{3-1-1}$$

式中　N——横截面上的轴力，N；
　　　A——横截面面积，mm^2。

当杆件受拉伸时，σ 称为拉应力，规定取"+"号
当杆件受压缩时，σ 称为压应力，规定取"-"号

例 3-1-2　如图 3-1-11 所示杆件，若杆件较细段横截面积 $A_1 = 200mm^2$，较粗段横截面积 $A_2 = 300mm^2$，求各段横截面的轴力和应力，并画出轴力图。

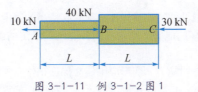

图 3-1-11　例 3-1-2 图 1

解：分别在 AB、BC 段任取截面，如图示 3-1-12 所示。

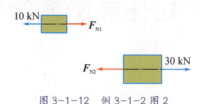

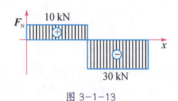

图 3-1-12　例 3-1-2 图 2

则（1）轴力：$F_{N1}=10kN$，$F_{N2}=-30kN$
　　（2）应力：$\sigma_1=F_{N1}/A_1=50$（MPa）　　$\sigma_2=F_{N2}/A_2=100$（MPa）
　　（3）轴力图：如图 3-1-13 所示。

图 3-1-13

2. 线应变

设试件原长为 L，受轴向拉力或压力变形后的长度为 L_1，则有

$$\Delta L = L_1 - L \tag{3-1-2}$$

ΔL 称为杆件的绝对变形。对于拉杆，ΔL 为正值；对于压杆，ΔL 为负值。如图 3-1-14 所示。

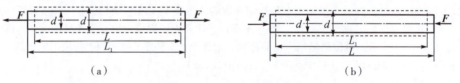

图 3-1-14　拉、压杆变形

一般情况下消除试件试验段长度的影响，用单位长度的变形 $\Delta L/L$ 来度量材料的变形程度。单位长度的变形称为相对变形（或称线应变），用 ε 表示，即：

$$\varepsilon = \frac{\Delta L}{L} \tag{3-1-3}$$

对于拉杆，ε 为正值；对于压杆，ε 为负值。ε 为一无量纲的量，通常用百分比表示。

3. 胡克定律

实验表明，对拉（压）杆，当应力不超过某一限度时，杆的轴向变形与轴力 N 成正比，与杆长 L 成正比，与横截面面积 A 成反比。这一比例关系称为胡克定律。引入比例常数 E，其公式为：

$$\Delta L = \frac{NL}{EA} \text{ 或 } \sigma = E\varepsilon \tag{3-1-4}$$

E 为材料的拉（压）弹性模量，单位是 GPa，N、E、A 均为常量，否则，应分段计算。

由此，当轴力、杆长、截面面积相同的等直杆，E 值越大，ΔL 就越小，所以 E 值代表了材料抵抗拉（压）变形的能力，是衡量材料刚度的指标。

二、有关拉伸或压缩的强度条件的应用

1. 拉伸与压缩杆的强度条件

为保证完成其正常功能，所设计的结构或构件必须具有适当的强度和刚度。

强度——结构或构件抵抗破坏的能力。结构或构件能承担预定的载荷而不发生破坏，则强度足够。所有的构件都有必要的强度要求。

刚度——结构或构件抵抗变形的能力。变形应限制在保证正常工作所允许的范围内。

结构和构件既要满足强度要求，也要满足刚度要求。工程中一般以强度控制设计，然后校核刚度。

为了保证拉（压）杆不致因强度不够而破坏，必须使其工作应力不超过材料的许用应力，即：

$$\sigma = \frac{N}{A} \leq [\sigma] \tag{3-1-5}$$

上式称为拉（压）杆的强度条件。

2. 强度条件的应用

根据以上条件，可以进行下列形式的有关强度条件的计算：

（1）校核强度。当已知杆件尺寸、许用应力和所受外力时，检验其是否满足强度条件的要求[式（3-1-5）]。

（2）选择杆件截面尺寸。如果已知杆件所受外力和许用应力，对于等截面拉（压）杆来说，其所需横截面面积应满足：

$$A \geq \frac{N}{[\sigma]} \tag{3-1-6}$$

（3）决定承载能力。如果已知杆件尺寸和许用应力，可以确定该杆所能承受的最大轴力，其值为：

$$N \leq [\sigma] A \tag{3-1-7}$$

一、填空题

1. 构件在外力作用下，单位面积上的内力称为_____。
2. 杆件受拉伸或压缩时，必须使其_____不超过材料在拉伸（压缩）时的_____，用公式表示为_____。
3. 胡克定律表明，在_____内，拉（压）杆的轴向变形与轴向力 N 及杆件原长 L 成_____比，与 EA 成_____比，用公式表示为：_____。

二、判断题

1. 构件受到外力作用而变形时，构件内部相连两部分的相互作用力称为内应力。（　）
2. 构件在外力作用下，单位面积上的内力，称为应力。（　）
3. 单位长度的变形称为相对变形（或称线应变）。（　）

三、选择题

1. 材料拉伸（压缩）的胡克定律的表达式可写为（　）。

    A. $\Delta L = \dfrac{NL}{A}$　　B. $\Delta L = \dfrac{NL}{EA}$　　C. $\varepsilon = \dfrac{\Delta L}{L}$　　D. $\Delta L = L_1 - L_2$

2. 构件的许用应力 $[\sigma]$ 是保证构件安全工作的（　）。

    A. 最高工作力　　B. 最低破坏力　　C. 最低工作力　　D. 平均工作力

3. 为保证构件安全可靠地工作，安全系数取值一般都（　）。

    A. >1　　B. <1　　C. =1

4. 根据强度条件，构件危险截面上的最大工作应力不大于材料的（　）。

    A. 许用应力　　B. 极限应力　　C. 破坏应力

5. 拉（压）杆的危险截面（　）是截面积最小的截面。

    A. 一定　　B. 一定不　　C. 不一定

四、计算题

一阶梯型直杆受力如图 3-1-15 所示，已知横截面积为 $A_1=400\text{mm}^2$，$A_2=300\text{mm}^2$，$A_3=200\text{mm}^2$，试求各截面上的应力。

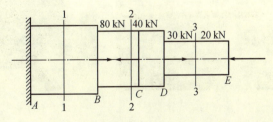

图 3-1-15

模块二 梁的弯曲

模块介绍

梁的弯曲是材料力学部分最重要的内容,弯曲变形是工程构件最常见的基本变形。在生活和生产中随处可见各种弯曲问题,比如建筑工程中的各类梁、火车轴、水压作用下的水槽壁等。本模块主要介绍梁的类型以及弯曲时梁的受力相关知识。

模块目标

1. 认识弯曲的概念和梁的类型。
2. 学会计算梁的剪力和弯矩。
3. 掌握梁弯曲时的应力分析。
4. 掌握弯曲强度条件。
5. 掌握弯曲刚度条件。

课题一 梁的类型与应力分析

学习目标

1. 认识弯曲的概念和梁的类型。
2. 学会计算梁的剪力和弯矩。
3. 掌握梁弯曲时的应力分析。

问题引导

在工程实际中,存在着大量的受弯曲的杆件,我们把发生弯曲变形为主的构件称为梁。如图3-2-1所示桥式吊车大梁、火车轮轴及车床车削工件,它们在自重和载荷作用下都会产生弯曲变形。下面我就来学习弯曲变形的特点和受力分析。

(a)桥式吊车

(b)火车轮轴

(c)车削工件

图3-2-1 梁的弯曲实例

一、弯曲变形的概念和特点

1. 定义

当杆件受到垂直于轴线的外力作用，其轴线将由直线变为曲线，这种形式的变形称为弯曲变形。凡是以弯曲变形为主的杆件通常称为梁。

2. 受力特点

受到垂直于杆件轴线的外力（即横向力）或力偶的作用。

3. 变形特点

杆件的轴线由原来的直线变成曲线。

二、梁的类型及横截面形式

梁的类型主要有简支梁、悬臂梁及外伸梁等类型。

（1）简支梁。

一端为固定铰链约束，另一端为活动铰链约束的梁，如图 3-2-2 所示。

（2）悬臂梁。

一端固定，另一端自由的梁，如图 3-2-3 所示。

图 3-2-2 简支梁　　　　　图 3-2-3 悬臂梁

（3）外伸梁。

一端（或两端）伸出支座以外的简支梁，如图 3-2-4 所示。

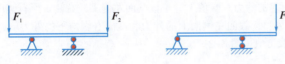

图 3-2-4 外伸梁

梁的横截面形式如图 3-2-5 所示。

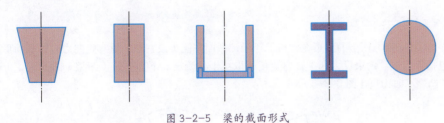

图 3-2-5 梁的截面形式

三、梁弯曲时横截面上的内力

1. 剪力和弯矩

（1）剪力 Q：横截面上作用线平行于截面的内力。

（2）弯矩 M：横截面上作用面垂直于截面的内力偶矩。

直梁弯曲时计算截面上内力的方法，仍是采用截面法。

例 3-2-1　如图 3-2-6 所示简支梁受两个集中力作用，已知 $F_1=12\text{kN}$，$F_2=10\text{kN}$，试计算指定截面 1—1、2—2 的剪力和弯矩。

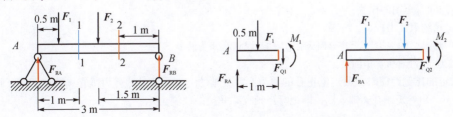

图 3-2-6 集中力作用的简支梁剪力和弯矩

如图 3-2-6 所示为一受到集中力 F_1 和 F_2 作用的简支梁。若要求出距 A 端 1m 处的横截面 1—1 上的内力，首先按静力学中的平衡方程求出梁的支座反力 F_{RA} 和 F_{RB}，然后用截面法沿截面 1—1 假想地把梁截开，并以左边部分为研究对象（图 3-2-6）。因 F_{RA} 与 F_1 一般不能互相平衡，为了保持梁左边部分在垂直方向不发生移动，在横截面上必有一平行于横截面的内力 Q 以代替右边部分对左侧沿垂直方向移动的趋势所起的阻止作用；又因 F_{RA} 与 F_1 对截面形心之矩不能互相抵消，为保持左边部分不发生转动，在横截面上必有一个位于载荷平面内的内力偶，其力偶矩为 M，以代替右边部分对左侧转动趋势所起的阻力作用。可见梁弯曲时，横截面上一般存两个内力元素，其中 Q 称为剪力，力偶矩 M 称为弯矩。如上所述，实际上剪力 Q 和弯矩 M 代替了梁右侧部分对梁左侧的移动和转动所起的限制作用。

剪力 Q 的大小、方向以及弯矩 M 的大小和转向都必须根据梁左边部分的平衡关系来确定。

解：（1）求支座反力

$\sum M_B=0 \quad F_1×2.5+F_2×1.5-F_{RA}×3=0 \quad F_{RA}=15\text{kN}$

$\sum F_y=0 \quad F_{RA}+F_{RB}-F_1-F_2=0 \quad F_{RB}=7\text{kN}$

（2）求 1—1 截面上的内力

$\sum F_y=0 \quad F_{RA}-F_1-F_{Q1}=0 \Rightarrow F_{Q1}=3\text{kN}$

$\sum M_O=0 \quad M_1-F_{RA}×1+F_1×0.5=0 \Rightarrow M_1=9\text{kN}\cdot\text{m}$

（3）同理，求 2—2 截面上的内力

$\sum F_y=0 \quad -F_{Q2}+F_{RA}-F_1-F_2=0 \Rightarrow F_{Q2}=-7\text{kN}$

$\sum M_O=0 \quad M_2-F_{RA}×2+F_1×1.5+F_2×0.5=0 \Rightarrow M_2=7\text{kN}\cdot\text{m}$

如果取梁的右边部分为研究对象，用同样方法亦可求得截面 1—1 和 2—2 上的剪力 Q 和弯矩 M。但是必须注意，分别以左侧或右侧为研究对象求出的 Q 和 M，数值是相等的，而方向和转向则是相反的，因为它们是作用和反作用的关系。

2. 剪力和弯矩符号的规定

（1）梁的任一横截面上的剪力在数值上等于该截面左侧（或右侧）所有竖向力（包括斜向外力的竖向分力、约束反力）的代数和；截面左侧向上的外力和截面右侧向下的外力取正值，截面左侧向下的外力和截面右侧向上的外力取负值（图 3-2-7）。

图 3-2-7 剪力正负号规定

（2）梁的任一横截面上的弯矩在数值上等于该截面左侧（或右侧）所有竖向力对该截面形心力矩的代数和（包括外力偶、约束反力偶）；弯矩使所取梁上部受压、下部受拉（凹型）时为正，上部受拉、下部受压（凸型）时为负（图 3-2-8）。

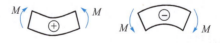

图 3-2-8 弯矩正负号规定

3. 剪力图和弯矩图

横截面上的剪力和弯矩与截面位置坐标（x）间的函数关系称为剪力方程和弯矩方程。

分别为：$Q=Q(x)$，$M=M(x)$

以梁横截面沿梁轴线的位置为横坐标，以垂直于梁轴线方向的剪力或弯矩为纵坐标，分别绘制表示 $Q(x)$ 和 $M(x)$ 的图线。这种图线分别称为剪力图和弯矩图，简称 Q 图和 M 图。

剪力图和弯矩图的作法：

（1）求约束反力；

（2）画出梁的受力图，并分段列出剪力方程和弯矩方程；

（3）画剪力图和弯矩图。

按选定的比例绘图时一般规定正号的剪力画在 x 轴的上侧，负号的剪力画在 x 轴的下侧；正弯矩画在 x 轴下侧，负弯矩画在 x 轴上侧，即把弯矩画在梁受拉的一侧。

例 3-2-2 试作图 3-2-9 所示简支梁的剪力图和弯矩图。

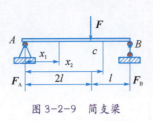

图 3-2-9 简支梁

解：① 求支座反力

$$F_A = \frac{F}{3}, \quad F_B = \frac{2}{3}F$$

② 分段列剪力方程和弯矩方程

$$Q(x_1) = F_A = \frac{F}{3} \qquad (0, 2l)$$

$$M(x_1) = F_A x_1 = \frac{F}{3} x_1 \qquad [0, 2l]$$

$$Q(x_2) = F_A - F = -\frac{2}{3}F \qquad (2l, 3l)$$

$$M(x_2) = F_A x_2 - F(x_2 - 2l) = -2Fl - \frac{2}{3}Fx_2 \qquad [2l, 3l]$$

③ 画剪力图和弯矩图，如图 3-2-10 所示。

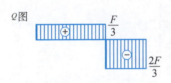

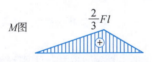

图 3-2-10 剪力图和弯矩图

注意：集中外力作用处剪力图有突变，幅度等于力大小；类似地，集中力偶作用处弯矩图有突变，幅度等于力偶矩大小。

四、弯曲正应力及分布规律

1. 纯弯曲和剪切弯曲

纯弯曲：某段梁的内力只有弯矩没有剪力时，该段梁的变形称为纯弯曲，横截面上只有正应力。如图 3-2-11（a）的 CD 段。

剪切弯曲（横力弯曲）：某段梁上的内力既有弯矩又有剪力，该段梁的变形称为剪切弯曲，横截面上既有正应力也有切应力。如图 3-2-11（a）的 AC、DB 段。

2. 纯弯曲梁上正应力的确定

（1）纯弯曲变形：取一矩形截面直梁（图 3-2-12），在梁的纵向对称面内施加一对大小相等、方向相反的力偶，使梁产生纯弯曲变形。为方便分析，可以设想梁是由无数层纵向纤维组成的。通过对梁的纯弯曲变形的观察和理论分析，可得如下结论：梁弯曲时，所有横截面仍保持平面，梁的凸边纤维层伸长，凹边纤维层缩短，中间一层纤维既不伸长也不缩短，该层称为中性层，中性层与横截面的交线称为中性轴（图 3-2-13）。

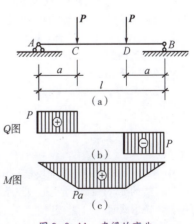

图 3-2-11 直梁的弯曲

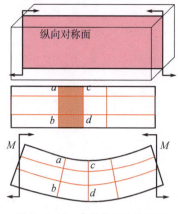
图 3-2-12 直梁纯弯曲变形图

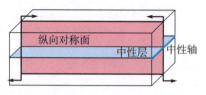
图 3-2-13 中性层和中性轴

（2）正应力的分布规律：由以上分析可知，纯弯曲梁横截面上只有正应力，梁的凸边纤维伸长，应为拉应力；梁的凹边纤维缩短，应为压应力。则正应力的分布规律为：横截面上各点正应力的大小，与该点到中性轴的距离成正比。中性轴处的正应力为零，如图 3-2-14（a）所示。

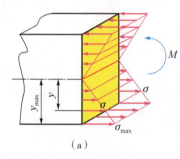

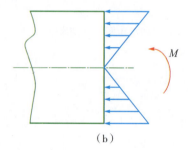

图 3-2-14 梁弯曲时横截面上的应力分布

由图 3-2-14（b）可知，弯矩是由截面上各点的正应力对中性轴的力矩所组成的。

由图 3-2-14（a）可知，梁弯曲时，边缘处的正应力最大，其计算公式为：

$$\sigma_{max} = \frac{MY_{max}}{I_z} \tag{3-2-1}$$

式中　M——截面上的弯矩；

　　　Y_{max}——截面上、下边缘离中性轴最远的点到中性轴的距离；

　　　I_z——截面对中性轴 z 的轴惯性矩，是与截面形状、尺寸有关的几何性质的量，mm^4。

应力正负号的确定：M 为正时，中性轴上部截面受压下部截面受拉；M 为负时，中性轴上部截面受拉下部截面受压。在拉区为正，压区为负。

由上式可看出，对于等截面梁，梁内最大正应力发生在弯矩最大的横截面（称危险截面）上，且离中性轴最远的上、下边缘处。

在式（3-2-1）中令：

$$W_z = \frac{I_z}{Y_{max}}$$

则

$$\sigma_{max} = \frac{M}{W_z} \tag{3-2-2}$$

式中　W_z——梁的抗弯截面模量，m^3 或 mm^3。

梁的抗弯截面模量可通过以下公式计算：

矩形截面

$$W_z = bh^2/6$$

式中，b 和 h 分别为宽和高。

实心圆截面
$$W_z = \pi D^3/32 \approx 0.1D^3$$

空心圆截面
$$W_z = \pi D^3(1-a^4)/32 \approx 0.1D^3(1-a^4)$$

其中 $a=d/D$，d 和 D 分别为内径和外径。

一、填空题

1. 在工程中，把_____称为梁。按照支座的情况不同，可以将梁分为_____、_____和_____三种基本类型。
2. 梁弯曲时，横截面上的内力一般包括_____和_____两个分量，其中对梁的强度影响较大的主要是_____。
3. 剪力符号规定：截面左侧向上的外力和截面右侧向下的外力取_____，截面左侧向下的外力和截面右侧向上的外力取_____。
4. 弯矩的符号规定为：当梁弯曲成_____时为正号，弯曲成_____时为负号。
5. 某段梁的内力只有弯矩没有剪力时，该段梁的变形称为_____；某段梁上的内力既有弯矩又有剪力时，该段梁的变形称为_____。
6. 梁纯弯曲时，横截面上只有_____，没有_____。
7. 中性轴一侧为_____应力，另一侧为_____应力。
8. 横截面上各点正应力的大小，与该点到中性轴的距离成_____，中性轴处的正应力_____。
9. 为使受弯构件能安全、可靠地工作，必须使危险截面上的最大弯曲正应力_____材料抗弯的许用应力。

二、判断题

1. 当梁的长度相对于横截面尺寸较大时，剪力可不作考虑，仅仅研究梁的弯矩。（　　）
2. 取左侧梁计算时，顺时针转向的外力矩使梁弯曲成凹面向上，所以，外力矩为负。（　　）
3. 取右侧梁计算时，逆时针转向的外力矩使梁弯曲成凹面向上，所以，外力矩为正。（　　）
4. 弯矩图上任一点的纵坐标代表与此点相对应的梁横截面上的弯矩值。（　　）
5. 所谓纯弯曲就是梁上各横截面内弯矩为零、剪力为常数的弯曲变形。（　　）
6. 同一矩形梁选择不同的纵向对称平面，会得到不同的抗弯截面系数。（　　）
7. 变截面梁的最大正应力不一定产生在最大弯矩的截面上。（　　）
8. 梁弯曲变形时中性轴上的正应力最大。（　　）
9. 纯弯曲梁上，横截面上的内力有剪力和弯矩。（　　）

三、选择题

1. 中性轴是梁的（　　）的交线。
   A. 纵向对称面与横截面　　B. 纵向对称面与中性层
   C. 横截面与中性层　　D. 横截面与顶面或底面
2. 在梁的弯曲过程中，距横截面的中性轴最远处（　　）。
   A. 正应力达到最大值　　B. 弯矩值达到最大值
   C. 正应力达到最小值　　D. 弯矩值达到最小值
3. 矩形截面梁受到弯曲变形，如果梁横截面的高度增加一倍，则梁内的最大正应力为原来的（　　）倍。
   A. 正应力为原来的1/2倍　　B. 正应力为原来的1/4倍
   C. 正应力为原来的1/8倍　　D. 无法确定

4. 梁剪切弯曲时，其横截面上（ ）。
   A. 只有正应力，无切应力　　　　B. 只有切应力，无正应力
   C. 既有正应力，又有切应力　　　D. 既无正应力，也无切应力
5. 当梁的纵向对称平面内只有力偶作用时，梁将产生（ ）。
   A. 平面弯曲　　　B. 一般弯曲　　　C. 纯弯曲　　　D. 扭转
6. 梁纯弯曲时，截面上的内力是（ ）。
   A. 弯矩　　　B. 剪力　　　C. 轴力　　　D. 剪力和弯矩

四、计算题

求图3-2-15所示简支梁1—1与2—2截面的剪力和弯矩。

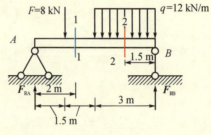

图3-2-15

课题二　直梁弯曲的强度条件与刚度条件

1. 掌握弯曲强度条件。
2. 掌握弯曲刚度条件。

梁在弯曲时会产生变形，为使受弯构件能安全、可靠地工作，我们必须学会分析梁弯曲时的强度要求，这也是本节课要学习的内容。

一、直梁弯曲的强度条件

梁的危险截面在该梁内弯矩最大的截面上，位于梁中部[图3-2-16(a)]或者位于梁根部[图3-2-16(b)]。梁的最大正应力发生在危险截面上离中性轴最远处。

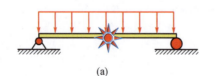　　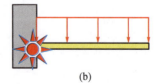

(a)　　　　　　　　　　　　　(b)

图3-2-16　梁

为使受弯构件能安全、可靠地工作，必须使危险截面上的最大弯曲正应力小于或等于材料抗弯的许

用应力,在工程计算中,常近似取材料抗拉、压时的许用应力为其抗弯的许用应力。即弯曲强度条件为:

$$\sigma_{max}=\frac{M_{max}}{W_z}\leq[\sigma] \qquad (3-2-3)$$

梁的强度条件可解决三类强度计算问题:校核梁的强度、设计梁的截面尺寸和确定梁的许用载荷。

例 3-2-3 图 3-2-17(a)所示圆截面辊轴,中段 BC 受均匀载荷作用,试确定辊轴 BC 段截面的直径。已知 $q=1$kN/mm,许用应力 $[\sigma]=140$MPa。

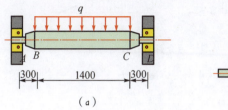
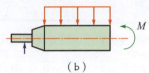

图 3-2-17 例 3-2-3 图

解:危险截面在轴的中部,利用截面法求该截面弯矩[图 3-2-17(b)]:

$$\sum M=0$$

$$M+q\times700\times\frac{700}{2}-R_{Ay}\times(300+700)=0$$

由对称性可求得

$$R_{Ay}=\frac{1}{2}ql=\frac{1000\times1400}{2}=700000(\text{N})$$

$$M=70000\times1000-\frac{1000\times700^2}{2}=455(\text{kN}\cdot\text{m})$$

$$\sigma=\frac{M_{max}}{W_z}\leq[\sigma] \qquad W_z\geq\frac{M_{max}}{[\sigma]}$$

$$\frac{\pi d^3}{32}\geq\frac{455\times1000\times1000}{140}$$

$$d\geq320(\text{mm})$$

二、提高弯曲强度的措施

在 $[\sigma]$ 一定时,提高弯曲强度的主要途径:增大 W_z,减小 M_{max}。

1. 选择合理截面

(1)根据应力分布的规律:选择工字形截面更合理,为降低重量,可在中性轴附近开孔。

(2)根据截面模量选择。为了比较各种截面的合理性,以 $\frac{W_z}{A}$ 来衡量。$\frac{W_z}{A}$ 越大,截面越合理。

(3)根据材料特性选择

塑性材料:$[\sigma^+]=[\sigma^-]$,宜采用中性轴为对称轴的截面。

脆性材料:$[\sigma^+]<[\sigma^-]$,宜采用中性轴为非对称轴的截面。

2. 合理安排载荷和支承的位置,以降低 M_{max} 值

(1)载荷尽量靠近支座,如图 3-2-18 所示。

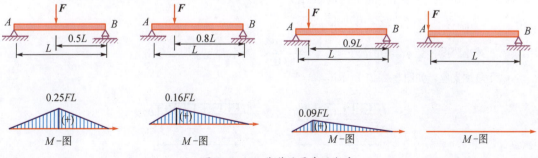

图 3-2-18 载荷尽量靠近支座

（2）将集中力分解为分力或均布力，如图3-2-19所示。

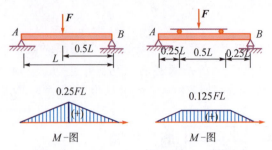

图3-2-19 将集中力分解为分力或均布力

（3）合理安排支座位置及增加支座——减小跨度，减小 M_{max}，如图3-2-20所示。

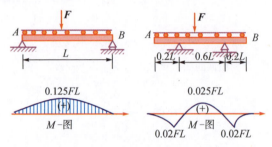

图3-2-20 合理安排支座位置及增加支座

三、直梁弯曲的刚度条件

对某些受弯构件除强度要求外，往往还有刚度要求。工程中常用挠度和转角来衡量梁的弯曲变形。在原轴线的垂直方向上的线位移为梁在该点的挠度，用 y 来表示；横截面绕中性轴的转角称为该截面的转角，用 θ 表示。

由于梁有两个变形量，相应的刚度条件也有两个。一方面，梁的最大转角 θ_{max} 要小于许用转角 $[\theta]$；另一方面，梁的最大挠度 y_{max} 要小于许用挠度 $[y]$，于是，梁的刚度条件为：

$$\left.\begin{array}{l} \theta_{max} \leqslant [\theta] \\ y_{max} \leqslant [y] \end{array}\right\} \qquad (3-2-4)$$

工程中，$[y]$ 常用梁的计算跨度 l 的若干分之一表示，例如：

对于桥式起重机梁 $\qquad [y] = \dfrac{l}{500} \sim \dfrac{l}{750}$

对于一般用途的轴 $\qquad [y] = \dfrac{3l}{10000} \sim \dfrac{5l}{10000}$

在安装齿轮或滑动轴承处，许用转角为：$[\theta] = 0.001 \text{rad}$。

四、提高梁弯曲刚度的措施

梁的变形除了与载荷与梁的约束有关外，还取决于以下因素：
材料——梁的变形与弹性模量 E 成反比；
截面——梁的变形与截面的惯性矩 I_z 成反比；
跨长——梁的变形与跨长 l 的 n 次幂成正比。

1. 减小跨度，增加支座，或加固支座

（1）减小跨度：受 q 作用的简支梁：$y_{max} = \dfrac{5ql^4}{384EI}$，减小 l，y_{max} 明显减小。

（2）增加支座，如图3-2-21所示。

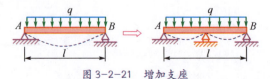

图3-2-21 增加支座

(3)加固支座，如图 3-2-22 所示。

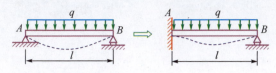

图 3-2-22　加固支座

2. 选用合理截面，提高轴惯性矩 I_z

常采用工字形、箱形截面，以提高惯性矩。与强度不同的是要提高全梁或大部分梁的惯性矩，才能使梁的变形有明显改善。

3. 合理安排载荷作用点，以降低 M_{max}（图 3-2-23）

可以使载荷尽量靠近支座，载荷大多数由支座承担。

$\dfrac{a}{l} = 0.5$ 时，$y_{max} = \dfrac{Fl^3}{48EI}$

$\dfrac{a}{l} = 0.8$ 时，$y_{max} = 0.572\dfrac{Fl^3}{48EI}$

y_{max} 可降低 42.8%。

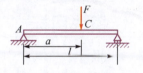

图 3-2-23　合理安排载荷作用点

4. 其他

因钢的 E 基本相同，所以材料的弹性模量对变形影响不大。

计算

1. 木质简支梁如图 3-2-24 所示，若跨度 $l=4m$，宽 $b=160mm$，高 $h=240mm$，作用在梁上的均布载荷 $q=5.5kN/m$，许用弯曲应力 $[\sigma]=8MPa$，校核梁的抗弯强度。

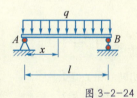

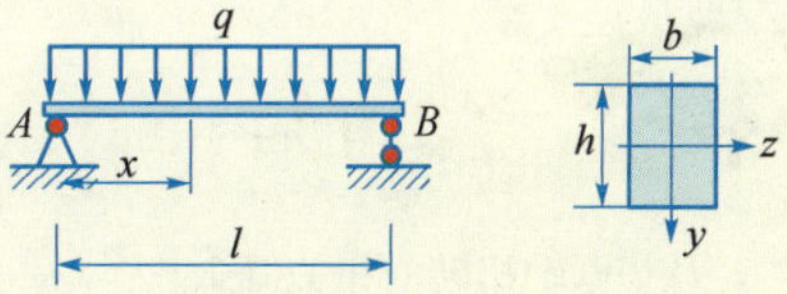

图 3-2-24

2. 如图 3-2-25 所示，矩形截面木梁的横截面高宽比 $h/b=3/2$，已知 $F=15kN$，$a=0.8m$，$[\sigma]=10MPa$。设计截面尺寸。

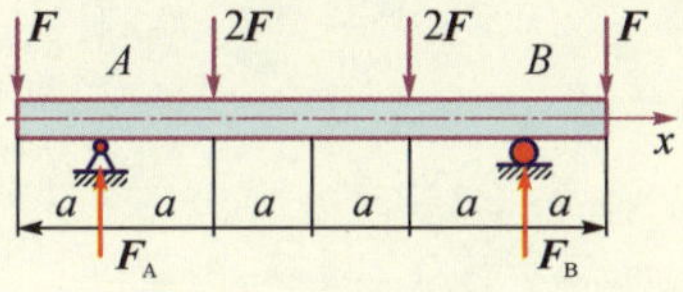

图 3-2-25

模块三　圆轴扭转

模块介绍

本模块研究杆件发生除扭转变形外，其他变形可忽略的情况，并且以圆截面（实心圆截面或空心圆截面）杆为主要研究对象。主要学习圆轴扭转的特点和应力分析，学会计算扭矩以及校核扭转强度。此外，所研究的问题限于杆在线弹性范围内工作的情况。

模块目标

1. 认识圆轴扭转的相关概念。
2. 掌握计算轴的扭矩的方法，会画扭矩图。
3. 掌握圆轴扭转变形特点及应力分析。
4. 掌握圆轴扭转强度条件及其应用。
5. 掌握圆轴扭转刚度条件及其应用。

课题一　扭转的概念及应力分析

1. 认识圆轴扭转的相关概念。
2. 掌握计算轴的扭矩的方法，会画扭矩图。
3. 掌握圆轴扭转变形特点及应力分析。

如图3-3-1所示传动轴，在其两端垂直于杆件轴线的平面内，作用一对大小相等、方向相反的力偶。在上述力偶作用下，传动轴各横截面绕杆件轴线作相对转动。又如汽车转向盘操纵杆（图3-3-2），驾驶员通过转向盘把力偶作用于转向轴的一端，而转向轴的另一端则又受到来自转向器的阻抗力偶的作用。这些都是轴的扭转学习范畴，也是我们今天要分析的内容。

图3-3-1　汽车传动轴

图3-3-2　汽车转向盘操纵杆

一、扭转的概念

由图 3-3-1、图 3-3-2 可以看出，这些受力构件的共同特点是：构件为等直圆杆，并在垂直于杆件轴线的平面内作用有力偶。在这种情况下，杆件各横截面绕轴线作相对转动。这种变形形式称为扭转。

扭转是杆件变形的另一种基本形式（图 3-3-3），受力表现为在垂直于杆件轴线的两个平面内，分别作用有大小相等、方向相反的两个力偶矩。变形表现为杆任意两截面绕轴线发生相对转动，转过角度为 φ。受扭转变形杆件通常为轴类零件，其横截面大都是圆形的。

变形前　　　　　　变形后

图 3-3-3　圆轴扭转变形

二、扭转时横截面上的内力

1. 外力偶矩的计算

使杆件产生扭转变形的外力偶矩用 m 表示。

（1）m 可通过力的平移并利用平衡条件确定；

（2）可由轴所传递的功率 P（单位：kW）和轴的转速 n（单位：r/min）计算。

$$m = \frac{60 \times P \times 1000}{2\pi n} = 9549 \frac{P}{n} \quad [\text{N}\cdot\text{m}] \tag{3-3-1}$$

式中　m——作用在轴上的外力偶矩，N·m；

　　　P——轴传递的功率，kW；

　　　n——轴的转速，r/min。

如果功率 P 的单位用马力（1 马力 =735.5W= 0.7355kW），则

$$m = 7024 \frac{P[\text{马力}]}{n[\text{r}/\min]} \quad [\text{N}\cdot\text{m}]$$

2. 扭矩的计算

（1）扭矩：杆扭转时，其横截面上的内力，是一个在截面平面内的力偶，其力偶矩称为扭矩，记作"T"。

（2）截面法求扭矩：图 3-3-4 假想地将轴分为两部分，取左段为研究对象，根据平衡条件，

$$\sum m_x = 0, \quad T - m = 0$$
$$T = m$$

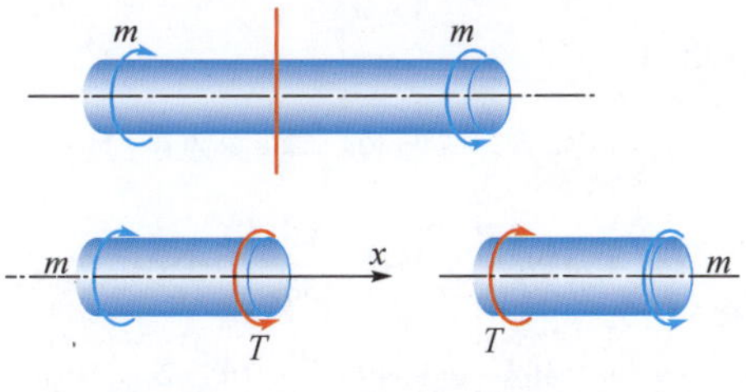

图 3-3-4　传动轴的扭矩

取右段为研究对象

$$\sum m_x = 0, \quad m - T = 0$$
$$T = m$$

通过上面的计算，可得如下计算扭矩的规律：某一截面上的扭矩，等于截面一侧（左或右）轴上所受外力偶矩的代数和。

（3）扭矩的符号：右手螺旋法则，用右手四指表示扭矩的转向，若拇指的指向离开截面时，规定扭矩为正，如图 3-3-5（a）所示；若拇指指向截面时，则扭矩为负，如图 3-3-5（b）所示。

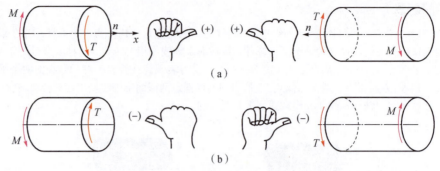

图 3-3-5 扭矩符号的规定

（4）扭矩图：为了清楚地看出各截面扭矩的变化情况，以便确定危险截面，通常把扭矩随截面位置的变化绘成图形，称为扭矩图。扭矩图的绘制是以横坐标表示截面位置，以纵坐标表示相应截面的扭矩。把上面的计算结果按适当比例绘于图上，即得扭矩图。

扭矩图作法：从杆件最左端直接画扭矩图，外力偶向上为正，扭矩上升；外力偶向下为负，扭矩下降。（若从杆件最右端直接画扭矩图，则外力偶向下为正，扭矩上升；外力偶向上为负，扭矩下降。）外力偶作用点即为扭矩突变点，其扭矩突变值为该外力偶的值，扭矩的大小为该外力偶与前一扭矩依次相加的代数值。待画完扭矩图后可检查扭矩图两端的扭矩与两端外力偶是否相对应，以确保扭矩图正确无误。

例 3-3-1 图 3-3-6（a）所示一皮带传动轴，轮子 A 用皮带直接与原动机连接，轮子 B 和 C 与机床连接。已知轮子 A 传递的功率为 60kW，轮子 B 传递 34kW，轴的转速 150r/min，略去轴承的摩擦力，试作出轴的扭矩图。

扭转例题

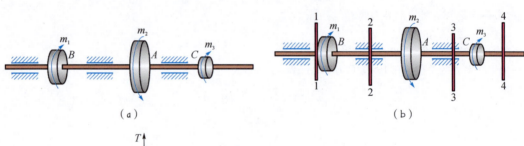

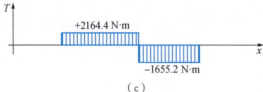

图 3-3-6 皮带传动轴

解：① 外力偶矩：由式（3-3-1）得

$$m_2 = 9549 \times \frac{P_2}{n} = 9549 \times \frac{60}{150} = 3819.6 \ (\text{N} \cdot \text{m})$$

$$m_1 = 9549 \times \frac{P_1}{n} = 9549 \times \frac{34}{150} = 2164.4 \ (\text{N} \cdot \text{m})$$

$$m_3 = 9549 \times \frac{P_3}{n} = 9549 \times \frac{26}{150} = 1655.2 \ (\text{N} \cdot \text{m})$$

② 扭矩

1—1 截面　　$T_1 = 0$（N·m）

2—2 截面　　$T_2 = m_1 = 2164.4$（N·m）

3—3 截面　　$T_3 = m_1 - m_2 = -1655.2$（N·m）

4—4 截面　　$T_4 = m_1 - m_2 + m_3 = 0$（N·m）

③ 作扭矩图

三、圆轴扭转时的变形与应力

1. 扭转变形

如图 3-3-7 所示，在圆轴的表面上作纵向线和圆周线，于两端作用扭转力偶，使其变形，可以观察到下列现象：

横向：圆周线仍相互平行，且形状和大小不变，间距不变，但相邻圆周发生相对转动。

纵向：各纵向线仍然平行，但倾斜了一个角度γ，由纵向线与圆周线所组成的矩形变成了平行四边形。

平截面假定：圆轴扭转变形后，横截面保持为平面，其形状和大小及相邻两横截面间的距离保持不变，半径仍保持为直线（横截面刚性地绕轴线作相对转动）。

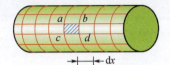 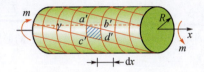

图 3-3-7 圆轴扭转变形

2. 扭转角

相对扭转角：两个一定距离的截面在外力偶作用下产生的扭转变形，即相对转过的角度，用 φ 表示，如图 3-3-8 所示。

$$\varphi = \int_l d\varphi = \int_0^l \frac{T}{GI_P} dx$$

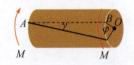

图 3-3-8 圆轴相对扭转角

当等直圆杆相距 l 的两横截面之间，扭矩 T 及材料的切变模量 G 为常量时有：

$$\varphi = \frac{Tl}{GI_P}$$

单位扭转角：因为材料、长度、扭矩相同时，粗细不同的圆轴，变形程度不同。所以用单位长度扭转角度量扭转变形程度较为准确。理论分析表明：圆轴扭转时单位长度上的扭转角（用符号 θ 表示）的计算公式为：

$$\theta = \frac{\varphi}{l} = \frac{T}{GI_P} (\text{rad/m}) \qquad (3-3-2)$$

上式中单位扭转角的单位是弧度/米（rad/m），工程上常用度/米（°/m）来表示单位扭转角，1 弧度 = 180°/π，即：

$$\theta = \frac{T}{GI_P} \times \frac{180°}{\pi} (°/m) \qquad (3-3-3)$$

式中 T——横截面上的扭矩；
  l——两横截面间的距离；
  G——轴材料的剪切弹性模量；
  I_P——横截面对圆心的极惯性矩，纯几何量，无物理意义。

由式（3-3-3）可知，在扭矩一定的情况下，GI_P 越大，单位长度上的扭转角越小，可见 GI_P 反映了圆轴抵抗扭转变形的能力，称为抗扭刚度。对于 I_P 有：

圆截面　　　　　　　　　　$I_P = \dfrac{\pi d^4}{32} \approx 0.1 d^4$

圆环截面　　　　　　　　　$I_P = \dfrac{\pi}{32}(D^4 - d^4) \approx 0.1(D^4 - d^4)$

或　　　　　　　　　　　　$I_P = \dfrac{\pi}{32} D^4 (1 - a^4) \approx 0.1 D^4 (1 - a^4)$

其中　　　　　　　　　　　$a = \dfrac{d}{D}$

3. 圆轴扭转时的应力

从图 3-3-7 圆轴扭转变形的情况来分析，可得出以下结论：

① 扭转变形时，相邻横截面之间发生了绕轴线的相对转动，说明各横截面之间发生了相对错动，这实质上是剪切变形。所以横截面上必有剪应力存在，且剪应力组成的合力必为力偶。

② 扭转变形时，因截面半径长度不变，故剪应力方向必垂直于半径，而截面半径仍为直线，表明离截面中心愈远处的应变愈大，因而剪应力也愈大。

③ 扭转变形时，因轴上所有圆周线的相互距离均无变化，所以横截面上没有正应力。

综上所述，圆轴扭转时，横截面上剪应力 τ_ρ 的分布规律为：横截面上任一点的剪应力与该点至圆心的距离 ρ 成正比，圆心处剪应力为零，在轴的边缘处所受的工作剪应力最大。剪应力沿截面半径成直线规律分布（图 3-3-9）。

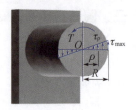

图 3-3-9　圆轴横截面上剪应力分布规律

理论分析表明，圆轴扭转时横截面上的剪应力

$$\tau_\rho = \frac{T\rho}{I_P} \tag{3-3-4}$$

当 ρ 等于截面半径 R 时，圆轴扭转时横截面上的剪应力最大（用符号 τ_{max} 表示）

即：

$$\tau_{max} = \frac{TR}{I_P} = \frac{T}{\frac{I_P}{R}} = \frac{T}{W_t} \tag{3-3-5}$$

式中　$W_t = \frac{I_P}{R}$ ——抗扭截面模量，与截面的大小、形状、尺寸等有关，mm^3；

　　　τ_{max} ——横截面上最大剪应力，MPa；

　　　T ——横截面上的扭矩，N·mm。

由式（3-3-5）可知，W_t 愈大，τ_{max} 就愈小，而 W_t 只与横截面形状和尺寸有关。因此，W_t 是表示横截面抵抗扭转能力的一个几何量。

（a）实心轴　　　　　　　　（b）空心轴

图 3-3-10　轴

对于实心圆轴 [图 3-3-10（a）]，若直径为 D，则：

$$I_P = \frac{\pi D^4}{32}$$

$$W_t = \frac{I_P}{D/2} = \frac{\pi D^3}{16}(1-a^4)$$

对于空心轴 [图 3-3-10（b）]，若外径为 D，内径为 d，则：

$$I_P = \frac{\pi D^4}{32}\left[1-\left(\frac{d}{D}\right)^4\right] = \frac{\pi D^4}{32}(1-a^4)$$

$$W_t = \frac{I_P}{D/2} = \frac{\pi D^3}{16}(1-a^4)$$

其中

$$a = \frac{d}{D}$$

一、填空题

1. 圆轴扭转时的受力特点是：一对外力偶的作用面均_____于轴的轴线，其转向_____。

2.圆轴扭转变形的特点是：轴的横截面积绕其轴线发生_____。

3.以_____为横坐标，_____为纵坐标作出的表示_____扭矩变化规律的图线叫作扭矩图。

4.在受扭转圆轴的横截面上，其扭矩的大小等于该截面一侧（左侧或右侧）轴段上所有外力偶矩的_____。

5.圆轴扭转时，横截面上剪应力的分布规律为：横截面上任一点的剪应力与该点至圆心的距离成_____，圆心处剪应力为_____，在轴的边缘处所受的工作剪应力_____。

二、选择题

1.在图3-3-11所示各轴中，仅产生扭转变形的轴是（　　）。

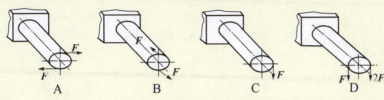

图3-3-11

2.汽车传动主轴所传递的功率不变，当轴的转速降低为原来的二分之一时，轴所受的外力偶矩较之前将（　　）。

A.增大一倍　　　　B.增大三倍　　　　C.减小一半　　　　D.不变

3.圆轴扭转时，横截面上（　　）。

A.有正应力，其大小与截面直径无关。

B.有正应力也有剪应力，它们的大小均与截面直径无关。

C.只有剪应力，其大小与到圆心的距离成正比。

三、判断题

1.只要在杆件的两端作用两个大小相等、反向相反的外力偶，杆件就会发生扭转变形。（　　）

2.传递一定功率的传动轴的转速越高，其横截面上所受扭矩也越大。（　　）

3.扭矩就是受扭杆件某一横截面左、右两部分在该横截面上相互作用的分布内力系合力偶矩。（　　）

4.以右手拇指表示截面外法线方向，若扭矩转向与其他四指转向相同时扭矩取正号，反之取负号。（　　）

四、计算题

1.求如图3-3-12所示传动轴1—1截面和2—2截面的扭矩，并画扭矩图。

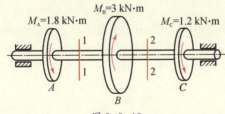

图3-3-12

2.如图3-3-13所示，$M_1=5kNm$，$M_2=3.2kNm$，$M_3=1.8kNm$，$AB=200mm$，$BC=250mm$，$d_{AB}=80mm$，$d_{BC}=50mm$，$G=80GPa$。求：（1）此轴的最大切应力；（2）单位长度扭转角θ_{AB}、θ_{BC}。

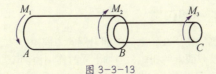

图3-3-13

课题二 圆轴扭转时的强度和刚度条件

学习目标

1. 掌握圆轴扭转强度条件及其应用。
2. 掌握圆轴扭转刚度条件及其应用。

问题引导

圆轴扭转时产生什么样的变形，为使受扭转构件能安全、可靠地工作，必须学会分析轴扭转时的强度和刚度要求，这也是本节课要学习的内容。

一、圆轴扭转时的强度条件及其应用

1. 强度条件

要使轴扭转时具有足够的强度，就应使轴横截面上的最大剪应力不超过其许用剪应力，即

$$\tau_{max} = \frac{T_{max}}{W_t} \leqslant [\tau] \tag{3-3-6}$$

2. 强度条件应用

（1）校核强度：
$$\tau_{max} = \frac{T_{max}}{W_t} \leqslant [\tau]$$

（2）设计截面尺寸：
$$W_t \geqslant \frac{T_{max}}{[\tau]}$$

（3）确定外荷载：
$$T_{max} \leqslant W_t \cdot [\tau]$$

式（3-3-6）称为圆轴扭转时的强度条件。必须注意，T_{max} 应是全轴中危险截面上的扭矩，所以在进行扭转强度计算时，必须画出扭矩图。

二、圆轴扭转时的强度条件及其应用

1. 刚度条件

圆轴扭转时，不仅要满足强度条件，还应有足够的刚度。否则将会影响机械的传动性能，也会使机器在运转中产生较大的振动。因此，工程上要求轴的最大单位扭转角不超过许用的单位扭转角 $[\theta]$，即

$$\theta_{max} \leqslant [\theta]$$

$$\theta_{max} = \frac{T_{max}}{GI_P} \times \frac{180°}{\pi} \leqslant [\theta] \tag{3-3-7}$$

式（3-3-7）就是圆轴扭转时的刚度条件。同样，T_{max} 也应是危险截面上的扭矩（绝对值）。

2. 刚度条件应用

圆轴扭转的强度和刚度条件都可以解决三类问题，即设计截面尺寸，校核强度、刚度，求允许传递的功率或力偶矩。

三、圆轴强度与刚度设计的一般过程

（1）根据轴传递的功率可确定作用在轴上的外加力偶的力偶矩。
（2）应用截面法确定轴的横截面上的扭矩，当轴上同时作用由两个以上的外加扭矩时，需要扭矩图。
（3）根据扭矩图，确定危险面，校核、设计轴的直径以及确定许用载荷。

（4）计算危险截面上的最大剪应力或单位长度相对扭转角。

（5）根据需要，应用强度设计准则与刚度设计准则对圆轴进行强度校核，设计周的直径以及确定许用载荷。

例3-3-2 某汽车传动轴，用45钢无缝钢管制成，其外径$D=90\text{mm}$，壁厚$t=2.5\text{mm}$，使用时最大扭矩为$T=1500\text{N}\cdot\text{m}$，已知$[\tau]=60\text{MPa}$。（1）试校核此轴的强度；（2）若此轴改为实心轴，并要求强度仍与原空心轴相当，则实心轴的直径D_1为多少？

解：（1）由传动轴的尺寸计算抗扭截面模量：

$$W_t=\frac{\pi}{16}D^3(1-\alpha^4)=\frac{\pi\times D^3}{16}\left[1-(\frac{D-2t}{D})^4\right]=29.24\times 10^{-6}\ (\text{m}^3)$$

轴的最大剪应力：

$$\tau_{\max}=\frac{T_{\max}}{W_t}=\frac{1500}{29.24\times 10^{-6}}=51.3\text{MPa}\leqslant[\tau]=60\text{MPa}$$

所以此轴安全。

（2）若此轴改为实心轴，而

$$\tau_{\max}=\frac{T_{\max}}{W_t}=51.3\text{MPa}\ \text{且}\ W_t=\frac{\pi}{16}D_1^3$$

解得：

$$D_1=\sqrt[3]{\frac{16T_{\max}}{\pi\times 51.3\times 10^6}}=0.053\ (\text{m})$$

1. 如图3-3-14所示为阶梯形圆轴，其中实心AB段直径$d_1=40\text{mm}$；BD段为空心部分，外径$D=55\text{mm}$，内径$d=45\text{mm}$。轴上A、D、C处为皮带轮，已知主动轮C输入的外力偶矩为$M_C=1.8\text{kN}\cdot\text{m}$，从动轮A、D传递的外力偶矩分别为$M_A=0.8\text{kN}\cdot\text{m}$，$M_D=1\text{kN}\cdot\text{m}$，材料的许用切应力$[\tau]=80\text{MPa}$。试校核该轴的强度。

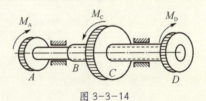

图3-3-14

2. 传动轴如图3-3-15所示，已知轴的直径$d=45\text{mm}$，转速$n=300\text{r}/\text{min}$。主动轮A输入的功率$P_A=36.7\text{kW}$；从动轮B、C、D输出的功率分别为$P_B=14.7\text{kW}$，$P_C=P_D=11\text{kW}$。轴材料的剪切弹性模量$G=80\text{GPa}$，许用切应力$[\tau]=40\text{MPa}$，单位长度的许用扭转角$[\theta]=1.5°/\text{m}$，试校核轴的强度和刚度。

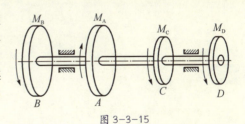

图3-3-15

3. 汽车的转向盘如图3-3-16所示，转向盘直径$D_1=520\text{mm}$，驾驶员作用于盘上最大的切向力$F=200\text{N}$，转向轴直径$d=25\text{mm}$，转向轴材料的许用剪应力$[\tau]=50\text{MPa}$，试校核转向轴的直径。

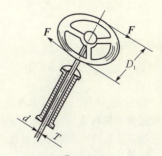

图3-3-16

单元四　轴系零部件

模块一　轴

模块介绍

轴是组成机器的重要零件，它的功用是支承传动零件并传递运动和转矩。轴系零部件是汽车机械的重要组成部分，在汽车的变速器、传动轴、转向机等总成部件中有广泛的应用。车辆在工作时有各种不同的运行工况，如停车、起步、低速、高速、轻载、重载、倒车等，这些不同的工况，对传递到驱动轮的转矩要求是不同的。本单元主要讨论了轴的作用、分类、材料、结构及轴的强度校核。

模块目标

1. 了解轴的作用、分类、材料。
2. 了解轴的结构及轴上零件的固定和定位。
3. 了解轴的结构工艺性。
4. 了解轴的强度校核。

课题一　轴的基本知识

1. 了解轴的作用、分类及材料。
2. 了解轴的结构及轴上零件的固定和定位。
3. 了解轴的结构工艺性。

轴是汽车中的重要零部件之一，图 4-1-1 为桑塔纳 2000 变速器的变速传动机构工作示意图，桑塔纳 2000 的变速器为二轴式普通齿轮变速器。对轴的要求是要有足够的强度、合理的结构和良好的工艺性。这就是本课题讨论的内容。

图 4-1-1　变速传动机构示意图

一、轴的作用与分类

轴的功用主要是支承传动零件（如齿轮、带轮、链轮等），并传递运动和动力，轴主要承受弯矩和转矩。根据轴承受载荷性质的不同，可分为心轴、传动轴和转轴三种。

1. 心轴

工作时只承受弯曲载荷，不承受转矩起支承作用的轴称为心轴。心轴可以是固定的，称为固定心轴，如图 4-1-2 所示手动变速箱的中心轴。当倒车时，心轴上的齿轮进入啮合，齿轮转动而中间轴不转，不传递转运动。心轴也可以是转动的，如活塞销轴、列车车轮轴，如图 4-1-3 所示。

图 4-1-2 手动变速箱图

图 4-1-3 列车车轮轴

2. 传动轴

主要传递转矩，不承受或承受很小弯矩，仅起传递动力的作用。如图 4-1-4 所示汽车变速箱与后桥间的传动轴。

3. 转轴

既承受弯矩又承受转矩，是机械中最常用的一种轴，如图 4-1-5 所示。

轴还可按结构形状的不同分为直轴（图 4-1-6）和曲轴（图 4-1-7）；光轴（如图 4-1-8 摇臂轴）和阶梯轴（如图 4-1-9 变速器的中间轴）；实心轴（如半轴）和空心轴（如气门推杆）等。

另外，还有一种轴线能按使用要求变化的轴，称为软轴或挠性轴。

二、轴的材料

轴的材料应满足强度、刚度、耐腐蚀性及耐磨性等方面的要求。轴的常用材料是碳素钢和合金钢。

碳素钢可以分为普通碳素钢和优质碳素钢。普通碳素钢中 Q235、Q255 和 Q275 等可用于不重要或受力不大的轴，一般不需热处理。优质碳素钢常用的牌号有 35、45、50 等中碳钢，它们具有较高的综合力学性能，应用较多，其中 45 钢应用最为广泛。为了改善优质碳素钢的力学性能，常采用的热处理是正火或调质处理。碳素钢比合金钢价格低廉，对应力集中的敏感性低，加工工艺性好，一般用途的轴，常用优质碳素结构钢。

图 4-1-4 汽车传动轴

图 4-1-5 汽车变速器轴

图 4-1-6 汽车差速器轴

图 4-1-7 曲轴

图 4-1-8 摇臂轴

图 4-1-9 变速器的中间轴

合金钢具有比碳素钢更好的力学性能和可淬性，但对应力集中的敏感性强，价格也较贵，常用于受力较大而要求直径较小、重量轻、耐磨性和抗腐蚀性能高以及高温、低温下工作的轴。常用的合金钢有20Cr、40Cr、35SiMn、40MnB 等。一般经过调质、淬火等热处理方法，来提高力学性能。采用合金钢材料的轴应尽可能地从结构外形和尺寸上减少应力集中。由于各种合金钢与碳素钢的弹性模量相差很小，因此，试图通过采用合金钢来提高轴的刚度是不恰当的。

球墨铸铁和合金铸铁具有良好的工艺性，并具有价廉、良好的吸振性和耐磨性以及对应力集中的敏感性小等优点，常被用来代替钢材制造大型转轴和结构形状复杂的曲轴、凸轮轴和空心轴等。

选择轴的材料时应综合考虑。轴的常用材料及其力学性能见表 4-1-1。

表 4-1-1 轴的常用材料及其力学性能

牌号	热处理	毛坯直径/mm	硬度 HBS	抗拉强度 δ_b	弯曲疲劳极限 δ_{-1}	剪切疲劳极限 τ_{-1}	用途
Q235	热轧或锻后空冷	≤100	—	400～420	170	105	用于不重要或载荷不大的轴
		>100～250	—	375～390			
45	正火	≤100	170～217	590	255	140	应用最广泛
	回火	>100～300	162～217	570	245	135	
	调质	≤200	217～255	640	275	155	
40Cr	调质	≤100	241～256	735	355	200	用于载荷较大而无很大冲击的重要轴
		>100～300	241～256	655	335	155	
35SiMn	调质	≤100	229～256	755	355	205	性能接近于40Cr，用于中小型轴
		>100～300	219～269	735	335	155	
40MnB	调质	≤200	241～256		345	195	性能接近于40Cr，用于重要的轴
40CrNi	调质	≤100	270～300	900	430	260	低温性能好，用于很重要的轴
		>100～300	240～270	755	370	210	
35SiMnMo	调质	≤100	229～256	735	365		性能接近于40Cr，用于重载荷轴
		>100～300	217～269	655	345	195	
20Cr	渗碳淬火回火	≤60	渗碳 56～62HRC	640	305	160	用于要求强度和韧性均较高的轴
20CrMnTi		15	渗碳 56～62HRC	1050	450	300	
3Cr13	调质	≤100	≥241	535	395	230	用于腐蚀条件下的轴
35CrMoAlA	调质	≤60	293～321	930	440	250	用于要求高耐磨性、高强度，且热处理（氮化）变形很小的轴
		>60～100	277～302	535	410	270	
		>100～160	241～277	>55	370	220	
QT400-15			156～197	400	145	125	用于曲轴、凸轮轴、水轮机主轴等复杂外形的轴
QT600-3			197～269	600	215	155	

三、轴的结构

轴一般由轴头、轴身和轴颈三部分组成。轴上与传动零件或联轴器、离合器相配合的部分称为轴头；与轴承相配合的部分称为轴颈；连接轴头和轴颈的其余部分称为轴身。

（一）轴的结构应满足的基本要求

（1）安装在轴上的零件要有准确的定位和牢固而可靠的固定。

（2）良好的工艺性，便于轴的加工和轴上零件的装拆和调整。

（3）轴上零件的位置和受力要合理，尽量减少应力集中，有利于提高轴的强度和刚度。

（4）有利于节省材料，减轻重量。

（二）轴上零件的固定

轴在工作时，必须保证轴上零件有准确的工作位置，要求轴上零件沿着轴向和周向固定，防止轴向移动并能传递转矩。

1. 轴向定位和固定

轴上零件轴向定位和固定的目的，在于保证零件在轴上有确定的轴向位置，防止零件轴向移动，并能承受轴向力。常用的轴向固定方法及应用如表4-1-2所示。

表4-1-2　轴上零件的轴向固定方法及应用

轴向固定方法	结构简图	特点及应用
轴肩、轴环		结构简单可靠，不需附加零件，能承受较大轴向力。广泛应用于各种轴上零件的轴向固定
圆锥面		装拆方便，且可兼作轴向固定。适用于轴端、高速、冲击及对中性要求较高的场合
轴端挡圈		工作可靠，能承受较大轴向力，使用时，应采用止动垫圈等防松措施。只适用于轴端
轴套		简单可靠，简化了轴的结构且不削弱轴的强度。常用于轴上两个近距离零件间的相对固定，不宜用于高速轴
圆螺母		固定可靠，可承受较大轴向力，能实现轴上零件的间隙调整。为防松，需使用双螺母。常用于轴的中部或端部
弹性挡圈		结构紧凑简单，装拆方便，但受力较小，且轴上切槽将引起应力集中。常用于轴承固定
紧定螺钉		结构简单，但受力较小，不宜用于高速场合

2. 周向定位和固定

轴上零件周向定位和固定是为了保证零件传递转矩和防止零件与轴产生相对转动。常用的周向定位方法有键连接、销连接、螺钉连接和过盈配合连接等。一般齿轮与轴通常采用过盈配合或键连接；滚动轴承则采用较紧的过盈配合；受力较小或光轴上的零件可用螺钉连接或销连接；受力较大且要求零件作轴向移动时则用花键连接。轴上零件的周向固定方法及应用见表4-1-3。

表 4-1-3　轴上零件的周向固定方法及应用

周向固定方法	简图	特点
平键		制造简单，装拆方便，对中性好。用于较高精度、高转速及受冲击或变载荷作用下的固定连接中，还可用于一般要求的导向连接中。齿轮、蜗轮、带轮与轴的连接常用此形式。 平键剖面及键槽见 GB/T 1096—2003 导向平键见 GB/T 1097—2003
楔键		能传递转矩，同时能承受单向轴向力。由于装配后造成轴上零件的偏心或偏斜，故不适于要求严格对中、有冲击载荷及高速传动连接。 楔键及键槽见 GB/T 1563—2005、GB/T 1564—2003、GB/T 1565—2003
切向键		可传递较大的转矩，对中性差，对轴的削弱较大，常用于重型机械中。 一个切向键只能传递一个方向的转矩，传递双向转矩时，需用两个互成120°，见 GB/T 1974—2003
花键		有矩形、渐开线及三角形花键之分。 承载能力高、定心性及导向性好，制造困难，成本较高。适于载荷较大，对定心精度要求较高的滑动连接或固定连接。 三角形齿细小，适于轴径小、轻载或薄壁套筒的连接。见 GB/T 1144—2001
滑键		键固定在轮毂上，键随轮毂一同沿轴上键槽作轴向移动。常用于轴向移动距离较大的场合
半圆键		键在轴上键槽中能绕其几何中心摆动，故便于轮毂往轴上装配，但轴上键槽很深，削弱了轴的强度。 用于载荷较小的连接或作为辅助性连接，也用于锥形轴及轮毂连接。见 GB/T 1098～1099—2003
圆柱销		适用于轮毂宽度较小（如 l/d<0.6），用键连接难以保证轮毂和轴可靠固定的场合。这种连接一般采用过盈配合，并可同时采用几只圆柱销。为避免钻孔时钻头偏斜，要求轴和轮毂的硬度差不能太大
圆锥销		用于固定不太重要，受力不大但同时需要轴向固定的零件，或作安全装置用。由于在轴上钻孔，对强度削弱较大，故对重载的轴不宜采用。有冲击或振动时可采用开尾圆锥销
过盈配合		结构简单，对中性好，承载能力高，可同时起周向和轴向固定作用，但不宜于常拆卸的场合。对于过盈在中等以下的配合，常与平键连接同时采用，以承受较大的交变、振动和冲击载荷

（三）轴的结构工艺性

轴在其加工、装配、使用维修过程中仍需要对其结构提出某些要求，即轴的结构工艺性要求。

1. 加工工艺性

（1）为了减少应力集中，轴径变化尽可能小，阶梯轴相邻两轴段直径相差不应过大，一般为 5～10mm。

（2）轴上截面尺寸变化的位置应有倒角或过渡圆角，过渡圆角半径应尽可能大些，当轴上有多处倒角或过渡圆角时，尽可能选同样的倒角或圆角半径，以减少刀具规格和换刀次数。

（3）轴上有多个键槽时，应尽可能将其安排在同一直线上，避免多次装夹。

（4）轴上需切制螺纹或磨削时，要留有退刀槽和越程槽。

2. 装配工艺性

（1）为了便于装配，常采用阶梯轴，阶梯轴的直径应中间大并向两端逐渐减小，便于轴上零件的装拆。
（2）轴端应倒角，并去毛刺，以便于装配。
（3）固定滚动轴承的轴肩高度应符合轴承的安装尺寸要求，以便于轴承的拆卸。

（四）提高轴的疲劳强度

轴通常在变应力下工作，多数轴因疲劳而失效，因此在设计轴时，应设法提高其疲劳强度。可以采取以下措施：

1. 改进轴的结构以减少应力集中的影响

提高轴的抗疲劳破坏强度的关键在减少应力集中。尽量使轴径变化处过渡平缓，并采用较大的过渡圆角。

2. 改善轴的表面质量

轴的表面越粗糙疲劳强度越低。因此，应合理减小轴的表面及圆角处的加工粗糙度值。提高轴的表面质量可通过提高轴的表面精度、进行热处理或表面强化处理来实现。表面强化处理的方法有：表面高频淬火等热处理；表面渗碳、氮化等化学热处理；碾压、喷丸等强化处理。

学后测评

一、填空题

1. 轴的功用主要是支承_____，并传递_____和_____。
2. 按照轴的轴线形状不同，可将轴分为_____和_____两大类。
3. 单缸内燃机中，采用_____轴实现活塞的往复直线运动和飞轮转动的转换，其工作的实质是采用_____机构。
4. 根据直轴所受载荷不同，可将其分为_____、_____、_____三种类型。
5. 支承转动零件的部位称为_____，被轴承支承部位为_____。
6. 轴上零件的轴向固定方法有_____、_____、_____、_____等。
7. 轴上零件的周向固定方法有_____、_____等。
8. 轴要能正常工作必须要有足够的_____和合适的_____。
9. 轴的常用材料是_____和_____等。

二、选择题

1. 只支承零件，不传递动力的轴是（　　）。
　A. 心轴　　　　　　B. 传动轴　　　　　　C. 转轴
2. 不支承零件，只传递动力的轴是（　　）。
　A. 心轴　　　　　　B. 传动轴　　　　　　C. 转轴
3. 既支承零件，又传递动力的轴是（　　）。
　A. 心轴　　　　　　B. 传动轴　　　　　　C. 转轴
4. 只有（　　）才能使轮毂在轴上得到准确的定位。
　A. 圆螺母　　　　　B. 轴肩　　　　　　　C. 轴套
5. 对轴上零件作周向固定可采用（　　）。
　A. 轴肩　　　　　　B. 圆螺母　　　　　　C. 平键固定
6. 用圆螺母固定时，轴上螺纹的大径（　　）安装零件的孔径。
　A. 大于　　　　B. 等于　　　　C. 小于　　　　D. 小于等于
7. 轴常用45钢制造并经（　　）处理，以提高耐磨性和抗疲劳强度。
　A. 正火　　　　B. 淬火　　　　C. 回火　　　　D. 退火
8. 轴的材料主要采用（　　）。
　A. 碳素钢和铝合金　　B. 铝合金和铜合金　　C. 碳素钢和合金钢

三、判断题
1. 曲轴可以将旋转运动变为直线往复运动。（　　）
2. 用轴肩（轴环）可以对轴上零件作轴向固定。（　　）
3. 圆螺母也可以对轴上零件作周向固定。（　　）
4. 光轴和阶梯轴，都属于直轴。（　　）
5. 心轴在工作中只承受弯曲作用。（　　）
6. 传动轴在工作中只承受扭转作用。（　　）
7. 汽车后轴是传动轴。（　　）
8. 自行车的中轴是转动心轴。（　　）
9. 阶梯轴上安装传动零件的轴段称为轴径。（　　）

四、简答题
1. 常用轴的结构应满足哪四方面要求？
2. 心轴、传动轴、转轴应用特点有哪些？
3. 轴上零件的固定方法有哪些？
4. 为什么阶梯轴能得到广泛应用？

课题二　轴的强度校核

1. 了解轴的结构设计要求。
2. 了解轴的强度校核计算。

在确定了轴的转速、传递功率、轴上零件尺寸等工作条件后，要确定轴的结构，并且对轴的强度进行校核，这是本单元研究的内容。

在机械中，轴会承受各种形式的载荷，这时要求轴在这些载荷作用下能正常工作，不会发生永久变形和断裂，即轴的强度要满足要求，所以在设计轴时，应对轴的强度进行校核。强度校核就是对材料或设备的力学性能进行检测并进行调节的一种方式。

进行轴的强度校核计算时，应根据轴的具体所受载荷及应力情况，采取相应的计算方法，并恰当地选取其许用应力。通常校核方法如下：

（1）对于传动轴应按扭转强度条件计算；
（2）对于心轴应按弯曲强度条件计算；
（3）对于转轴应按弯扭合成强度条件计算。

一、按扭转强度条件计算

这种方法是根据轴所受的扭矩来计算轴的强度，对于轴上还作用较小的弯矩时，通常采用降低许用扭转切应力的办法予以考虑。通常在做轴的结构设计时，常采用这种方法估算轴径。

实心轴的扭转强度条件为：

$$\tau_T = \frac{T}{W_T} \approx \frac{9550000 \dfrac{P}{n}}{0.2 d^3} \leq [\tau_T] \qquad (4\text{-}1\text{-}1)$$

由上式可得轴的直径为：

$$d \geqslant \sqrt[3]{\frac{5 \times 9.55 \times 10^6 P}{[\tau_T] n}} = C \sqrt[3]{\frac{P}{n}} \qquad (4\text{-}1\text{-}2)$$

式中　d——计算截面处轴的直径，mm；
　　　P——轴传递的功率，kW；
　　　n——轴的转速，r/min；
　　　τ_T——扭转切应力，MPa；
　　　$[\tau_T]$——许用扭转切应力，MPa，$[\tau_T]$ 值按轴的不同材料选取；
　　　T——轴所受的扭矩，N·mm；
　　　W_T——轴的抗扭截面系数，mm³；
　　　C——轴的材料系数，与轴的材料和载荷情况有关。

表 4-1-4　常用材料的 $[\tau_T]$ 值及 C 值

轴的材料	Q235A，20	35	45	40Cr，35SiMn
$[\tau_T]$ / MPa	12～20	20～30	30～40	40～52
C	135～160	118～135	107～118	98～107

如表 4-1-4 所示，当作用在轴上的比转矩小，或轴只受转矩时，$[\tau_T]$ 值取较大值，C 值取较小值，否则相反。如轴上有一个键槽，可将算得的取小直径增大 3%～5%，如有两个键槽可增大 7%～10%。

二、按弯曲强度条件计算

由于考虑启动、停车等影响，弯矩在轴截面上所引起的应力可视为脉动循环变应力。

则

$$\sigma_{ca} = \frac{M}{W} \leqslant [\sigma_0] = 1.7 [\sigma_{-1}] \qquad (4\text{-}1\text{-}3)$$

式中　M——轴所受的弯矩，N·mm；
　　　W——危险截面抗扭截面系数，mm³；具体数值查机械设计手册；
　　　$[\sigma_1]$——脉动循环应力时许用弯曲应力，MPa；具体数值查机械设计手册。

三、按轴的弯扭合成强度计算

在轴的结构设计后，轴的主要结构、尺寸、轴上零件的位置、作用在轴上的外载荷的大小、方向作用点等都已确定，这时可按弯扭合成的理论进行轴危险截面的强度校核。进行强度计算时，通常把轴当作置于铰链支座上的梁，作用于轴上零件的力应为集中力，其作用点取零件轮毂宽度的中点。支点反力的作用点一般可近似地取在轴承宽度的中点上。具体步骤如下：

（1）画出轴的空间力系图。将轴上作用力分解为水平面分力和垂直面分力，并求出水平面和垂直面上的支点反力。

（2）分别作出水平面上的弯矩图和垂直面上的弯矩图。

（3）计算出合成弯矩 $M = \sqrt{(M_H^2 + M_V^2)}$，绘出合成弯矩图。

（4）作出转矩（T）图。

（5）计算出弯矩 $M_e = \sqrt{M^2 + (\alpha T)^2}$，绘出当量弯矩图。式中 α 为考虑弯曲应力与扭转剪应力循环特性的不同而引入的修正系数。通常弯曲应力对称循环变化应力，而扭转剪应力随工作情况的变化而变化。

对于不变转矩取 $\alpha = [\sigma_{-1b}] / [\sigma_{+1b}] \approx 0.3$；

对于脉动循环转矩 $\alpha = [\sigma_{-1b}] / [\sigma_{0b}] \approx 0.6$；

对于对称循环转矩取 $\alpha = [\sigma_{-1b}] / [\sigma_{-1b}] = 1$。

$[\sigma_{+1b}]$、$[\sigma_{0b}]$、$[\sigma_{-1b}]$ 分别为对称循环、脉动循环及静应力状态下的许用弯曲应力。其值可查相关资料。对于正反频繁的轴，可将转矩 T 看成是对称循环变化。当不能确切知道载荷的性质时，一般轴的转矩可按脉动循环处理。

（6）校核危险截面的强度。根据当量弯矩图找出危险截面，进行轴的强度校核，其公式如下：

$$\sigma_e = \frac{M_e}{W} = \frac{\sqrt{M^2 + (\alpha T)^2}}{0.1d^3} \leq [\sigma_{-1b}] \tag{4-1-4}$$

式中　W——轴的抗弯截面系数，mm^3；

　　　σ_e——当量弯曲应力，MPa。

学后测评

一、填空题

1. 进行轴的强度校核计算时，对于传动轴应按_____强度条件计算。
2. 根据轴所受的扭矩来计算轴的强度，实心轴的扭转强度条件为_____。
3. 考虑启动、停车等影响，弯矩在轴截面上所引起的应力可视为_____变应力。

二、选择题

1. 进行轴的强度校核计算时，对于转轴应按（　　）强度条件计算。
   A. 强度　　　　　　B. 弯曲　　　　　C. 弯扭合成
2. 通常弯曲应力对称循环变化应力，而扭转剪应力随工作情况的变化而变化，对于脉动循环转矩（　　）。
   A. $\alpha = [\sigma_{-1b}]/[\sigma_{+1b}] \approx 0.3$
   B. $\alpha = [\sigma_{-1b}]/[\sigma_{0b}] \approx 0.6$
   C. $\alpha = [\sigma_{-1b}]/[\sigma_{-1b}] = 1$

三、判断题

1. 对于正反转频繁的轴，可将转矩T看成是对称循环变化。（　　）
2. 校核危险截面的强度，其公式为：$\sigma_e = \dfrac{M_e}{W} = \dfrac{\sqrt{M^2 + (\alpha T)^2}}{0.1d^3} \leq [\sigma_{-1b}]$　（　　）

四、简答题

进行轴的强度校核计算时，通常校核方法有哪些？

单元四　轴系零部件

模块二　轴承

模块介绍

轴承是汽车中的重要零部件，它是用来支承轴并保持轴的旋转精度，减少轴与支承之间的摩擦和磨损。轴承一般分为滚动轴承和滑动轴承两大类（图 4-2-1）。这两种轴承各有特点，分别用于不同的场合下。本模块主要介绍了滚动轴承和滑动轴承的特点、分类、结构等基础知识。

图 4-2-1　滚动轴承和滑动轴承

模块目标

1. 了解滚动轴承的类型及结构。
2. 掌握滚动轴承的代号。
3. 了解滚动轴承的选用方法。
4. 了解滚动轴承的润滑与密封。
5. 了解滑动轴承的特点及类型。
6. 了解轴瓦的结构和材料。
7. 了解滑动轴承的润滑方式。

课题一　滚动轴承

学习目标

1. 了解滚动轴承的类型及结构。
2. 掌握滚动轴承的代号。
3. 了解滚动轴承的选用方法。
4. 了解滚动轴承的润滑与密封。

问题引导

滚动轴承广泛应用于各种机械设备中，在汽车的变速器、差速器、分动器等部件中有滚动轴承的应用。

一、滚动轴承的类型及结构

（一）滚动轴承的类型

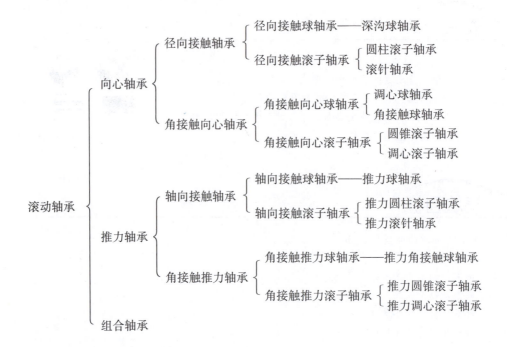

常用滚动轴承的部分类型、代号和特性见表4-2-1。

表4-2-1 常用滚动轴承的类型、代号和特性

轴承类型	简图及承载方向	类型代号	基本代号	性能特点
调心球轴承		1	1200 2200 1300 2300	主要承受径向载荷，可承受少量的双向轴向负荷，但不宜承受纯轴向载荷。能自动调心，内外圈轴线允许偏斜2°～3°。适用于轴承轴心线难以对中的支承，常成对使用
调心滚子轴承		2	21300 22200 22300 23100 23200 24000 24100	性能及特点与调心球轴承类似。但径向承载能力较大，内外圈轴线允许偏斜1.5°～2.5°，适用于多支点轴、弯曲刚度较小的轴及难于精确对中的支承
圆锥滚子轴承		3	30200 30300 31300 32000 32200 32300 32900 33000 33100 33200	能承受以径向载荷为主的径向、轴向联合载荷，当接触角α大时，亦可承受纯单向轴向载荷。外圈可分离，可调整径向、轴向游隙，承载能力较大，一般须成对使用，对称安装。要求轴的刚性大，轴与支承座孔的中心线对中性好。适用于转速不太高、轴的刚度较好的场合

续表

轴承类型	简图及承载方向	类型代号	基本代号	性能特点
推力球轴承		5	51100 51200 51300 51400	承受单向轴向载荷，滚动体与套圈多半可分离。紧圈与轴相配合。为防止钢球与滚道之间的滑动，工作时需加一定的轴向载荷。极限转速低，适用于轴向载荷大、转速不高处
双向推力球轴承		5	52200 52300 52400	能承受双向轴向载荷，中间圈为紧圈，其他性能特点与推力球轴承相同
深沟球轴承		6	61700 63700 61800 61900 16000 6000 6200 6300 6400	主要承受径向载荷，亦能承受一定的双向轴向载荷。高转速时，可用来承受纯轴向载荷。价格便宜
角接触球轴承		7	71900 7000 7200 7300 7400	可以同时承受径向及轴向载荷，亦可单独承受轴向载荷。α越大，轴向承载能力也越大。通常须成对使用，对称安装，极限转速较高
推力圆柱滚子轴承		8	81100 81200	只能承受单向轴向载荷，承载能力很大，极限转速低
圆柱滚子轴承		N	N1000 N200 N2200 N300 N2300 N400	只能承受径向载荷，承载能力大，抗冲击能力强。内外圈可分离，对轴的偏斜敏感，极限转速较高。适用于刚性较大、与支承座孔能很好对中的轴的支承
滚针轴承		NA	NA4800 NA4900 NA6900	径向尺寸小，只能承受径向载荷，其极限转速低。一般不带保持架，摩擦系数大

（二）滚动轴承的特点

滚动轴承是标准件，它是依靠滚动体与轴承座圈之间的滚动接触来工作的轴承。它具有摩擦阻力小、启动灵敏、效率高、润滑方便和易于互换等优点。但滚动轴承抗冲击能力差，高速时出现噪声，工作寿命也不及液体摩擦的滑动轴承。

（三）滚动轴承的结构

滚动轴承是由内圈、外圈、滚动体和保持架组成，如图4-2-2所示。内圈的作用是与轴相配合并与轴一起旋转；外圈作用是与轴承座相配合，起支承作用，一般不转动；滚动体是借助于保持架均匀地分布在内圈和外圈之间，其形状大小和数量直接影响着滚动轴承的使用性能和寿命；内外圈上设置有滚道，当内外圈之间相对旋转时，滚动体沿着滚道滚动。保持架能使滚动体均匀分布，防止滚动体之间的碰撞和摩擦，并引导滚动体旋转起润滑作用。

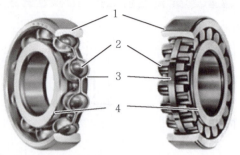

图 4-2-2　滚动轴承

1-外圈；2-滚动体；3-保持架；4-内圈

滚动体与内、外圈之间是点或线接触，表面接触应力大，所以内圈和外圈及滚动体都要选用强度高、耐磨性和冲击韧性好的铬锰高碳钢制造，经热处理后硬度可达到 61～65HRC，常用材料有 GCr15、GCr15SiMn、GCr6、GCr9 等，工作表面要求磨削抛光。保持架多用低碳钢板冲压制成，高速轴承的保持架多采用有色金属合金或塑料制成。

二、滚动轴承的代号

滚动轴承的类型很多，每种类型又有不同的结构、尺寸、精度和技术要求。为了便于组织生产、设计和选用，GB/T 272—2017 规定了滚动轴承代号的结构及表示方法。滚动轴承代号由前置代号、基本代号和后置代号构成，其表示内容和排列顺序见表4-2-2。

表 4-2-2　滚动轴承代号表示内容和排列顺序

前置代号	基本代号					后置代号						
	一	二	三	四	五							
		尺寸系列代号										
轴承分部件代号	类型代号	宽度代号	直径代号	内径尺寸系列代号		内部结构代号	密封和防尘结构代号	保持架及其材料代号	特殊轴承材料代号	公差等级代号	游隙代号	多轴承配置代号	其他代号

（一）基本代号

基本代号表示轴承的基本类型、结构尺寸，是轴承代号的基础。基本代号由轴承类型代号、尺寸系列代号及内径代号构成。

（1）类型代号由基本代号右起第五位数字或字母表示，见表4-2-2。

（2）尺寸系列代号由轴承的直径系列代号（基本代号右起第三位数字）和宽（高）系列代号（右起第四位数字）组合而成，见表4-2-3。

（3）内径代号。用两位数字来表示，见表4-2-4。

表 4-2-3　轴承直径系列和宽（高）度系列代号

直径系列代号	向心轴承							推力轴承			
	宽度系列代号							高度系列代号			
	8	0	1	2	3	4	5	6	7	9	1	2
	尺寸系列代号										
7	—	—	17	—	37	—	—	—	—	—	—	—
8	—	08	18	28	38	48	58	68	—	—	—	—
9	—	09	19	29	39	49	59	69	—	—	—	—
0	—	00	10	20	30	40	50	60	70	90	10	—
1	—	01	11	21	31	41	51	61	71	91	11	—
2	—	02	12	22	32	42	52	62	72	92	12	22
3	82	03	13	23	33	—	—	—	73	93	13	23
4	83	04	—	24	—	—	—	—	74	94	14	24
5	—	—	—	—	—	—	—	—	—	95	—	—

表4-2-4 滚动轴承的内径代号

公称内径 /mm		内径代号	示例
0.6～10（非整数）		用公称内径毫米数直接表示，在其与尺寸系列代号之间用"/"分开	深沟球轴承 618/2.5，d=2.5mm
1～9（整数）		用公称内径毫米数直接表示，对深沟球轴承及角接触球轴承7、8、9直径系列，内径与尺寸系列代号之间用"/"分开	深沟球轴承 62<u>5</u> 618/<u>5</u>，d=5mm
10～17	10、12、15、17	00、01、02、03	深沟球轴承 62<u>00</u>，d=10mm
20～480（22、28、32除外）		公称内径除以5的商数，商数为个位数，在商数左边加"0"，如08	调心滚子轴承 232<u>08</u> d=40mm
大于或等于500以及22、28、32		用公称内径毫米数直接表示，但在与尺寸系列之间用"/"分开	调心滚子轴承 230/500，d=500mm 深沟球轴承 62/22，d=22mm

（二）前置代号

前置代号用字母表示，是用以说明成套轴承的分部件特点的补充代号，见表4-2-5。

表4-2-5 前置代号字母表示的含义

代号	含义	示例
L	可分离轴承的可分离内圈或外圈	LNU205
R	不带可分离内圈和外圈的轴承（滚针轴承仅适用于NA型）	RNU205
K	滚子和保持架组件	K81105
WS	推力圆柱滚子轴承轴圈	WS81105
GS	推力圆柱滚子轴承座圈	GS81105
F	凸缘外圈的向心球轴承（仅适用于d≤10mm）	F619/5
KOW-	无轴圈推力轴承	KOW-51105
KIW-	无座圈推力轴承	KIW-51106
LR	带可分离的内圈或外圈与滚动体组件轴承	—

（三）后置代号

后置代号用字母或字母加数字的组合表示轴承的结构、公差以及材料特殊要求，后置代号的内容较多，下面介绍常用的几种代号。

1. 内部结构代号

内部结构代号表示同一类轴承的不同内部结构，用字母在后置代号左起第一位表示，见表4-2-6。

表4-2-6 内部结构代号含义

代号	含义及示例
C	角接触球轴承，公称接触角α=15°，7210C 调心滚子轴承，C型，23122C
AC	角接触球轴承，公称接触角α=25°，7210AC
B	角接触球轴承，公称接触角α=45°，7210B 圆锥滚子轴承，接触角增大，32310B
E	加强型（即内部结构设计改进，增大轴承承载能力），N207E

2. 公差等级代号

轴承的公差等级为2级、4级、5级、6级、6X级和0级，其代号分别为/P2、/P4、/P6、/P6X、/P0，其精度等级依次降低，0级为普通级，在轴承代号中不标注。

3. 游隙代号

游隙代号用"/C+数字"表示，数字为游隙组号。游隙组有1、2、0、3、4、5六组，游隙量按序由小到大排列，其中游隙组为基本游隙，"/C0"在轴承代号中省略不标注。

公差等级代号与游隙代号需同时表示时，可进行简化，取公差等级代号加上游隙组号（0组不表示）组合表示。

例：/P63 表示轴承公差等级 P6 级，径向游隙 3 组。

/P52 表示轴承公差等级 P5 级，径向游隙 2 组。

（1）游隙定义：指轴承内外圈之间相对极限移动量。

（2）游隙的分类：滚动轴承的游隙分为径向游隙和轴向游隙（如图 4-2-3 所示）。

径向游隙：在无载荷时，当一个套圈固定不动，另一个套圈相对于固定套圈沿径向由一个极端位置到另一个极端位置的移动量。

轴向游隙：在无载荷时，当一个套圈固定不动，另一个套圈相对于固定套圈沿轴向由一个极端位置到另一个极端位置的移动量。

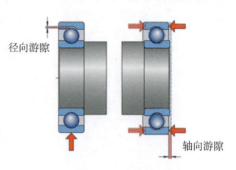

图 4-2-3　游隙

三、滚动轴承的选用

选用轴承类型时，应对各类轴承的特点有充分的了解，在此基础上可按以下原则进行选用：

1. 轴承所受的载荷

轴承所受载荷的大小、方向和性质是选择轴承类型的主要依据。轻载和中等载荷时应选用球轴承；重载或有冲击载荷时，应选用滚子轴承；纯径向载荷时，可选用深沟球轴承、圆柱滚子轴承或滚针轴承；纯轴向载荷时，可选用推力轴承；既有径向载荷又有轴向载荷时，若轴向载荷不太大时，可选用深沟球轴承或抵触角较小的角接触球轴承、圆锥滚子轴承，若轴向载荷较大时，可选用接触角较大的两类轴承，若轴向载荷很大而径向载荷较小时，可选用推力角接触轴承，也可以采用向心轴承和推力组合在一起的支承结构。

2. 轴承的转速

高速时应优先选用球轴承。内径相同时，外径越小，离心力也越小。故在高速时，宜选用超轻、特轻系列的球轴承。推力轴承的极限转速都很低，高速运转或轴向载荷不太大时，可采用角接触球轴承或深沟球轴承来承受纯轴向力。

3. 轴承调心性能

当由于制造和安装误差等因素致使轴的中心线与轴承中心线不重合时，或当轴受力弯曲造成轴承内外圈轴线发生偏斜时，宜选用调心球轴承或调心滚子轴承。

4. 轴承尺寸

当径向尺寸受到限制时，可选用滚针轴承或特轻、超轻直径系列的轴承。当轴向尺寸受限制时，可选用宽度尺寸较小的，如窄或特窄宽度系列的轴承。

5. 轴承刚性

滚子轴承的刚性较好，而球轴承的刚性较差。

6. 经济性

选择滚动轴承的类型时，在满足使用要求的条件下，还必须考虑其经济性，为了降低成本，应尽量选用球轴承和普通级的轴承。对于大多数机械而言，0级公差的轴承就可以满足要求，但对于旋转精度有严格要求的机床主轴、精密机械、仪表以及高速旋转的轴，应选用高精度的轴承。

四、滚动轴承的润滑与密封

（一）滚动轴承的润滑

滚动轴承润滑的主要目的是减小摩擦与磨损、防锈、吸振与冷却。

一般情况下滚动轴承多采用润滑脂润滑，其特点是润滑脂不易流失、便于密封和维护，且不需经常加油，但是当转速较高时，功率损耗大。润滑脂在轴承中的充填量一般不超过轴承空间的 1/3～1/2，装脂过多或不足，都会引起摩擦发热，影响轴承的正常工作。

润滑油的摩擦阻力小，润滑可靠，但需要有较复杂的密封装置和供油设备，通常用于高速或高温场合。

滚动轴承的润滑

滚动轴承的润滑方式可根据轴承内径与轴转速的乘积值 d_n 的大小来选择。当 $d_n < (1.0 \sim 1.6) \times 10^5 \text{mm} \cdot \text{r/min}$ 时，轴承可选用润滑脂润滑，若 d_n 值超过此范围时，轴承应采用润滑油润滑。

（二）滚动轴承的密封

滚动轴承密封的目的是防止外部的灰尘、水分及其他杂质进入轴承，并阻止轴承内润滑剂的流失。滚动轴承密封的方法有接触式密封、非接触式密封和组合式密封三种。常用的密封形式见表4-2-7。

表4-2-7 滚动轴承常用的密封形式

密封形式		结构图例	密封原理及说明	使用场合
接触式密封	毛毡圈密封		利用毛毡的弹性和吸油性，与轴颈贴合而起到密封作用	用于密封润滑脂和润滑油，轴径圆周速度不大于4~5m/s，工作温度不超过90℃
	皮碗式密封		利用唇口与轴接触阻断泄漏同隙，以防泄漏和防止灰尘或杂质侵入	广泛用于密封润滑油，也可用于密封润滑脂，轴颈圆周速度不大于7m/s，工作温度在-40~100℃范围内
非接触式密封	间隙式密封		利用流体经过曲折通道而多次节流产生阻力，使流体难以流失，间隙越小越长，效果越好	主要用于密封润滑脂和防尘，要求环境干燥清洁
	迷宫式密封	径向　轴向	利用曲折的间隙进行密封，在间隙内充以润滑油或润滑脂以提高密封效果，分径向和轴向两种	用于密封润滑油或润滑脂，工作温度不高于密封用润滑脂的滴点，密封可靠
组合式密封			利用毛毡和迷宫各自的优点，提高密封的效果	可用于密封润滑油或润滑脂，特别适合要求密封效果较好的场合

一、填空题

1. 轴承的作用是支承轴上的零件，使轴在工作时保持一定的_____，同时还可以降低转动轴与支承间的_____。

2. 滚动轴承根据所受载荷不同可分为_____、_____、_____三大类型。

3. 滚动轴承结构由_____、_____、_____、_____组成。
4. 常用的滚动体形式有_____、_____、_____、_____、_____、_____。
5. 滚动轴承代号：
51424 表示_____。
6005 表示_____。
30316 表示_____。
73202 表示_____。

二、选择题
1. 普通级的深沟球轴承，尺寸系列代号 3 的内径 d=60mm 的轴承代号是（   ）。
   A. 6312   B. 2312   C. 8312
2. 主要承受径向力，而轴向力较小时，合理选用轴承类型代号是（   ）。
   A. 6000   B. 7000   C. 5000
3. 既承受径向力，又承受单向轴向力时，合理选用滚动轴承的类型代号是（   ）。
   A. 3000   B. 2000   C. 6000
4. 在斜齿轮传动中，可选用（   ）型轴承支承。
   A. 6000   B. 3000   C. 5000
5. 在直齿圆柱齿轮传动中，可选用（   ）型轴承支承。
   A. 6000   B. 3000   C. 5000
6. （   ）不能承受轴向载荷。
   A. 调心球轴承   B. 深沟球轴承   C. 圆柱滚子轴承   D. 圆锥滚子轴承
7. （   ）内、外圈可以分离。
   A. 深沟球轴承   B. 角接触球轴承   C. 圆柱滚子轴承

三、判断题
1. 为便于装拆，一般情况下，轴承内圈配合应松些，外圈配合要紧些。（   ）
2. 一般情况下，滚动轴承的刚性高于滑动轴承。（   ）
3. 滚动轴承由于径向尺寸较大，故抗冲击能力高。（   ）
4. 滚动轴承工作时阻力小，高速时噪声也小。（   ）
5. 滚动轴承由于阻力小，摩擦小，一般不需要润滑。（   ）
6. 通常滚动轴承的内圈是固定的而外圈是随轴转动的。（   ）
7. 推力球轴承能够承受径向载荷。（   ）
8. 圆柱滚子轴承能够承受径向载荷。（   ）

四、简答题
1. 滚动轴承有什么优点？
2. 滚动轴承选用考虑因素有哪些？
3. 滚动轴承的使用特点是什么？
4. 滚动轴承是由哪几部分组成？

课题二　滑动轴承

1. 了解滑动轴承的特点及类型。
2. 了解轴瓦的结构和材料。
3. 了解滑动轴承的润滑方式。

滚动轴承有很多优点,但在高速、高精度、重载、剖分结构等方面滑动轴承有很大的优势。在滑动摩擦下工作的轴承称为滑动轴承。滑动轴承主要应用于高速、重载、精度要求高或要求剖分的场合下。在汽车的曲轴、凸轮轴、连杆组等场合应用了滑动轴承。

一、滑动轴承的特点

滑动轴承有许多优点:
(1) 承载能力高。
(2) 工作平稳可靠、噪声低。
(3) 径向尺寸小,精度高。
(4) 液体润滑时,摩擦、磨损较小。
(5) 膜有一定的吸振能力。

滑动轴承的缺点:
(1) 非流体摩擦滑动轴承摩擦较大,磨损严重。
(2) 流体摩擦滑动轴承在启动、行车、载荷、转速比较大的情况下难于实现流体摩擦。
(3) 流体摩擦滑动轴承设计、制造、维护费用较高。

二、滑动轴承的类型

(一) 按承受载荷的方向分类

滑动轴承按其承受载荷的方向分为:径向滑动轴承、止推滑动轴承和自动调心轴承。

1. 径向滑动轴承

径向滑动轴承主要承受径向载荷。径向滑动轴承的主要结构形式有整体式和剖分式两大类,如图4-2-4和图4-2-5所示。

图4-2-4 整体式滑动轴承

图4-2-5 剖分式滑动轴承

整体式滑动轴承由轴承座和轴瓦组成,两者之间是过盈配合,轴瓦被压入轴承座孔中,并用紧固螺钉固定。滑动轴承座顶部设有安装润滑装置的螺纹孔。轴套上开有油孔,并在内表面上开有油槽,以输送润滑油,滑动轴承磨损后,只需要更换轴套即可。

整体式滑动轴承的最大优点是结构简单,价格低廉,但轴的装拆不方便,轴颈只能从端部装入,这对粗重的轴或具有中间轴颈的轴安装不便,甚至无法安装;磨损后轴承的径向间隙无法调整。所以整体式滑动轴承在汽车上常用于轻载低速或间歇工作的场合,如连杆小头衬套、凸轮轴轴颈衬套、钢板弹簧衬套等。

剖分式滑动轴承由轴承座、轴承盖、剖分轴瓦和双头螺柱等组成。为了安装容易对中,在轴承盖与轴承座的剖分面上做阶梯形的榫口,此处放有调整垫片,适当增减垫片可以调节轴颈与轴承间的间隙。轴承盖应当适度压紧轴瓦,使轴瓦不能在轴承孔中转动。轴承盖上制有螺纹孔,以便安装油杯或油管。

2. 止推滑动轴承

止推滑动轴承,它只承受轴向载荷。止推滑动轴承结构(图4-2-6),可分为三种形式:空心止推滑动轴承、单环止推滑动轴承及多环止推滑动轴承。

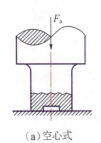
(a)空心式

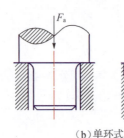
(b)单环式

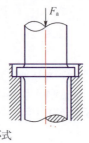
(c)多环式

图 4-2-6 止推滑动轴承三种形式

（1）空心止推滑动轴承，轴颈端面的中空部分能存油，压强也比较均匀，承载能力不大。
（2）单环止推滑动轴承，利用轴径的环形端面止推，结构简单，润滑方便。
（3）多环止推滑动轴承，压强较均匀，能承受较大载荷。但各环承载不等，环数不能太多。

3. 自动调心轴承

自动调心轴承结构如图4-2-7所示，其轴瓦外表面作成球面形状，与轴承支座孔的球状内表面相接触，能自动适应轴在弯曲时产生的偏斜，可以减少局部磨损。适用于轴承支座间跨距较大或轴颈较长的场合。

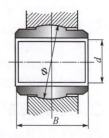

图 4-2-7 自动调心轴承

（二）按摩擦（润滑）状态进行分类

滑动轴承按摩擦（润滑）状态可分为液体摩擦（润滑）轴承和非液体摩擦（润滑）轴承。

1. 液体摩擦轴承（完全液体润滑轴承）

液体摩擦轴承的原理是在轴颈与轴瓦的摩擦面间有充足的润滑油，润滑油的厚度较大，将轴颈和轴瓦表面完全隔开。因而摩擦系数很小，一般摩擦系数$\lambda=0.001 \sim 0.005$。由于始终能保持稳定的液体润滑状态，这种轴承适用于高速、高精度和重载等场合。

2. 非液体摩擦轴承（不完全液体润滑轴承）

非液体摩擦轴承依靠吸附于轴和轴承孔表面的极薄油膜润滑，但油膜不能完全将两摩擦表面隔开，有一部分表面直接接触。因而摩擦系数大，$\lambda=0.05 \sim 0.5$。如果润滑油完全流失，将会出现干摩擦，加剧磨损，甚至发生胶合破坏。

三、轴瓦的结构和材料

（一）轴瓦的结构

轴瓦是滑动轴承中直接与轴颈相接触的重要零件，它的结构形式和性能将直接影响轴承的寿命、效率和承载能力，如图4-2-8所示。

轴瓦的类型如图4-2-9所示。它分为光滑轴瓦[图4-2-9（a）]和带纵向油沟轴瓦[图4-2-9（b）]两种。

图 4-2-8 轴瓦

光滑轴瓦的构造简单，适用于轻载、低速或不经常转动，不重要的场合。带纵向油沟轴瓦便于向工作面供油，应用比较广泛。为了保证轴瓦在轴承座孔中不游动，套和孔之间可采用过盈配合，若载荷不稳定时，还可用紧定螺钉或销钉来固定轴瓦。

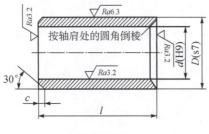
（a）光滑轴瓦

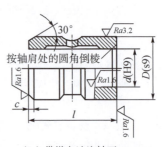
（b）带纵向油沟轴瓦

图 4-2-9 轴瓦

图 4-2-10 所示为轴瓦的结构。为了改善摩擦、提高承载能力和节省贵重减摩材料，常在轴瓦内表面浇铸一层或两层很薄的减摩材料（如巴氏合金等），称为轴承衬。这种轴瓦称为双金属或三金属轴瓦，以钢、青铜或铸铁为其衬背，轴承衬厚度一般为 0.5～0.6mm。为了保证轴承衬与衬背之间结合牢固，常在衬背上做出不同形式的沟槽，如图 4-2-11 所示。

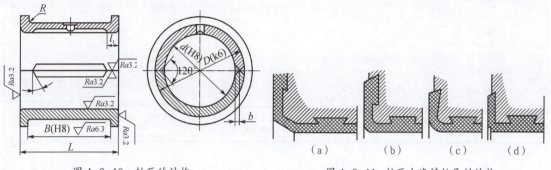

图 4-2-10　轴瓦的结构　　　　图 4-2-11　轴瓦上浇铸轴承衬结构

为了使润滑油能分布到轴承的整个工作表面，一般在轴瓦上开设油孔、油沟和油室。油孔用来供油，油沟用来输送和分布润滑油，油室起储油、稳定供油等作用。当轴承的下轴瓦为承载区时，油孔和油沟一般应布置在非承载区的上轴瓦内，或在压力较小的区域内，以利供油。轴向油沟不应开通，以便在轴瓦的两端留出封油面，防止润滑油从端部大量流失。图 4-2-12 为几种常见的油孔和油沟，图 4-2-13 为常见的油室形状。

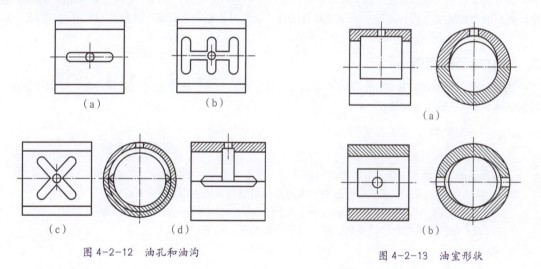

图 4-2-12　油孔和油沟　　　　图 4-2-13　油室形状

（二）轴承材料

轴瓦和轴承衬的材料统称为轴承材料。通常，滑动轴承工作时轴瓦与轴颈直接接触并有相对运动，将产生摩擦、磨损和发热，故常见的失效形式是磨损、胶合或疲劳破坏。因此，对轴承材料的要求主要是：具有足够的强度和良好的塑性；良好的减摩性、耐磨性和抗胶合性；良好的导热性和耐腐蚀性；良好的工艺性和经济性。

轴承材料分金属材料、粉末冶金材料和非金属材料三大类。金属材料包括轴承合金、铜合金和铸铁等，常用金属轴承材料的牌号、特点及应用见表 4-2-8。

表 4-2-8　常用金属轴承材料牌号、特点及应用

材料	牌号	特点及应用
铸锡锑轴承合金	ZSnSb11Cu6 ZSnSb8Cu4	具有良好的减摩性、耐磨性、跑合性、塑性和导热性，有良好的工艺性，抗胶合能力也较好，但强度低、价格贵。不宜单独做轴瓦，通常将其用作轴承衬。适用于高速、重载的重要轴承和中速、中载轴承
铸铅锑轴承合金	ZPbSb16Sn16Cu2 ZPbSb15Sn15Cu3	

续表

材料	牌号	特点及应用
铸锡青铜	ZCuSn10P1 ZCuSn5Pb5Zn5	强度高、承载能力大、导热性好，可以在较高温度下工作，但抗胶合能力和跑合性比轴承合金差。适用于中速、中载和低速重载轴承
铸铅青铜	ZCuPb30	
铸铝青铜	ZCuAl9Fe3	
铸黄铜	ZCuZn38Mn2Pb2	有良好的铸造及加工性能，可作为青铜的代用品，用于低速、中载轴承
灰铸铁	HT150 HT200 HT250	具有良好的减摩性，但材质较脆，硬度高，用于低速、轻载、无冲击的不重要轴承

粉末冶金材料也称为金属陶瓷，是以铁粉或铜粉为基本材料与石墨粉混合调和后，经压制和高温烧结面成的多孔性材料。使用前将粉末冶金轴承放在加热的油中，让孔隙内充满润滑油，所以也称含油轴承。运转时由于热膨胀和轴颈的抽吸作用，使润滑油从孔隙中自动进入工作表面起润滑作用；停止运转时，由于毛细管的作用，使润滑油又回到孔隙中，故在很长时间内不必添加润滑油而能正常地工作。这种材料价格低廉、耐磨性好，但韧性差，常用于中低速、载荷平稳、润滑不良或不允许有油污染的场合，如食品机械、纺织机械等。

常用的非金属轴承材料有塑料、硬木和橡胶等，其中使用最多的是塑料。塑料轴承材料的特点是：有良好的耐磨性和抗腐蚀性；良好的吸振性和自润性。缺点是承载能力较低，导热性和尺寸稳定性差，热变形大。故常用于工作温度不高、载荷不大的场合。

四、滑动轴承的润滑

滑动轴承工作时需要有良好的润滑，对减少摩擦，提高效率，减少磨损，延长寿命，冷却和散热以及保证轴承正常工作十分重要。

（一）润滑剂

1. 润滑油

对流体动力润滑轴承，黏度是选择润滑油最重要的参考指标，选择黏度时，应考虑如下基本原则：

（1）在压力大、温度高、载荷冲击变动大时应选用黏度大的润滑油。

（2）滑动速度高时，容易形成油膜（转速高时），为减少摩擦应选用黏度较低的润滑油。

（3）加工粗糙或未经跑合的表面，应选用黏度较高的润滑油。

2. 润滑脂

特点：稠度大，不易流失，承载能力大但稳定性差，摩擦功耗大，流动性差，无冷却效果。适于低速重载且温度变化不大，难于连续供油处。

选择原则：轻载高速时选针入度大的润滑脂，反之选针入度小的润滑脂。所用润滑脂的滴点应比轴承的工作温度高约 20～30℃，如滴点温度较高的钙基或复合钙基。

在有水淋或潮湿的环境下应选择防水性强的润滑脂——铝基润滑脂或钙基润滑脂。

3. 固体润滑剂

轴承在高温、低速、重载情况下工作，不宜采用润滑油或润滑脂时可采用固体润滑剂——在摩擦表面形成固体膜，常用固体润滑剂有石墨、聚四氟乙烯、二硫化钼、二硫化钨等。

使用方法：①调配到油或脂中使用；②涂敷或烧结到摩擦表面；③渗入轴瓦材料或成形镶嵌在轴承中使用。

（二）润滑方式的选择

滑动轴承的润滑方式，可按下式计算求得 k 值后选择：

$$k = \sqrt{pv^3}$$

式中，p 为轴颈的平均压强，MPa；v 为轴颈的圆周线速度，m/s。

当 $k \leqslant 2$ 时，选择润滑脂润滑，用旋盖式油杯注入润滑脂，旋盖式油标如图 4-3-14 所示。

当 2 < k ≤ 16 时，油壶或油枪定期向润滑孔和杯内注油，用压注式油杯、旋套式油杯、针阀式油杯，利用绳芯的毛吸管作用吸油滴到轴颈上。

当 16 < k ≤ 32 时，油环润滑，油环下端浸到油里，飞溅润滑，利用下端浸在油池中的转动件将润滑油溅成油沫润滑。

当 k > 32 时，压力循环润滑，用油泵进行连续压力供油，润滑、冷却，效果较好，适于重载、高速或交变载荷作用。

图 4-2-14　旋盖式油杯

学后测评

一、填空题

1. 滑动轴承根据它所承受载荷的方向，可分为_____和_____轴承。
2. 滑动轴承按摩擦（润滑）状态可分为_____轴承和_____轴承。
3. 向心滑动轴承的结构形式有_____、_____、_____等。
4. 止推滑动轴承结构有_____轴承、_____轴承、_____轴承三种形式。
5. 滑动轴承的常用润滑方法有_____、_____、_____、_____。
6. 轴承材料的要求主要具有足够的_____和良好的_____；良好的_____、耐磨性和抗胶合性；良好的_____和耐腐蚀性；良好的_____和经济性。
7. 为了使润滑油能分布到轴承的整个工作表面，一般在轴瓦上开设_____、_____和_____。

二、选择题

1. 下列应用滑动轴承的场合，其中（　　）是错误的。
   A. 轴向尺寸小　　　B. 剖分式结构　　　C. 承受冲击载荷　　　D. 旋转精度高
2. 轴旋转时，带动轴上油环，把油箱中的油带到轴颈。进行润滑的方法称为（　　）润滑。
   A. 滴油润滑　　　B. 飞溅润滑　　　C. 油环润滑　　　D. 压力润滑
3. 若轴和支架刚性较差，采用（　　）滑动轴承能自动适应其变形。
   A. 整体式　　　B. 对开式　　　C. 调心式　　　D. 推力
4. 传统使用的轴瓦材料是（　　）
   A. 铸铁　　　B. 铸青铜　　　C. 轴承合金　　　D. 碳钢
5. 滑动轴承的噪声和振动同滚动轴承相比（　　）。
   A. 较高　　　B. 较低　　　C. 两者一样　　　D. 不能确定
6. 径向滑动轴承可以（　　）。
   A. 承受轴向载荷　　　B. 承受径向载荷　　　C. 同时承受轴向载荷和径向载荷
7. （　　）属于连续式供油润滑。
   A. 压注式油杯　　　B. 旋盖式油杯　　　C. 针阀式注油杯

三、判断题

1. 对开式滑动轴承磨损后，可通过取出一些调整垫片，以使轴径与轴瓦保持要求的间隙。（　　）
2. 为提高重要轴承的承载能力，可采用在轴瓦上浇注轴承衬的做法。（　　）
3. 滚动轴承失效的主要形式是点蚀，而滑动轴承的主要失效形式是磨损。（　　）
4. 对开式滑动轴承油槽应开在下轴瓦。（　　）
5. 整体式滑动轴承应用在转速较高的场合。（　　）

四、简答题

1. 整体式滑动轴承有何特点？
2. 对开式滑动轴承轴瓦结构有何要求？
3. 滑动轴承有何特点？
4. 在轴瓦上开设油孔、油沟和油室有什么作用？
5. 对滑动轴承进行润滑有什么作用？

实验　汽车轴承的拆装

汽车前轮轴承损坏，需更换滚动轴承。

1. 了解拆装滚动轴承的方法及注意事项。
2. 会正确拆装滚动轴承。

1. 教学组织
分组实训：全班_____人，分为_____组，每组小组长一名。
2. 职责分工
教师职责：课堂纪律与安全管理、实验器材管理、指导与巡查。
学生职责：班长协助教师对班级全面管理与监控；实验小组长负责指导组内学习和交流。
环境要求：6S过程化管理（安全、整理、整顿、清扫、清洁、素养）。

实验用汽车、轴承拉具、压力机、锤子、铜棒等。

1. 准备工作
教师指导学生课前准备好实验所用的实验器材。
2. 相关知识讲解
（1）轴承拆装的方法
① 敲击法：敲击力一般加在轴承内圈，不应加在轴承的滚动体和保持架上，此法简单易行，但容易损伤轴承，当轴承位于轴的末端时，用小于轴承内径的铜棒或其他软金属材料抵住轴端，轴承下部加垫块，用手锤轻轻敲击，即可拆下。应用此法应注意垫块放置的位置要适当，着力点应正确。
② 拉出法：采用专门拉具，拆卸时，只要旋转手柄，轴承就会被慢慢拉出来。拆卸轴承外圈时，拉具两脚弯角应向外张开；拆卸轴承内圈时，拉具两脚应向内，卡于轴承内圈端面上。
注意事项：
a. 应将拉具的拉钩钩住轴承的内圈，而不应钩在外圈上，以免轴承松动过度或损坏。
b. 使用拉具时，要使丝杠对准轴的中心孔，不得歪斜。还应注意拉钩与轴承的受力情况，不要将拉钩及轴承损坏。
c. 注意防止拉钩滑脱。
③ 推压法：用压力机推压轴承，工作平稳可靠，不损伤机器和轴承。压力机有手动推压、机械式或液压式压力机推压。

注意事项：压力机着力点应在轴的中心上，不得压偏。

④ **热拆法**：用于拆卸紧配合的轴承。先将加热至100℃左右的机油用油壶浇注在待拆的轴承上，待轴承圈受热膨胀后，即可用拉具将轴承拉出。

注意事项：

a. 首先，应将拉具安装在待拆的轴承上，并施加一定拉力。

b. 加热前，要用石棉绳或薄铁板将轴包扎好，防止轴受热胀大，否则将很难拆卸，从轴承箱壳孔内拆卸轴承时，只能加热轴承箱壳孔，不能加热轴承。

c. 浇油时，要将油壶平稳地浇在轴承套圈或滚动体上，并在其下方置一油盆，收集流下的热油，避免浪费和烫伤。

d. 操作者应戴石棉手套，防止烫伤。

（2）汽车轴承拆装步骤

步骤	操作
拆下轮胎	
拆制动钳	
拆刹车盘	
拆下轴承	
换装新轴承	
安装刹车盘等	

3.学生分组练习

学生分组操作使用工具，拆装轴承，教师巡回指导。

4.注意事项：

（1）根据实际，选择合适的拆装方法。

（2）拆卸时，工具、零件轻拿轻放，不能暴力拆卸。

5.实验设备、工具、材料、场地等的整理

检查项目	结果与数据	检查项目	结果与数据
操作正确规范		数据正确	
小组协作互助		6S管理是否到位	

一、评价与反馈

考核项目	评分标准	分值	自评	互评	教师评价	合计
课前准备	工作服、工作帽穿戴整齐	5				
	仪容仪表符合要求	5				
	学习文具齐全	5				
实践过程	任务明确	5				
	操作规范	20				
	积极主动	10				
	无安全隐患	20				
	完成任务	10				
职业素养	设备完好无损坏	5				
	严格执行6S过程化管理	10				
	手机入袋	5				
总分		100				
教师签名：						年　月　日

二、撰写实验报告

单元五　常用机构

模块一　平面机构

模块介绍

机构是个构件系统，为了传递运动和力，机构各构件之间应具有确定的相对运动。但任意拼凑的构件系统不一定能发生相对运动，即使能够运动，也不一定具有确定的相对运动。讨论机构满足什么条件构件间才具有确定的相对运动，对于分析现有机构或设计新机构都是很重要的。

在研究机械工作特性和运动情况时，常常需要了解两个回转件间的角速比、直移构件的运动速度或某些点的速度变化规律，因而有必要对机构进行自由度分析。

实际机构的外形和结构都很复杂，为了便于分析研究，通常都用简单线条和符号绘制的机构运动简图来表示实际机械。同学们应当熟悉机构运动简图的绘制方法。

上述内容将在本模块的各课题中加以讨论。

所有构件都在相互平行的平面内运动的机构称为平面机构，否则称为空间机构。工程中常见的机构多属于平面机构，因此，本模块只讨论平面机构。

模块目标

1. 了解平面机构的概念。
2. 了解平面机构的运动简图及自由度。
3. 了解平面连杆机构。

课题一　平面机构的概念

学习目标

1. 了解机器的定义、特征、分类及组成。
2. 了解机构的定义及特征。
3. 了解机构和机器的区别。

问题引导

若组成机构的所有构件都在同一平面或相互平行的平面内运动,则称该机构为平面机构。机构是具有确定运动的构件系统,其组成要素有构件和运动副。所有构件的运动平面都相互平行的机构亦称为平面机构,否则称为空间机构。

一、机器

图 5-1-1 数控机床

图 5-1-2 挖掘机

图 5-1-3 摩托车

图 5-1-4 汽车

机器是人们设计制造出来,它的各部分之间具有确定的相对运动,并能代替或减轻人类的体力劳动,完成有用的机械功或实现能量的转换的装置。机器的种类繁多,由于机器的功用不同,其工作原理、构造、性能上也各不相同,如图 5-1-1～图 5-1-4 所示。所有机器都具有下列三个共同的特征:

(1)任何机器都是由许多构件组合而成的。如内燃机,是由气缸、活塞、连杆、曲轴、轴承等构件组合而成的。

(2)各运动实体之间具有确定的相对运动。如活塞相对气缸的往复移动,曲轴相对两端轴承的连续转动。

(3)能实现能量的转换、代替或减轻人类的劳动,完成有用的机械功。如汽车能实现代步功能。

二、机器的组成

机器的种类繁多,构造和功能各异。根据其功能不同,机器主要由四个部分组成。

(1)动力部分:它是机器的动力源。现代机器的动力源多为电动机(图 5-1-5)和热力机(内燃机、汽轮机、燃气轮机),其中电动机的使用最为广泛。

(2)工作部分:它是机器特定功能的执行部分,如汽车车轮(图 5-1-6)、机床的刀架、轮船的螺旋桨等。

(3)传动部分:它是传递原动机动力和转变其运动形式以适应工作部分需要的一种传递和转换装置。它由各种传动元件或装置,轴及轴系零件,离合、制动、换向和蓄能(如飞轮)等元件组成,例如汽车的变速箱(图 5-1-7)、主减速器机床的主轴箱等。

(4)控制部分:它是通过人工操作或自动控制来改变动力机或传动系统的工作状态和参数,使执行机构保持或改变其运动力的装置,例如机床控制按钮,汽车的点火开关(图 5-1-8),变速箱的变速器操纵杆,离合器踏板等。

图 5-1-5 电动机

图 5-1-6 车轮

图 5-1-7 汽车变速箱

图 5-1-8 汽车点火开关

三、机构

机构是具有确定的相对运动的构件的实体组合。如汽车变速箱、汽车配气机构等。机构由构件组成,构件是机构的运动单元,也就是相互之间能作相对运动的物体。构件可以是一个零件(如曲轴),也可以是若干零件的刚性组合体(如链轮组)。如图 5-1-9、图 5-1-10 所示。

机器与机构的区别见表 5-1-1。

图 5-1-9 机构

图 5-1-10 构件

表 5-1-1 机器与机构的区别

名称	特征	功用
机器	（1）任何机器都是人为的实体（构件）组合体 （2）各运动实体之间具有确定的相对运动。一般情况下，当其中某构件的运动一定时，其余各构件的运动也就随之确定 （3）在生产过程中，它们能代替或减轻人们的劳动，完成有用的机械功（如车床的切削工作）或将其他形式的能量转换为机械能（如内燃机、电动机分别将热能和电能转换成机械能）	利用机械能做功或实现能量转换
机构	具有机器特征中第（1）和（2）两项特征，无第（3）项特征	传递或转换运动或实现某种特定的运动的形式

在组成机构的所有构件中，可分为固定构件和运动构件两种。固定的构件称为机架，一般用来支持运动构件，我们在研究机构时以机架作为研究机构运动的静参考系。在活动构件中输入已知运动规律的构件称为主动件，其他的活动构件称为从动件。

若机构中各构件上各点的运动轨迹都是平面轨迹，且各轨迹平面都与某固定平面平行，则称该机构为平面机构。

学后测评

一、填空题

1. 若组成机构的所有构件都在同一平面或相互平行的平面内运动，则称_____。
2. 机器根据其功能不同，主要由_____、_____、_____、_____部分组成。
3. 构件上各点的运动轨迹都是平面轨迹，且各轨迹平面都与某固定平面平行，则称_____。

二、选择题

1. 下面属于构件的是（　　）。
   A. 链传动　　　　B. 链条　　　　C. 销钉
2. 下列属于零件的是（　　）。
   A. 销钉　　　　　B. 链传动　　　C. 齿轮传动
3. 在机器中由若干零件装配在一起构成的具有独立功能的部分，如轴承、联轴器称为（　　）。
   A. 机构　　　　　B. 构件　　　　C. 部件

三、判断题

1. 机构是由两个以上构件组成的。　　　　　　　　　　　　　　　　（　　）
2. 机构的运动不确定，就是指机构不能具有相对运动。　　　　　　　（　　）
3. 电动机属于机器的控制部分。　　　　　　　　　　　　　　　　　（　　）

四、简答题

1. 机器主要由哪几部分组成？
2. 机器的特征有哪些？

课题二　平面机构的运动简图及自由度

学习目标

1. 了解平面运动副的定义。
2. 了解平面运动副的分类及特点。
3. 了解自由度及约束。
4. 掌握自由度的计算。
5. 了解平面机构具有确定运动的条件。
6. 掌握机构运动简图及绘制。

问题引导

机器结构中，有一部分要实现某种确定的运动，如移动、转动或更复杂的运动，从而实现某种功能（图5-1-11），要将结构图绘制成运动简图以便于分析机构的运动，下面让我们一起来学习平面机构的运动简图及自由度吧。

图 5-1-11　火车车轮

一、运动副的定义

机构中的构件以适当的方式相互连接，既对构件的运动加以限制，又使彼此连接的两构件之间仍能产生一定的相对运动。机构中两构件之间直接接触并能作相对运动的连接，称为运动副。机构中各个构件之间的运动和动力的传递都是通过运动副来实现的。

如图5-1-12所示，两个构件用铰链连接成运动副后，两构件只能绕铰链轴线在一个平面内作相对转动。在图5-1-13中，两个构件连接成一个运动副后，它们之间只能沿某一轴线作相对移动。这都是由连接而产生相互限制的结果。

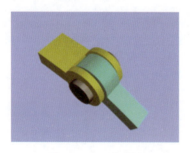
图 5-1-12　转动副

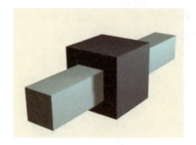
图 5-1-13　移动副

图 5-1-14　高副

二、运动副的分类

两构件通过面与面接触而构成的运动副称为低副，低副又可分为转动副和移动副，两构件只能在平面内作相对转动的称为转动副（图5-1-12），两构件只能在平面内作相对移动的称为移动副（图5-1-13）。两构件通过点或线接触而构成的运动副称为高副（图5-1-14）。

三、自由度及约束

机构具有确定运动时所必须给定的独立运动参数的数目，称为机构自由度，其数目常以 F 表示。构件的自由度是构件可能出现的独立运动。任何一个构件在空间自由运动时皆有六个自由度。如图5-1-15所示，它可表达为在直角坐标系内沿着三个坐标轴的移动和绕三个坐标轴的转动。

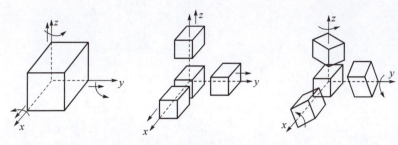

图 5-1-15 自由运动构件的自由度

一个作平面运动的自由构件可以产生三个独立运动，如图 5-1-16 所示，即构件 AB 随任一点 A 沿 x 轴方向和 y 轴方向的两个位移以及绕 A 点的转动，构件的这种独立运动称为自由度，所以作平面运动的构件具有三个自由度。

如图 5-1-17 所示，当构件 S 与固连在坐标轴上的构件 1 在 A 点铰接而形成运动副时，构件 S 沿 x 轴方向和 y 轴方向的独立运动将受到限制。这种连接对独立运动的限制称为约束。由此可见，平面机构中低副引入两个约束，仅保留一个自由度；高副引入一个约束，而保留两个自由度。

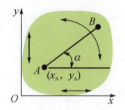
图 5-1-16 一个作平面运动的构件三个自由度

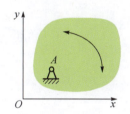
图 5-1-17 高副保留两个自由度

四、自由度的计算

平面机构的自由度是指机构相对于机架所具有的独立运动的数目，它取决于组成机构的构件数、运动副的类型和数目。

设该机构中共有 N 个构件，其中一个构件是机架，故活动构件数 $n=N-1$，再假设该机构中共有 P_L 个低副和 P_H 个高副。由于一个活动构件有 3 个自由度，在没有用运动副相连之前，n 个活动构件共有 $3n$ 个自由度。每一个低副引入 2 个约束，使构件失去 2 个自由度；每一个高副引入 1 个约束，使构件失去 1 个自由度。当用 P_L 个低副和 P_H 个高副连接起来后，共引入（$2P_L+P_H$）个约束，也就失去了（$2P_L+P_H$）个自由度。所以该机构的自由度为：

$$F=3n-2P_L-P_H \qquad (5-1-1)$$

五、平面机构具有确定运动的条件

机构是具有确定的相对运动的构件组合体，无相对运动的构件组合或无规则乱动的构件组合都不能实现预期的运动传递和变换。当机构中一个或几个主动件位置确定时，其余从动件的位置也随之确定，则称机构具有确定的相对运动，平面机构具有确定运动的充分必要条件为：机构自由度大于 0，且主动件数目等于机构的自由度。

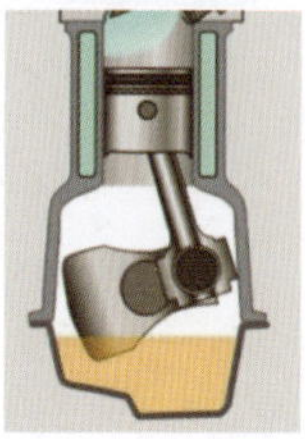

例 5-1-1 试计算图 5-1-18 内燃机中构件的自由度。

解：图中 $N=4$　　所以 $n=3$　　$P_L=4$　　$P_H=0$
$F=3n-2P_L-P_H=3\times 3-2\times 4-0=1$
与原动件数目一致，运动确定。

图 5-1-18 内燃机

计算平面机构的自由度时，要注意三种特殊情况：

1. 复合铰链

两个以上的构件共用同一个转动轴线所构成的转动副称为复合铰链。如图 5-1-19 所示构件 1、2、3 在同一处构成转动副，而从俯视图可见，该处包含 2 个转动副。

显然，如有 K 个构件的复合铰链，应有（$K-1$）个转动副。

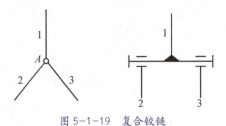

图 5-1-19　复合铰链

2. 局部自由度

在机构中不影响运动输出与输入关系的个别构件的独立运动自由度称为局部自由度。如图 5-1-20（a）所示的凸轮机构中，滚子绕本身轴线的转动不影响其他构件的运动，因此滚子绕本身轴线的转动就是凸轮机构的局部自由度。在计算时先把滚子看成与从动件连成一体，消除局部自由度，如图 5-1-20（b）所示，然后再计算该机构的自由度。但是，滚子能将从动件与凸轮轮廓之间的滑动摩擦变为滚动摩擦，减轻凸轮轮廓与从动件之间的摩擦。

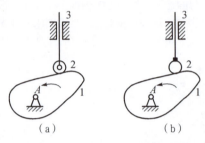

图 5-1-20　凸轮机构局部自由度

3. 虚约束

虚约束

在机构中与其他约束重复，对运动不起独立限制作用的约束称为虚约束。在计算自由度时应先去除虚约束。

平面机构中的虚约束常在下列情况下发生：

（1）重复移动副：两构件组成多个移动方向相同的移动副时，其中只有一个是真实约束，其余的都是虚约束，如图 5-1-21（b）所示。

（2）重复转动副：两构件组成多个轴线重合的转动副时，其中只有一个是真实约束，其余的都是虚约束，如图 5-1-21（a）所示。

（3）重复结构：机构中对传递运动不起独立作用的对称部分会形成虚约束。三个对称布置的行星轮中，只有一个起实际的约束作用，另外两个为虚约束。为了提高承载能力并使机构受力均匀，图中采用了三个行星轮对称布置。

（4）重复轨迹：机构中某构件连接点的轨迹与另一构件被连接点的轨迹重合。如图 5-1-21（c）所示。

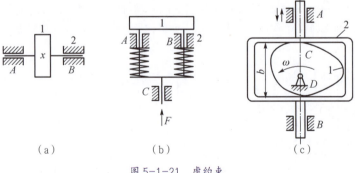

图 5-1-21　虚约束

六、机构运动简图及绘制

在研究机构运动时，构件的外形和结构往往很复杂，为使问题简化，可以不考虑那些与运动无关的因素，用最简单的线条和规定的运动副符号，按一定比例绘制的用以说明机构中各构件之间的相对运动关系的图形，这种图形称为机构运动简图。常用运动副的符号及机构运动简图符号见表 5-1-2、表 5-1-3。

表 5-1-2　常用运动副的符号

运动副名称		运动副符号	
		两运动构件构成的运动副	两构件之一为固定时的运动副
平面运动副	转动副	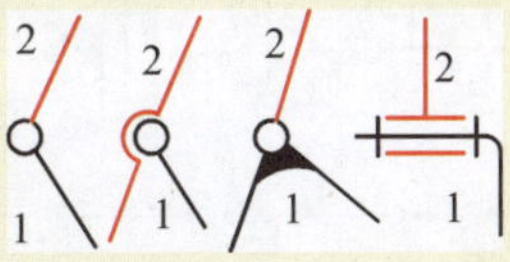	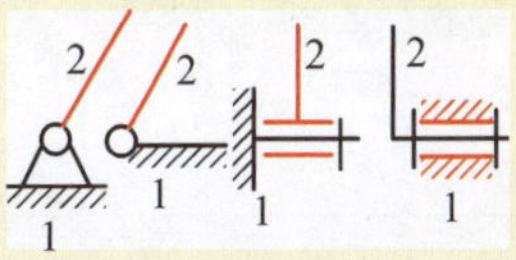
	移动副	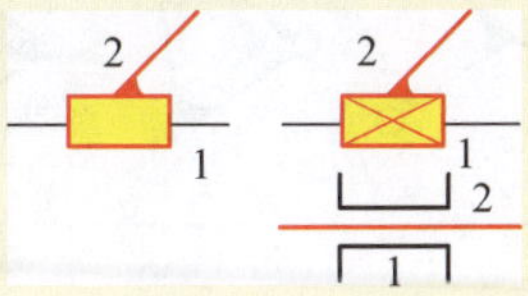	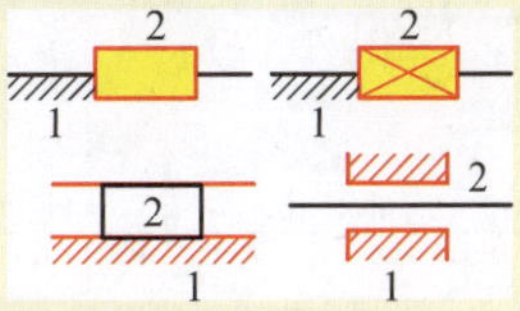
	平面高副	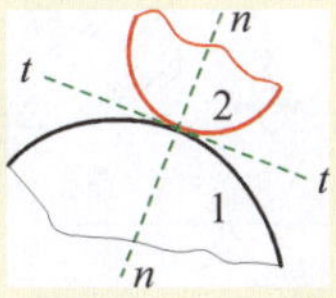	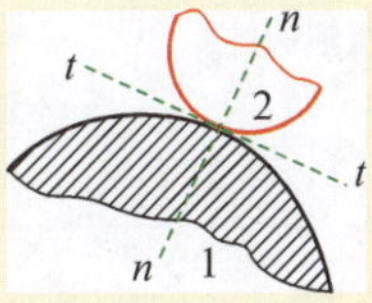
空间运动副	螺旋副	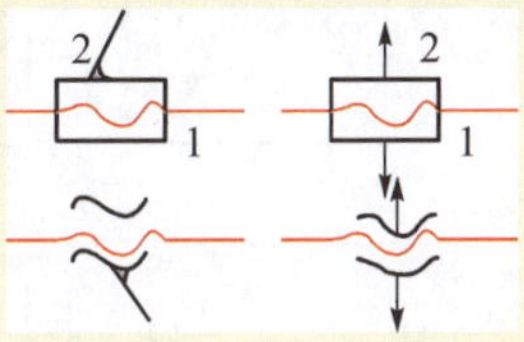	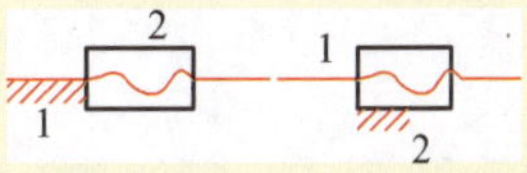
	球面副球销副	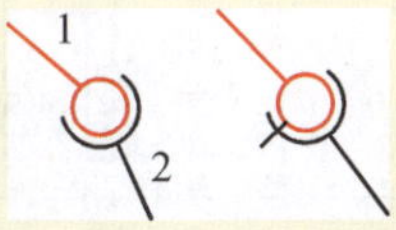	

表 5-1-3　机构运动简图

一般构件的表示方法	
杆、轴构件	
固定构件	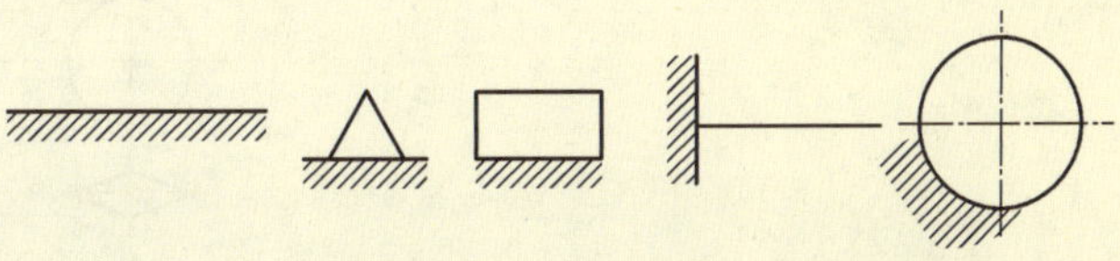
同一构件	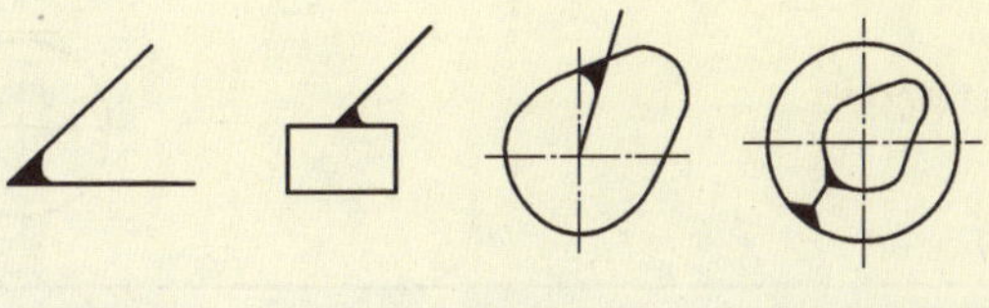

147

续表

一般构件的表示方法	
两副构件	
三副构件	
四副构件	
在机架上的电机	
齿轮齿条传动	
带传动	
圆锥齿轮传动	
链传动	
圆柱蜗杆蜗轮传动	

续表

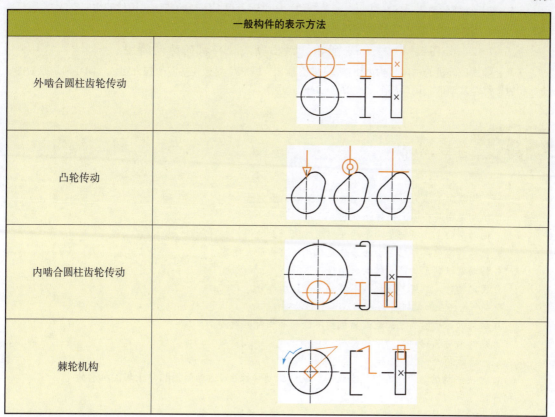

一般构件的表示方法	
外啮合圆柱齿轮传动	
凸轮传动	
内啮合圆柱齿轮传动	
棘轮机构	

研究已有的机械和设计新的机械时都需要画出相应的运动简图，以便进行运动分析和受力分析。运动简图中一般应包括下列信息：

（1）构件数目。
（2）运动副的数目及类型。
（3）构件之间的连接关系。
（4）与运动变换相关的构件尺寸参数。
（5）主动件及其运动特性。

绘制机构运动简图的步骤：

（1）认真研究机构的结构和工作原理，分清机构中的固定件（机架），确定主动件。
（2）从主动件开始，循着运动传递的路线，仔细分析各构件间相对运动的性质，确定构件的数目、运动副的类型及数目。

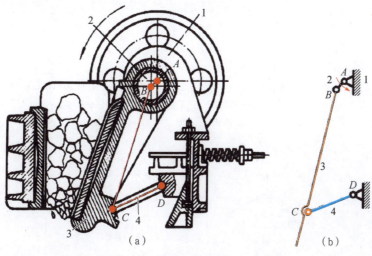

图 5-1-22　颚式破碎机及运动简图

149

（3）测量出运动副间的相对位置。

（4）选择能清楚地表达各构件间运动关系的视图平面，根据图纸的幅面和构件的实际尺寸，选择适当的比例尺，用规定的符号和线条绘制机构的运动简图。

例5-1-2 如图5-1-22（a）所示，画出颚式破碎机的运动简图。

分析：颚式破碎机的主体机构由机架1、偏心轴2、动颚3、肘板4共四个构件组成。偏心轴是原动件，动颚和肘板都是从动件。运动简图如图5-1-22（b）所示。

学后测评

一、判断题（认为正确的，在括号内画√，反之画×）

1. 机构是由两个以上构件组成的。（　　）
2. 运动副的主要特征是两个构件以点、线、面的形式相接触。（　　）
3. 机构具有确定相对运动的条件是机构的自由度大于零。（　　）
4. 转动副限制了构件的转动自由度。（　　）
5. 固定构件（机架）是机构不可缺少的组成部分。（　　）
6. 4个构件在一处铰接，则构成4个转动副。（　　）
7. 机构的运动不确定，就是指机构不能具有相对运动。（　　）
8. 虚约束对机构的运动不起作用。（　　）

二、选择题

1. 为使机构运动简图能够完全反映机构的运动特性，则运动简图相对于实际机构的（　　）应相同。

　　A. 构件数、运动副的类型及数目　　B. 构件的运动尺寸

　　C. 机架和原动件　　D. A和B和C

2. 下面对机构虚约束的描述中，不正确的是（　　）。

　　A. 机构中对运动不起独立限制作用的重复约束称为虚约束，在计算机构自由度时应除去虚约束。

　　B. 虚约束可提高构件的强度、刚度、平稳性和机构工作的可靠性等。

　　C. 虚约束应满足某些特殊的几何条件，否则虚约束会变成实约束而影响机构的正常运动。为此应规定相应的制造精度要求。虚约束还使机器的结构复杂，成本增加

　　D. 设计机器时，在满足使用要求的情况下，含有的虚约束越多越好

三、计算题

1. 定轴轮系如图5-1-23所示，计算齿轮机构的自由度。

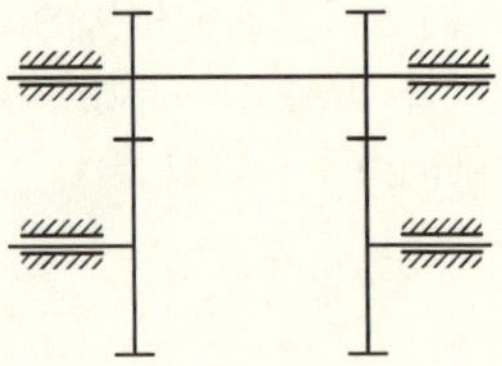

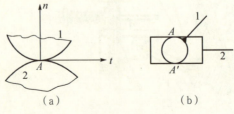

图5-1-23

2. 试判下面的说法是否正确，说明理由。

图5-1-24（a）中构件1相对于构件2能沿切向 A_t 移动，沿法向 A_n 向上移动和绕接触点 A 转动，所以构件1与2组成的运动副保留三个自由度。

图5-1-24（b）中构件1与2在 AA' 两处接触，所以构件1与2组成两个高副。

图5-1-24

课题三　平面连杆机构

学习目标

1. 了解平面连杆机构的特点和应用。
2. 了解铰链四杆机构。
3. 了解铰链四杆机构的演化。
4. 了解平面四杆机构的基本特性。

问题引导

同学们飞机能平安着落靠的是什么？飞机起落架的运动特性又是如何？让我们一起来了解平面连杆机构。

一、平面连杆机构的特点和应用

平面连杆机构是将各刚性构件以低副（转动副或移动副）连接而成的平面机构，也称平面低副机构。平面连杆机构在汽车上应用广泛，如汽车发动机、汽车转向机构（图5-1-25）、雨刮器等。

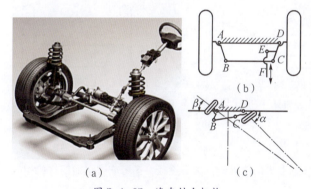

图5-1-25　汽车转向机构

图5-1-26　挖掘机上的平面机构

平面连杆机构能进行多种运动的变换，也能实现一些比较简单的运动规律，如图5-1-26所示。由于它的运动副全部都为低副，是面接触，故压力小、易润滑、耐磨损、寿命较长而且转动副和移动副的接触表面是圆柱面和平面，易于加工、成本低，容易获得较高的加工精度，所以平面连杆机构在机械中应用广泛。但是平面连杆机构是低副机构，不可避免地产生运动误差，使运动精度降低；而且它的设计比较复杂，不易精确地实现复杂的运动规律，所以在应用上也受到了一定的限制。

最简单的平面连杆机构是由四个构件组成的，称为四杆机构。它不仅应用广泛，而且还是组成多杆机构的基础。

二、铰链四杆机构

所有的杆件都以转动副相连时，称为铰链四杆机构。如图5-1-27所示，构件4称为机架，与机架4相连的构件1、3称为连架杆，构件2称为连杆。其中可以整圈转动的连架杆称为曲柄，只能绕着机架在一定范围内摆动的连架杆称为摇杆。按两连架杆是曲柄还是摇杆的不同组合，可将铰链四杆机构分为三种基本类型：曲柄摇杆机构、双曲柄机构和双摇杆机构。

1. 曲柄摇杆机构

两连架杆中一个为曲柄，另一个为摇杆的铰链四杆机构称为曲柄摇杆机构。

曲柄存在的条件

如图 5-1-28 所示为汽车前窗的雨刮器机构，当主动曲柄回转时，从动摇杆作往复摆动，利用摇杆的延长部分实现刮雨的作用。

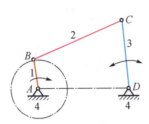

图 5-1-27　铰链四杆机构

图 5-1-28　雨刮器原理图

2. 双曲柄机构

铰链四杆机构的两个连架杆均为曲柄时，称为双曲柄机构。当两个曲柄的长度相等，机架与连杆的长度也相等时，称为平行四边形机构或平行双曲柄机构（图 5-1-29）。

如图 5-1-30 所示的机车车轮联动机构，是平行双曲柄机构的应用实例。在双曲柄机构中，若主动曲柄为等速转动时，从动曲柄一般为变速转动。只有在平行双曲柄机构中，当两曲柄转向相同时，它们的角速度才在任何瞬时都相等。但平行双曲柄机构在两个曲柄与机架共线时，可能由于某些偶然因素的影响而使两个曲柄反向回转，机车车轮联动机构采用三个曲柄的目的就是为了防止其反转。

3. 双摇杆机构

铰链四杆机构的两个连架杆均为摇杆时，称为双摇杆机构。如图 5-1-31 所示的起重机及如图 5-1-32 所示的汽车转向四杆机构，都为双摇杆机构。

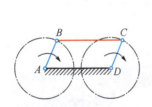

图 5-1-29　平行双曲柄机构

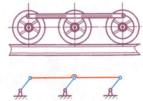

图 5-1-30　车轮联动机构

图 5-1-31　起重机

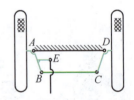

图 5-1-32　汽车转向机构

三、铰链四杆机构的演化

铰链四杆机构通过将转动副演化成移动副或选取不同构件为机架等途径，还可获得平面四杆机构的其他演化形式。

1. 曲柄滑块机构

如图 5-1-33 所示，1 为曲柄、2 为连杆、3 为滑块。若滑块移动方位线 mm 通过曲柄回中心，则称为对心曲柄滑块机构，如图 5-1-33（a）所示，若滑块移动方位线 mm 不通过曲柄回转中心，则称为偏置曲柄滑块机构，如图 5-1-33（b）所示，其中 e 为偏心距。

曲柄滑块机构能将回转运动变为往复直线运动，或作相反的转换，它广泛应用于内燃机（图 5-1-34）、空气压缩机及各种冲压机器。

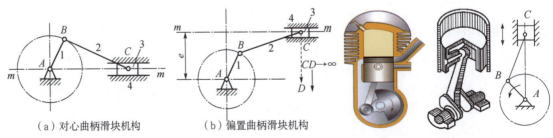

（a）对心曲柄滑块机构　　　　（b）偏置曲柄滑块机构

图 5-1-33　曲柄滑块机构　　　　图 5-1-34　内燃机气缸

2. 导杆机构

导杆机构可看成是由改变曲柄滑块机构中的固定构件演化而来的。如图 5-1-35 所示，曲柄滑块机构如取构件 4 为机架，构件 1 为主动件，构件 3 为导杆，滑块 2 相对导杆滑动并一起绕 A 点转动，构件 1 的长度小于机架 4，则当构件 1 作整周回转时，导杆 3 只能作往复摆动。

3. 摇块机构

若将对心曲柄滑块机构中的连杆 BC 作为机架，滑块只能绕 C 点摆动，就得到曲柄摇块机构，简称摇块机构，如图 5-1-36 所示。如图 5-1-37 所示的自卸汽车卸料机构即为摇块机构的应用实例。

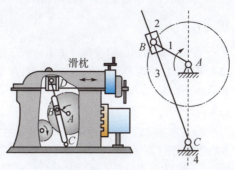

图 5-1-35 牛头刨床主运动机构

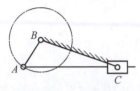

图 5-1-36 摇块机构

图 5-1-37 自卸汽车卸料机构

4. 定块机构

摇块机中若将滑块 3 作为机架，称为定块，构件 2 绕 C 点摆动，构件 4 相对滑块 3 作往复移动，如图 5-1-38 所示，则称这种机构为定块机构。如图 5-1-39 所示的手动压水机即为定块机构的应用实例。

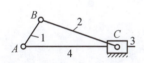

图 5-1-38 定块机构

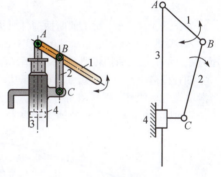

图 5-1-39 手动压水机

四、平面四杆机构的基本特性

1. 急回特性

在如图 5-1-40 所示的曲柄摇杆机构中，在主动件曲柄 AB 转动一周的过程中，曲柄 AB 与连杆 BC 有两次共线位置 AB_1 和 AB_2，这时从动件摇杆 CD 分别位于左、右两个极限位置 C_1D 和 C_2D，其夹角称为摇杆摆角，它是从动件的摆动范围，故又称为行程。曲柄在摇杆处于两个极限位置时其对应的两个位置所夹锐角 θ 称为曲柄的极位夹角。

若曲柄 AB 以等角速度 ω 顺时针从与 BC 共线位置 AB_1 转到共线位置 AB_2 时，转过的角度为 $\varphi_1=(180°+\theta)$，摇杆 CD 则从左边极限位置 C_2D 摆到右边极限位置 C_1D，所需时间为 t_1，C 点的平均速度为 v_1；当曲柄 AB 继续转过角度 $\varphi_2=(180°-\theta)$，从 AB_1 到 AB_2，摇杆 CD 从 C_1D 摆回到 C_2D，所需时间为 t_2，C 点的平均速度为 v_2，因为 $\varphi_1>\varphi_2$，所以 $t_1>t_2$，$v_2>v_1$，机构中摇杆的这种返回行程速度大于工作行程速度的特性称为急回特性。

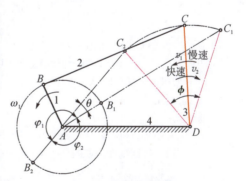

图 5-1-40 急回特性

为了表示摇杆作往复运动时急回的程度，通常用行程速比系数 K 来表示，即

$$K=\frac{v_2}{v_1}=\frac{\omega_2}{\omega_1}=\frac{\widehat{C_2C_1}/t_2}{\widehat{C_1C_2}/t_1}=\frac{t_1}{t_2}=\frac{\varphi_1}{\varphi_2}=\frac{180°+\theta}{180°-\theta} \tag{5-1-2}$$

当给定行程速比系数K后，机构的极位夹角可由式（5-1-2）确定，即

$$\theta=180°\frac{K-1}{K+1} \qquad (5-1-3)$$

若K>1时表示机构回程的速度v_2大于工作行程的速度v_1，机构具有急回特性，能够减少返回时间提高生产效率。由式（5-1-2）可知，θ愈大，急回特性愈显著。若$\theta=0$，则K=1，机构就不具有急回特性。由式（5-1-3）可知，极位夹角是判断平面连杆机构急回特性的依据。

2. 压力角和传动角

如图5-1-41所示铰链四杆机构中，主动曲柄AB经连杆BC推动摇杆CD，若不计构件本身的重力和运动副中的摩擦力，则连杆BC为二力构件。摇杆上C点所受力F的方向（沿连杆BC）与C点的速度v方向（与CD垂直）间所夹的锐角α，称为压力角。力F沿v方向的分力F_t，它能推动摇杆做有效功，是有效分力；沿摇杆CD方向的分力F_n越大，产生有害的摩擦力越大，对传动越不利。有效分力越大，机构越省力，效率也高，所以压力角α是判别机构传力性能的重要参数。

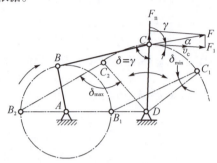

图5-1-41　压力角与传动角

传动角γ是压力角α的余角，因为γ角便于观察与测量，工程上常以γ角来度量机构的传动性。机构的传动角越大，传力性能越好。

机构运动时，其压力角和传动角都是不断变化的，为保证机构有良好的传力性能，要限制工作行程的最小传动角。对于一般机械，$\gamma_{min} \geq 40°$，对于大功率机械，$\gamma_{min} \geq 50°$。

3. 死点位置

如图5-1-42（a）所示的曲柄摇杆机构中，摇杆CD为主动件，曲柄AB为从动件。当连杆BC与从动件AB共线时，传动角$\gamma=0°$（$\alpha=90°$），这时连杆作用于从动曲柄上的力F通过其转动中心A，转动力矩为零，不能推动曲柄转动，机构停顿，该位置称为死点位置。

四杆机构中是否存在死点，取决于从动件是否与连杆共线。如图5-1-42（b）所示的曲柄滑块机构，当滑块为主动件时，则从动曲柄与连杆有两个共线位置，因此该机构存在死点。但是当上述的曲柄摇杆机构和曲柄滑块机构若均以曲柄为主动件时，则两机构都不存在死点。

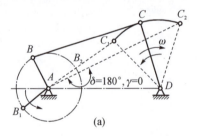 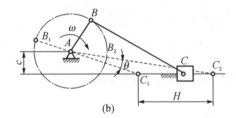

图5-1-42　死点位置

从传动的角度来说，机构中存在死点是不利的，因为这时从动件会出现卡死或运动方向不确定的现象，需设法加以克服。一般采用安装惯性较大的飞轮，利用其惯性将机构带过死点位置。

为了使机构能够顺利地通过死点位置，继续正常运转，常采用以下方法：

（1）利用从动曲柄本身的质量或附加一转动惯量大的飞轮，如图5-1-43所示，依靠其惯性作用来导向通过死点位置。

（2）采用多组机构错列，如图5-1-44所示的两组车轮的错列装置，两组机构的曲柄错列成90°。

（3）增设辅助构件。如图5-1-45所示机车车轮联动装置，在机构中增设了一个辅助曲柄EF。

 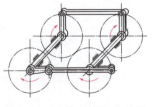 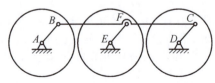

图5-1-43　依靠惯性作用通过死点位置

图5-1-44　采用多组机构错列通过死点位置

图5-1-45　增设辅助构件通过死点位置

死点位置有不利的一面，也有其有利的一面。工程上常用机构的死点位置的性质来实现某些要求。如图 5-1-46 所示的飞机的起落架就是利用双摇杆机构处于死点位置，来保证飞机起降安全的。图 5-1-47 为机床夹紧机构，工件夹紧后，BCD 成一直线，撤去外力 F 之后，机构在工件反弹力 T 的作用下，处于死点位置。即使反弹力很大工件也不会松脱，使夹紧牢固可靠。

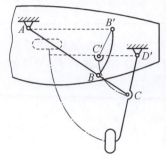

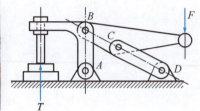

图 5-1-46　飞机起落架机构　　　　　　　图 5-1-47　夹紧机构

一、填空

1. 铰链四杆机构分为＿＿＿＿、＿＿＿＿、＿＿＿＿三种基本类型，是根据＿＿＿＿来划分的。
2. 家用缝纫机踏板机构是＿＿＿＿机构，它是以＿＿＿＿为主动件。
3. 双曲柄机构的运动形式是把＿＿＿＿运动转变成＿＿＿＿运动。
4. 双摇杆机构的运动形式是把＿＿＿＿动转变成＿＿＿＿运动。

二．选择题

1. 下列属于双曲柄机构的是（　　）。
   A. 搅拌机　　　　B. 自动翻斗装置　　　　C. 港口起重机　　D. 汽车车门启闭机构
2. 铰链四杆机构中的运动副属于（　　）。
   A. 高副　　　　　B. 螺旋副　　　　　　　C. 转动副　　　　D. 移动副
3. 以下关于曲柄摇杆机构的叙述，正确的是（　　）。
   A. 只能以曲柄为主动件　　　　　　　　　B. 摇杆不可以做主动件
   C. 主动件既可以做整周回转运动也可以往复移动　　D. 以上都不对
4. 以下机构中不属于曲柄摇杆机构的是（　　）。
   A. 剪刀机　　　　B. 铲土机铲斗　　　　　C. 搅拌机　　　　D. 雷达俯仰角摆动装置

三、判断题

1. 导杆机构中导杆的往复运动有急回特性。　　　　　　　　　　　　（　　）
2. 偏心轮机构可以克服"死点"位置。　　　　　　　　　　　　　　（　　）
3. 通过选择铰链四杆机构的不同构件作为机构的固定机架，能使机构的形式发生演变。
   　　　　　　　　　　　　　　　　　　　　　　　　　　　　　　（　　）

四、简答题

1. 在导杆机构中，如何演化为转动导杆机构和摆动导杆机构？
2. 汽车发动机中的曲柄滑块机构是以什么为主动件的？是否存在卡死现象？

模块二 凸轮机构

模块介绍

凸轮机构是机械上常用的机构,广泛应用在自动化机械中。凸轮机构结构简单紧凑,只需改变凸轮的轮廓形状,就可改变从动件的运动规律,容易实现复杂运动的要求;凸轮机构可以高速启动,动作准确可靠;但是凸轮外廓与从动件是点接触或线接触,不便于润滑,易磨损,多用在传递动力不大的场合。因此凸轮机构在汽车上主要用于受力不大,对运动控制有精度要求的场合,如汽车内燃机机构、汽油泵控制机构、凸轮式门锁等。

模块目标

1. 了解凸轮机构的应用及类型。
2. 了解从动件常用运动规律。

课题一 凸轮机构的应用及类型

学习目标

1. 了解凸轮机构的组成、基本类型、应用和特点。
2. 了解凸轮机构的工作过程。
3. 了解凸轮轮廓曲线的几个参数。

问题引导

内燃机配气机构是按照发动机每一气缸内所进行的工作循环和点火顺序的要求,定时开启和关闭各气缸的进、排气门,使新鲜的可燃混合气(汽油机)或空气(柴油机)得以及时进入气缸,废气得以及时从气缸排出。那气缸是如何实现工作循环的呢?让我们先一起来了解一下凸轮机构,就能回答这个问题了。

一、凸轮结构的组成

凸轮机构主要由凸轮、从动杆、机架三个部分组成。凸轮为主动件,作定轴等速转动,从动件随凸轮轮廓的变化获得不同的运动规律。

如图5-2-1所示为内燃机配气机构。当凸轮轴转动时,其轮廓将迫

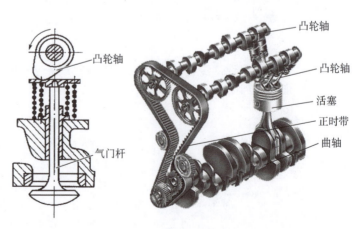

图5-2-1 内燃机配气机构

使气门杆向下移动打开气门，可燃混合气进入气缸；当凸轮的最小半径处于与气门杆接触时，气门保持关闭。这样气门即按预定时间打开或关闭，以完成内燃机的配气功能。工作过程如图5-2-1所示。

如图5-2-2所示为汽油泵工作原理图，轴上凸轮使摇臂摆动，拉杆拉动膜片，腔室容积变化，汽油泵吸入或压出汽油。

图5-2-2 汽油泵

二、凸轮机构的分类

凸轮机构从不同的角度可以分为不同的类型。

1. 按凸轮形状分类

（1）盘形凸轮（图5-2-3）：绕固定轴线回转并且具有变化向径的盘形构件，是凸轮的最基本形式，结构简单，应用最广。

（2）移动凸轮（图5-2-4）：相当于转轴位于无穷远时盘形凸轮的一部分，相对于机架作往复直线移动。

（3）圆柱凸轮（图5-2-5）：在圆柱面上开有曲线凹槽或在圆柱端面上作出曲线轮廓。

图5-2-3 盘形凸轮

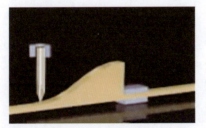
图5-2-4 移动凸轮

图5-2-5 圆柱凸轮

2. 按从动件末端形状分类

（1）尖顶从动件［图5-2-6（a）］：结构简单，能准确实现任意复杂的运动规律，但容易磨损，适用于低速轻载的凸轮机构中。

（2）滚子从动件［图5-2-6（b）］：摩擦和磨损小，传动效率高，承载能力强，可传递较大动力。但结构较复杂，不宜高速。

（3）平底从动件［图5-2-6（c）］：润滑较好，可高速，但不能用于凸轮轮廓呈凹形的场合。

其他分类方式：按从动件的运动形式可分为移动从动件、摆动从动件；按锁合形式（从动件与凸轮保持接触的形式）可分为力锁合、形锁合。

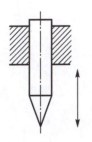
（a）尖顶从动件

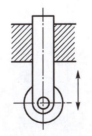
（b）滚子从动件

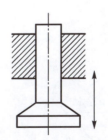
（c）平底从动件

图5-2-6 从动件的形式

三、凸轮机构的工作过程

如图5-2-7所示为内燃机配气机构示意图，图示位置转角为零，气门杆的位移也为零，这时我们称为起始位置。凸轮机构整个的工作过程可分为以下几个部分：

1. 推程

如图5-2-7所示，气门杆位于最高位置，它的上端与凸轮轮廓接触。当凸轮以等角速度逆时针转动时，气门杆在凸轮轮廓轴线的推动下，将由最高点位置被推到最低点位置，气门杆运动的这一过程称为推程。凸轮转角称为推程运动角。

2. 远停程

凸轮凸出段轮廓为圆弧，故凸轮转过此段圆弧时，气门杆静止不动，且气门杆停在最低位置，气门杆这一过程称为远停程。凸轮此时转过的角度称为远停程角。

3. 回程

凸轮继续转过，气门杆由最低位置点回到最高位置点，这一过程称为回程，凸轮转角称为回程运动角。

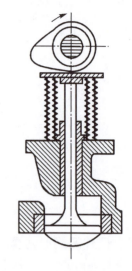

图 5-2-7　内燃机配气机构

4. 近停程

凸轮转过时，气门杆与凸轮轮廓上最小向径的圆弧接触，气门杆将处于最高位置且静止不动，这一过程称为近停程。凸轮对应的转角称为近停程角。

凸轮转过一周，气门杆经过以上四个运动阶段，当凸轮继续转动时，从动件的这四个动作循环进行。

四、凸轮轮廓曲线的几个参数

1. 基圆半径 r_b

凸轮轮廓上的最小向径 r_b 称为基圆半径，以凸轮的最小半径 r_b 所作的圆称为凸轮的基圆。

基圆半径受到以下三方面的限制：

（1）基圆半径 r_b 应大于凸轮轴的半径；

（2）应使机构的最大压力角 α_{max} 小于或等于许用压力角 $[\alpha]$；

（3）应使凸轮实际廓线的最小曲率半径大于许用值，即 $\rho_{smin} \geq [\rho_s]$。

2. 行程 h 和转角 δ

在图5-2-8所示位置，尖顶与凸轮轮廓上的 A 点相接触，从动件处于最低位置，此时为从动件上升的起始位置。凸轮以逆时针转过一个角度 δ 时，从动件将上升位移 h。当凸轮转过角度 δ_0 时，其 AB 段轮廓将从动件按一定规律推至最高位置 B'。从动件的这一过程称为推程，其对应走过的距离 h 称为从动件的行程；而凸轮转过的角度 δ 称为转角。图中与推程对应的转角 δ_0 称为推程运动角；当凸轮继续 δ_1 转时，其间凸轮的径向尺寸不变，从动件在最远位置静止不动，δ_1 称为远停程角；当凸轮继续转动 δ_2 时，从动件按一定的运动规律回到起始位置，这一过程称为回程，其对应的凸轮转角 δ_2 称为回程运动角，凸轮继续转过 δ_3 时，从动件在最近位置静止不动，δ_3 称为近停程角。

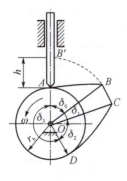

图 5-2-8　凸轮的行程与转角

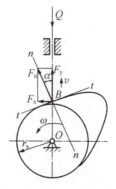

图 5-2-9　凸轮机构的压力角

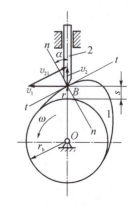

图 5-2-10　压力角与基圆半径的关系

3. 压力角 α

（1）压力角的概念。如图 5-2-9 所示，凸轮机构在升程的某个位置，不计摩擦时，凸轮作用于从动杆上的推力 F_n 将沿接触点 B 的法线方向。作用力 F_n 与从动杆速度 v 所夹的锐角 $α$ 称为凸轮机构在图示位置的压力角。显然，压力角 $α$ 越大，推动从动杆运动的有效分力 $F_y=F_n\cos α$ 越小，分力 $F_x=F_n\sin α$ 越大，由此引起导轨中的摩擦阻力越大。当压力角 $α$ 达到某一数值时，有效分力 F_y 已不能克服由 F_x 所引起的摩擦阻力，于是无论力 F_n 多大，也不能使从动杆运动，从而出现自锁。为了保证凸轮机构正常工作，并具有较高的传动效率，必须限制凸轮的最大压力角不得超过许用值 $[α]$。对于移动从动杆凸轮机构，升程中，$[α] ≤ 30°$；回程中，$[α] ≤ 70° \sim 80°$。

（2）凸轮机构的压力角与凸轮基圆半径的关系。其他条件相同时，若基圆半径 r_b 取得较大，则压力角较小，受力情况良好，但机构的尺寸较大；反之，基圆半径 r_b 取得越小，结构越紧凑，但压力角越大，机构的传力性能将越差。基圆半径 r_b 取得越小，压力角越大。

学后测评

一、填空

1. 凸轮机构从动件常用的运动规律有_____。
2. 凸轮机构主要由_____、_____、_____三个基本构件组成。
3. _____称为推程，所对应的凸轮转角称为_____角；_____为回程，所对应的凸轮转角称为_____角。
4. 凸轮机构能使从动件按照_____，实现各种复杂的运动。

二、选择题

1. 组成凸轮机构的基本构件有（　　）个。
   A. 2　　　　　　B. 3　　　　　　C. 4
2. 与平面连杆机构相比，凸轮机构的突出优点是（　　）。
   A. 能严格实现给定的从动件运动规律　　B. 能实现间歇运动
   C. 能实现多种运动形式的变换　　　　　D. 传力性能好
3. 与连杆机构相比，凸轮机构最大的缺点是（　　）。
   A. 惯性力难以平衡　　　　　　B. 点、线接触，易磨损
   C. 设计较为复杂　　　　　　　D. 不能实现间歇运动
4. 凸轮机构中通常用作主动件的是（　　）。
   A. 凸轮　　　　B. 从动杆　　　C. 轨道　　　D. 固定机架
5. 凸轮机构属于（　　）机构。
   A. 高副　　　　B. 低副　　　　C. 移动副
6. 以下不是应用凸轮机构的是（　　）。
   A. 内燃机配气机构　　　　　　B. 车床仿形机构
   C. 自卸载货汽车的翻斗机构　　D. 绕线机
7. 在凸轮机构中，按凸轮形状不同，（　　）凸轮结构简单，应用最广泛，常用于行程较短的场合。
   A. 盘形凸轮　　B. 移动凸轮　　C. 圆柱凸轮　　D. 圆锥凸轮
8. 对凸轮机构说法错误的是（　　）。
   A. 传递动力大　　B. 能高速启动　　C. 易磨损　　D. 动作准确可靠

三、判断题

1. 凸轮机构从动件常用的运动规律有等速运动、等加速运动、等减速运动。（　　）
2. 一只凸轮只有一种运动的规律。（　　）
3. 凸轮在机构中经常是主动件。（　　）
4. 盘形凸轮的轮廓曲线形状取决于凸轮半径的变化。（　　）

5. 凸轮机构的从动杆，都是在垂直于凸轮轴的平面内运动的。　　　　（　　）
6. 从动杆的运动规律，就是凸轮机构的工作目的。　　　　　　　　（　　）
7. 凸轮曲线轮廓的半径差，与从动杆移动的距离是对应相等的。　　（　　）
8. 凸轮转速的高低，影响从动杆的运动规律。　　　　　　　　　　（　　）

四、简答题

1. 凸轮机构由哪些构成？
2. 凸轮机构有哪些分类？
3. 凸轮机构的工作过程有哪些？

课题二　从动件常用运动规律

学习目标

1. 了解等速运动规律。
2. 了解等加速等减速运动规律。
3. 能绘制等速运动规律和等加速等减速运动规律的位移曲线。

问题引导

通常，主动凸轮等速转动，从动杆作往复移动或摆动。从动杆的运动直接与凸轮轮廓线上各点向径的变化有关，而轮廓曲线上各点向径大小又是随凸轮的转角而变化。因此当凸轮以等角速 ω 转动时，从动件的位移 s、速度 v 和加速度 a 的变化规律都是由凸轮轮廓决定的。

一、等速运动规律

等速运动规律是从动件上升或下降的速度为一常数的运动规律，见表 5-2-1。

表 5-2-1　从动件等速运动规律线图

运动特点	运动方程	运动线图	
		推程	回程
特点：从动件运动的起始和终止位置速度有突变，使加速度达到无穷大，产生刚性冲击，适用于凸轮作低速回转、从动件质量小的场合	$s=\dfrac{v}{\omega}\delta$ $v=$ 常数 $=0$	位移线图	
		速度线图	
		加速度线图	

从动件的运动规律

二、等加速等减速运动规律

等加速等减速运动规律是将从动件运动的整个行程 h 分为两段，前半段作等加速运动，后半段作等减速运动，通常等加速段和等减速段时间相等，加速度的绝对值也相等。见表 5-2-2。

表 5-2-2　等加速等减速运动规律

运动特点	运动方程	运动线图	
		推程	回程
特点：速度曲线连续，避免了刚性冲击。加速度曲线在运动的起始、中点和终止位置发生有限突变，产生柔性冲击，适用于凸轮作中速回转、从动件质量不大的场合	$s=\dfrac{a}{2\omega^2}\delta^2$ $v=\dfrac{a}{\omega}\delta$ $a=$ 常数	位移线图 (图)	(图)
		速度线图 (图)	(图)
		加速度线图 (图)	(图)

一、填空

1. 凸轮轮廓与从动件之间的可动连接是（　　）。
   A. 移动副　　　B. 高副　　　C. 转动副　　　D. 可能是高副也可能是低副
2. 若要盘形凸轮机构的从动件在某段时间内停止不动，对应的凸轮轮廓应为（　　）。
   A. 一段直线　　B. 一段圆弧　　C. 一段抛物线　　D. 一段以凸轮转动中心为圆心的圆弧
3. 从动件的推程采用等速运动规律时，在（　　）会发生刚性冲击。
   A. 推程的起始点　B. 推程的中点　C. 推程的终点　D. 推程的起点和终点
4. 等加速等减速运动规律的位移曲线是（　　）。
   A. 斜直线　　　B. 抛物线　　　C. 双曲线　　　D. 直线
5. 按等速运动规律工作的凸轮机构会产生（　　）。
   A. 柔性冲击　　B. 刚性冲击　　C. 中性冲击　　D. 剧烈冲击
6. 对于较复杂的凸轮轮廓曲线，也能准确的获得所需的运动规律的从动杆是（　　）。
   A. 尖顶从动杆　B. 滚子从动杆　C. 平底从动杆　D. 曲面从动杆
7. 从动件预定的运动规律取决于（　　）
   A. 凸轮转速　　B. 凸轮形状　　C. 凸轮轮廓曲线　　D. 凸轮的基圆
8. （　　）决定了从动件预定的运动规律。
   A. 凸轮转速　　B. 凸轮形状　　C. 凸轮轮廓曲线
9. 凸轮机构中，等加速等减速运动规律的位移曲线是（　　）
   A. 一条斜直线　B. 两条双曲线　C. 一条抛物线　　D. 两条抛物线

二、填空题

1. 凸轮机构能使从动件按照_____，实现各种复杂的运动。
2. 凸轮是一个能_____从动件运动规律，而具有曲线和轮廓凹槽的构件。

3. 盘形凸轮是一个具有_____半径的盘形构件，当它绕固定轴转动时，推动从动杆在凸轮轴的垂直平面内运动。

4. 凸轮机构从动杆的运动规律，是由凸轮_____决定的。

5. 以凸轮的_____半径所作的圆，称为基圆。

6. 在凸轮机构中，从动杆_____称为行程。

7. 如果把从动杆的_____与凸轮的转角之间的关系用曲线来表示，则其曲线就称为从动杆的位移曲线。

8. 当作等速转动时，从动杆上升或下降的速度为一_____，这种运动规律称为_____运动规律。

三、判断题

1. 在滚子从动件盘形凸轮机构中，当凸轮理论轮廓线外凸部分的曲率半径大于滚子半径时，从动件的运动规律将产生"失真"现象。（　　）

2. 凸轮机构中，从动件按等加速等减速规律运动是指从动件在推程中按等加速运动，在回程中按等减速运动。（　　）

3. 当凸轮机构的压力角的最大值达到许用值时就会出现自锁现象。（　　）

4. 平底从动件凸轮最小基圆半径可按许用压力角来确定。（　　）

5. 凸轮机构中从动件在升程时，若按简谐运动规律运动时，会产生柔性冲击。（　　）

6. 为了避免从动件运动失真，平底从动件凸轮轮廓不能内凹。（　　）

7. 凸轮机构中推杆运动规律一定时，凸轮基圆半径越大，则压力角也越大，传力效果越坏。（　　）

8. 滚子从动件盘形凸轮的实际轮廓曲线是理论轮廓的等距曲线。因此，实际轮廓上各点的向径就等于理论轮廓上各点的向径减去滚子的半径。（　　）

四、简答题

1. 简述凸轮机构的工作过程。

2. 简述等加速等减速运动规律。

单元六　机械传动

模块一　链传动和带传动

模块介绍

机械传动是指利用机械方式传递动力和运动的传动，在机械工程中应用非常广泛。机械传动分为两类：一是靠机件间的摩擦力传递动力的摩擦传动，如带传动、摩擦轮传动等；二是靠主动件与从动件啮合或借助中间件啮合传递动力或运动的啮合传动，如链传动、齿轮传动等。本模块主要针对其中的链传动和带传动做主要的知识讲解。

模块目标

1. 了解链传动的组成及特点。
2. 了解链轮的分类、材料及结构。
3. 了解链传动传动比的计算、张紧的方法与润滑方式。
4. 了解带传动的特点、正确的安装方法与使用。
5. 了解V带的相关参数。

课题一　链传动

学习目标

1. 了解链传动的组成及特点。
2. 了解链条的分类、链轮的材料及结构。
3. 了解链传动传动比的计算。
4. 掌握链传动的张紧方法与润滑方式。

问题引导

链传动尺寸紧凑、可靠性高、耐磨性好，在汽车上应用于汽车发动机的正时传动、机油泵传动、平衡轴传动等方面，如图6-1-1所示。目前，国际上的各大汽车公司的许多轿车产品均采用了链传动作为发动机正时传动系统和机油泵传动系统。

图 6-1-1 链传动在汽车上的应用

一、链传动的组成及应用特点

1. 链传动的组成

如图 6-1-2 汽车发动机机油泵的传动系统就是采用的链传动。链传动是由主动链轮、链条和从动链轮组成，如图 6-1-3 所示。链轮上制有特殊齿形的齿，通过链轮轮齿与链条的啮合来传递运动和动力。链传动机构是一种具有中间挠性件（链条）的啮合传动。

图 6-1-2 油泵上的链传动

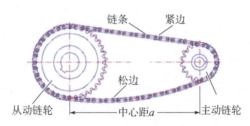

图 6-1-3 链传动机构

2. 链传动的应用

目前，国际上的各大汽车公司的轿车上广泛采用了链传动作为其发动机正时传动系统和机油泵传动系统，我国汽车链传动发展起步较晚，但发展速度较快，国内生产的汽车发动机也越来越多地应用了链传动产品，如图 6-1-4 和图 6-1-5 所示。

图 6-1-4 VQ35 发动机上的链传动

图 6-1-5 EA888 发动机平衡轴用链传动

3. 链传动的传动比

如图 6-1-3 所示，设某链传动中，主动链轮的齿数为 z_1、从动链轮的齿数为 z_2，当主动链轮的转速为 n_1，从动链轮的转速为 n_2 时，单位时间内主动链轮转过的齿数 z_1n_1 与从动链轮转过的齿数 z_2n_2 是相等的，即 $z_1n_1=z_2n_2$。

链传动的传动比 i 是指主动链轮的转速 n_1 与从动链轮的转速 n_2 之比，即：

$$i=\frac{n_1}{n_2}=\frac{z_2}{z_1} \tag{6-1-1}$$

例 6-1-1 已知某摩托车前链轮（主动链轮）、后链轮（从动链轮）的齿数分别为 $z_1=20$、$z_2=40$，试求其传动比 i。

解：由

$$i = \frac{n_1}{n_2} = \frac{z_2}{z_1}$$

得

$$i = \frac{n_1}{n_2} = \frac{z_2}{z_1} = \frac{40}{20} = 2$$

4. 链传动的特点

链传动的主要优点有：

（1）链传动结构简单、耐用、维护容易。

（2）由于是啮合传动，链条和链轮之间无滑动，能保证准确的平均传动比且张紧力小，作用在轴和轴承上的力小。

（3）传递功率大，一般采用多排链（图 6-1-6）。

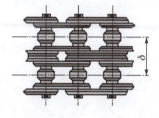

图 6-1-6 多排链传动

（4）传动效率高，一般可达 0.95～0.98。

（5）能在低速、重载和高温条件下，以及尘土飞扬、淋油等不良环境中工作。

（6）链传动的制造安装精度要求较低，成本低廉。

（7）能实现远距离传动。

链传动的缺点有：

（1）只能用于平行轴间的传动。

（2）瞬时传动比不恒定，传动中有冲击和噪声。

（3）对安装和要求维护要求较高。

（4）无过载保护作用。

（5）链条的铰链磨损后，使得节距变大造成脱落现象，如图 6-1-7 所示。

图 6-1-7 链条铰链磨损

链传动一般适用范围为：传递功率 $P \leq 100\text{kW}$，传动比 $i \leq 8$，两轴中心距 $a \leq 5 \sim 6\text{m}$，且传动精度要求不高、不宜采用带传动或齿轮传动的场合。

二、链传动的类型

链传动的类型很多，按用途不同，链可分为以下三类：

（1）输送链。用于输送工件、物品和材料，可直接用于各种机械上，也可以组成链式输送机作为一个单元出现。为了实现特定的输送任务，在链条上需要特定的"附件"，如图 6-1-8 所示。

（2）传动链。应用范围最广泛。主要用来在一般机械中传递运动和动力，如图 6-1-9 所示。

（3）起重链（曳引链）。主要用以传递力，起牵引、悬挂物品的作用，兼作缓慢运动，如图 6-1-10 所示。

图 6-1-8 输送链　　图 6-1-9 传送链　　图 6-1-10 起重链

图 6-1-11 滚子链

图 6-1-12 齿形链

传动链的种类繁多，最常用的是齿形链和滚子链，本课题重点介绍传动链中的滚子链（图 6-1-11）和齿形链（图 6-1-12）。

（一）滚子链（套筒滚子链）

1. 滚子链的结构

如图 6-1-13 所示，滚子链由内链板、外链板、销轴、套筒和滚子组成。销轴与外链板、套筒与内链板分别采用过盈配合连接组成外链节；销轴与套筒之间以及滚子与套筒之间采用间隙配合构成内链节。当链条屈伸时，内、外链节之间就能相对转动。因滚子在套筒上可以自由转动，所以当链条与链轮啮合时，滚子与链轮轮齿相对滚动，形成滚动摩擦，从而减小了链条和链轮轮齿的磨损。

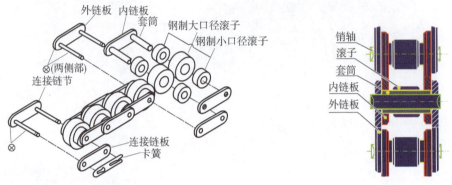

图 6-1-13 套筒滚子链

2. 链条主要参数——节距

链节是组成链条的基本结构单元。滚子链上相邻两滚子中心的距离称为节距，每个链节在链条的纵向（链条的长度方向）含有一个节距，用符号 p 表示，它是链条的主要参数之一（图 6-1-14）。链条各零件尺寸越大，所能传递的功率也越大。

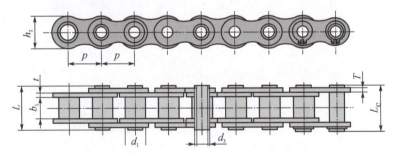

图 6-1-14 链条主要参数

滚子链已标准化，GB/T 1243—2006 规定滚子链分为 A、B 系列，常用的是 A 系列，用于高速、重载和重要传动。其主要参数如表 6-1-1 所示。

表 6-1-1 A系列套筒滚子链的基本参数和尺寸（GB/T1243—2006）

链号	节距 p/mm	排距 p_t/mm	滚子外径 d_0/mm（最大）	内链节内宽 d_2/mm（最小）	销轴直径 d_2/mm（最大）	内链板高度 h_2/mm（最大）	极限拉伸载荷 单排 F_Q/N（最小）	极限拉伸载荷 双排 F_Q/N（最小）	极限拉伸载荷 三排 F_Q/N（最小）	单排质量 q/(kg·m^{-1})
05B	8.00	5.64	5.00	3.00	2.31	7.11	4400	7800	11100	0.18

续表

链号	节距 p/mm	排距 p_t/mm	滚子外径 d_0/mm（最大）	内链节内宽 d_2/mm（最小）	销轴直径 d_2/mm（最大）	内链板高度 h_2/mm（最大）	极限拉伸载荷 单排 F_Q/N（最小）	极限拉伸载荷 双排 F_Q/N（最小）	极限拉伸载荷 三排 F_Q/N（最小）	单排质量 q/(kg·m^{-1})
06B	9.525	10.24	6.35	5.72	3.23	8.26	8900	16900	24900	0.40
08A	12.70	14.38	7.95	7.85	3.96	12.07	13800	27600	41400	0.60
08B	12.70	13.92	8.51	7.75	4.45	11.81	17800	31100	44500	0.70
10A	15.875	18.11	10.16	9.40	5.08	15.09	21800	43600	65400	1.00
12A	19.05	22.78	11.91	12.57	5.94	18.08	31100	62300	93400	1.50
16A	25.40	29.29	15.88	15.75	7.92	24.13	55600	111200	166800	2.60
20A	31.75	35.76	19.05	18.90	9.53	30.18	86700	173500	260200	3.80
24A	38.10	45.44	22.23	25.22	11.10	36.20	124600	249100	373700	5.60
28A	44.45	48.87	25.40	25.22	12.70	42.24	169000	338100	507100	7.50
32A	50.80	58.55	28.58	31.55	14.27	48.26	222400	444800	667200	10.10
40A	63.50	71.55	39.68	37.85	19.84	60.33	347000	693900	1040900	16.10
48A	76.20	87.83	47.63	47.35	23.80	72.39	500400	1000800	1501300	22.60

3. 滚子链的标记

滚子链是标准件，其标记为：

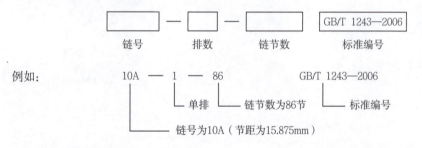

例如：10A—1—86 GB/T 1243—2006
- 链号为10A（节距为15.875mm）
- 单排
- 链节数为86节
- 标准编号

表示A系列滚子链、节距为15.875mm，单排，链节数为86，制造标准GB/T 1243—2006。

4. 滚子链的接头形式

滚子链的接头形式有连接链节和过渡链节两种。当链条两端均为内链节时使用由外链板和销轴组成的可拆卸连接链节，用开口销（钢丝锁销）或弹性锁片锁止［图6-1-15（a）、(b)］，连接后链条的链节数应为偶数。当链条一端为内链节另一端为外链节时，使用过渡链节连接［图6-1-15（c）］，连接后的链条的链节数为奇数。由于过渡链节不仅制造复杂，而且抗拉强度较低，一般情况应尽量不用。

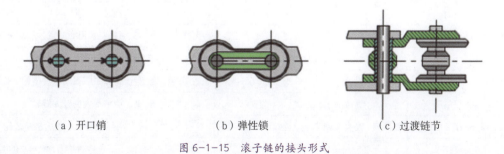

（a）开口销　　　　（b）弹性锁　　　　（c）过渡链节

图6-1-15　滚子链的接头形式

（二）齿形链

齿形链是由一系列的齿链板和导板交替装配，用销轴或组合的铰接元件连接组成，如图6-1-16所示。

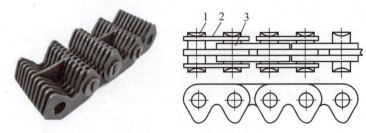

图 6-1-16 齿形链的结构

1-销；2-外链板；3-内链板

齿形链与滚子链相比，具有传动平稳性好、承受冲击性能较好、允许较高的链速、噪声较小等优点，因此齿形链又称无声链。

齿形链是一种应用广泛的重要机械基础件。特别是在高速、重载、低噪声、大中心距的工况下使用，其传动性能优于齿轮传动以及滚子链传动。近年来汽车发动机、变速器、分动箱、摩托车、飞机、船舶、轧钢机械、机床、工业泵，以及在其他高速传动中应用得越来越广泛。

三、链轮

1. 链轮的结构形式

链轮轮齿的齿形应保证链节能自由地进入和退出啮合，因此对链轮齿形的基本要求是：链条滚子能平稳、自由地进入啮合和退出啮合；啮合时滚子与齿面接触良好；齿形应简单，便于加工。

链轮有孔板式、实心式、组合式等结构形式，如图 6-1-17 所示。

（a）孔板式

（b）实心式

（c）组合式

图 6-1-17 链轮的结构形式

2. 链轮的材料

链轮的材料应满足强度和耐磨性的要求。通常根据尺寸大小和工作条件选择合金钢、碳钢、铸铁等。推荐的链轮材料和表面硬度见表 6-1-2。

表 6-1-2 链轮常用材料及齿面硬度

材料	热处理	齿面硬度	应用范围
15钢、20钢	渗碳、淬火、回火	50～60HRC	≤25 有冲击载荷的链轮
35钢	正火	160～200HBC	>25 的主、从动链轮
45钢、50钢、ZG310—570	淬火、回火	40～45HRC	无剧烈冲击、振动和要求耐磨的主、从动链轮
15Cr、20Cr	渗碳、淬火、回火	50～60HRS	<25 传递较大功率的重要链轮
40Cr、35siMn、35GrMo	淬火、回火	40～50HRS	要求强度较高和耐磨损的重要链轮
A3、A5	焊接后退火	≈140HBS	中低速、功率不大的较大链轮
硬度不低于HT200的灰铸铁	淬火、回火	260～280HBS	<50 外形复杂或强度要求一般的从动链轮
夹布胶木	—	—	<6kW、速度较高、要求传动平稳、噪声小的链轮

四、链传动的润滑和张紧

为保证链传动的正常使用，提高链传动的质量，并延长其使用寿命，链传动需进行适当的润滑和张紧。

（一）链传动的润滑

链传动的润滑十分重要，对高速重载的链传动更重要。良好的润滑可缓和冲击、减轻磨损、延长链条的使用寿命。

（1）人工润滑：用刷子或油壶定期在链条松边内、外链板间隙注油。最好是工作8h加一次。其加油量和周期应足以防止链环接处的润滑油不变色，如图6-1-18（a）所示。

（2）滴油润滑：装有简单外壳、用油杯滴。单排链每分钟滴油约5～20滴，速度高时多滴些，如图6-1-18（b）所示。

（3）油浴供油：采用不漏油的外壳，使链条从油槽中通过，如图6-1-18（c）所示。

（4）飞溅润滑：采用不漏油的外壳，在链轮侧边安装甩油盘，飞溅润滑。甩油盘圆周速度v>3m/s。当链条宽度大于125mm时，链轮两侧各装一个甩油盘，如图6-1-18（d）所示。

（5）喷油供油：采用不漏油的外壳，油泵强制供油，喷油管口设在链条啮入处，循环油可起冷却作用，如图6-1-18（e）所示。

（a）人工润滑

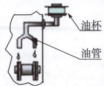
（b）滴油润滑

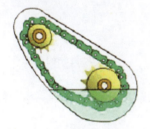
（c）油浴供油

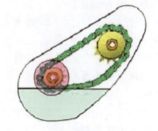
（d）飞溅润滑

（e）喷油润滑

图6-1-18　链传动的润滑方式

开式链传动和不易润滑的链传动，可定期拆下用煤油清洗，干燥后，浸入70～80℃润滑油中，待铰链间隙中充满油后再安装使用。

（二）链传动的张紧

链传动张紧的目的，主要是为了避免在链条松边垂度过大时产生啮合不良和链条振动现象，同时也为了增加链条与链轮的啮合包角。

链传动的张紧方法有很多，最常见的是移动链轮以增大两轮的中心距。当链传动的中心距可调整时，可通过调整中心距张紧；当中心距不可调时，可通过设置张紧轮张紧。张紧方式见图6-1-19。张紧轮应装在靠近主动链轮的松边上。不论是带齿的还是不带齿的张紧轮，其分度圆直径最好与小链轮的分度圆直径相近。

（a）弹簧张紧

（b）重力张紧

（c）定期张紧

图6-1-19　张紧方式

学后测评

一、判断题（对的打√，错的打×）。

1. 链传动的链节数通常不应选择偶数。（　　）
2. 滚子链标记：08A-1×88 GB/T 1243-1997，其中1表示滚子链的排数。（　　）
3. 链传动的平均传动比为一常数。（　　）
4. 滚子链传动中，当一根链的链节数为偶数时需采用过渡链节。（　　）
5. 在链传动中，当两链轮轴线在同一水平面时，通常紧边在上面。（　　）
6. 滚子链传动的节距 p 愈大，链的承载能力愈高。（　　）
7. 链传动的多边形效应是造成瞬时传动比不恒定的原因。（　　）
8. 链传动中，当两链轮的齿数相等时，即可保证瞬时传动比为恒定值。（　　）
9. 对于高速、大功率的滚子链传动，宜选用大节距的链条。（　　）
10. 自行车链条磨损严重后，易产生跳齿或脱链现象。（　　）

二、选择题

1. 链条由于静强度不够而被拉断的现象，多发生在（　　）情况下。
   A. 低速重载　　B. 高速重载　　C. 速轻载　　D. 低速轻载
2. 链传动张紧的目的主要是（　　）。
   A. 使链条产生初拉力，以使链传动能传递运动和功率
   B. 避免松边垂度过大而引起啮合不良和链条振动
   C. 提高链传动工作能力　　D. 增大包角
3. 链传动人工润滑时，润滑油应加在（　　）。
   A. 紧边上　　B. 链条和链轮啮合处　　C. 松边上　　D. 链轮的轴上
4. 滚子链通常设计成链节数为偶数，这是因为（　　）。
   A. 防止脱链　　B. 磨损均匀
   C. 不需要采用受附加弯矩的过渡链节　　D. 便于度量
5. （　　）对链传动的多边形效应没什么影响。
   A. 链节距　　B. 链轮转速　　C. 链排数　　D. 链轮齿数
6. 考虑链传动润滑时，如果是定期注油（如每班一次），应选择（　　）。
   A. 油浴润滑　　B. 滴油润滑　　C. 人工润滑　　D. 飞溅润滑
7. 链传动布置时，通常是（　　）。
   A. 松边在上边、紧边在下边　　B. 紧边在上边、松边在下边
   C. 布置在水平面内　　D. 布置在倾斜面内

课题二　带传动

 学习目标

1. 理解带传动的工作原理。
2. 了解带传动的特点。
3. 了解V带的结构、型号及参数。
4. 了解V带的张紧方法。

带传动具有运行平稳、无噪声、制造和安装方便,可以过载保护等优点,在汽车上可用于正时带轮传动、发电机的传动等。

如图 6-1-20 所示,带传动将汽车发动机输出的动力传递给发电机和水泵,许多类型汽车的凸轮轴也是由带传动传递动力的。

带传动结构简单、维护方便、制造容易、成本低,而且由于带是挠性体,所以在传动中能缓和冲击和振动,具有吸振能力,工作平稳,噪声小。摩擦型带传动靠摩擦力传递运动,在过载时,传动带会在带轮上打滑,具有安全保护作用,所以带传动在机械中得到广泛的应用。

图 6-1-20　汽车上的带传动

带传动适用于要求传动平稳、传动比不要求准确、中小功率的远距离传动。一般用在传递功率不大于 100kW,带速 v 为 5～25m/s,传动比 < 7 的场合。

一、带传动的组成与原理

1. 带传动的组成及工作原理

带传动主要由固定于主轴上的主动轮、固定于从动轮上的从动轮和紧套在两轮上的挠性带组成,如图 6-1-21 所示。安装时带被张紧在带轮上,产生的初拉力使得带与带轮之间产生压力,主动轮转动时,依靠摩擦力(啮合力)拖动从动轮一起同向回转,从而传递运动和动力。

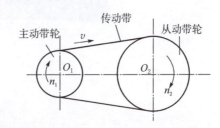

(a) 摩擦带传动

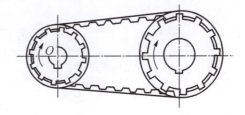

(b) 啮合带传动

图 6-1-21　带传动

2. 带传动的分类

(1) 按工作原理不同可分为摩擦型带传动和啮合型带传动两大类,如图 6-1-21 所示。

(2) 根据传动带的截面形状不同可分为平带传动、V 带传动及齿形带传动,如图 6-1-22 所示。它们广泛地应用在汽车、金属切削机床、生活机械等的传动中,如图 6-1-23 所示。

(a) 平带　　　　　　　　(b) V 带　　　　　　　　(c) 齿形带

图 6-1-22　带的类型

图 6-1-23 带传动的应用

二、V带传动

带传动中，以V带传动使用最为广泛，下面重点讲解V带传动的相关知识。

1. V带的结构

普通V带为无接头的环形带，截面形状为梯形，两侧面是工作面，夹角 α 称为带的楔角（通常 α=40°）。V带由包布、顶胶、抗拉体和底胶四部分组成，包布用胶帆布，顶胶和底胶材料为橡胶，抗拉体是V带工作时的主要承载部分，结构有绳芯和帘布芯两种，如图6-1-24（a）为帘布芯结构，（b）为绳芯结构。帘布芯结构V带抗拉强度高，但柔韧性和抗弯强度较差，绳芯结构V带适用于转速高、带轮直径较小的场合。

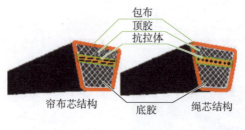

（a）帘布芯结构　　　（b）绳芯结构

图 6-1-24 普通V带的结构

V带还有多楔带结构（图6-1-25），捷达1.6L5气门发动机的发电机、空调压缩机和动力转向泵采用多楔带驱动。

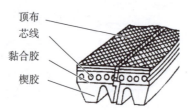 

图 6-1-25 多楔带结构

2. V带的型号

根据国家标准规定（GB/T 13575.1—2008），普通V带的尺寸已标准化，按截面尺寸自小至大分为Y、Z、A、B、C、D、E七种型号，如图6-1-26所示。

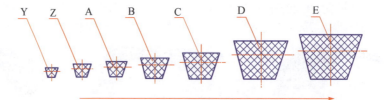

截面逐渐增大

图 6-1-26 V带的型号

根据国家标准规定（GB/T 11544—2012），普通 V 带的截面尺寸见表 6-1-3。

表 6-1-3　普通 V 带截面形状和尺寸（摘自 GB/T 11544—2012）

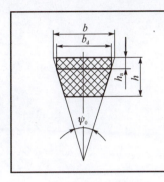

截面	Y	Z	A	B	C	D	E
顶宽 b/mm	6.0	10.0	13.0	17.0	22.0	32.0	38.0
节宽 b_p/mm	5.3	8.5	11.0	14.0	19.0	27.0	32.0
高度 h/mm	4.0	6.0	8.0	11.0	14.0	19.0	23.0
楔角 φ_0/(°)	40							

3. 小带轮的包角

包角是带与带轮接触面的弧长所对的圆心角，如图 6-1-27 所示。包角的大小反映了带与带轮轮缘表面间接触弧的长短。包角越大，带与带轮的接触弧越长，能传递的功率就越大；反之，所能传递的功率就越小。为了使带传动可靠，一般要求小带轮上的包角 $\alpha_1 \geqslant 120°$。

包角的大小可按下式计算：

$$\alpha_1 \approx 180° - \frac{d_{d2} - d_{d1}}{a} \times 57.3° \qquad (6\text{-}1\text{-}2)$$

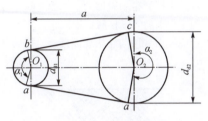

图 6-1-27　V 带小带轮的包角

式中　a——带传动的中心距；
　　　d_{d1}——小带轮的基准直径，mm；
　　　d_{d2}——大带轮的基准直径，mm。

4. V 带的基准长度 L_d

在规定的张紧力下，V 带位于带轮基准直径上的周线长度作为带的基准长度 L_d，又称为公称长度，主要用于带传动的几何尺寸计算，其基准长度系列见表 6-1-4。

表 6-1-4　普通 V 带的基准长度系列（摘自 GB/T 13575.1—2008）

L_d	型号	L_d	型号	L_d	型号
200	Y	900	Z	4000	B
224		1000		4500	C
250		1120		5000	
280		1250		5600	
315		1400			
355					
		1600	A		
400	Z	1800	B	6300	D
450		2000		7100	
500		2240		8000	
560		2500		9000	
				10000	
		2800	C		
630	A			11200	E
710				12500	
800		3150	D	14000	
		3550			
				16000	
				18000	
				20000	

带的基准长度 L_d，按设计中心距 a_0 进行计算

$$L_d = 2a_0 + \frac{\pi}{2}(d_{d1} + d_{d2}) + \frac{(d_{d1} - d_{d2})^2}{4a_0} \qquad (6\text{-}1\text{-}3)$$

计算基准长度 L_d 确定后，按表 6-1-4 规定系列确定普通 V 带的基准长度 L_d。

5. 传动比

传动比就是主动带轮转速 n_1 与从动带轮转速 n_2 之比。如果不计带与带轮间打滑因素的影响，其传动比可以用主、从动轮的基准直径来表示，即：

$$i = \frac{n_1}{n_2} = \frac{d_{d2}}{d_{d1}} \qquad (6\text{-}1\text{-}4)$$

三、V 带的正确安装与张紧

1. V 带的安装与使用

（1）保证 V 带的截面在轮槽中的正确位置，V 带的外边缘应和带轮轮缘取齐，如图 6-1-28（a）所示。这样 V 带和轮槽的工作面之间才可以充分接触。如 V 带的外边缘高出轮缘过多[图 6-1-28（b）]，则工作面的实际接触面积减小，使传动能力降低。如 V 带的外边缘低于轮槽轮缘过多[6-1-28（c）]，会使 V 带底面与轮槽底面接触，从而导致 V 带的两侧工作面接触不良而使摩擦力锐减甚至丧失。

（a）正确

（b）错误

（c）错误

图 6-1-28　V 带在轮槽中正确的位置

（2）安装 V 带轮时，两带轮轴的中心线保持平行（误差不超过 20′），如图 6-1-29 中（a）所示；否则，会使 V 带传动时扭曲和早期磨损，如图 6-1-29 中（b）、（c）所示。

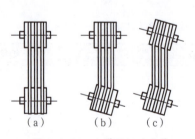

图 6-1-29　V 带的正确安装

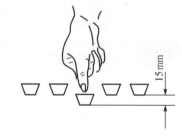

图 6-1-30　V 带的紧度

（3）V 带紧度要合适，一般在中等中心距的情况下，以大拇指能压下 15mm 左右即为合适，如图 6-1-30 所示。

（4）在使用过程中应定期检查并及时调整 V 带，若发现一组带中个别 V 带有裂纹等时，要及时更换所有 V 带，在更换时要注意新、旧带不能混合使用。各根 V 带长度应一致，使传动时受力均匀。

2. V 带传动的张紧

由于 V 带传动长期在拉力作用下，带的长度会增加，张紧力随之减小，传动能力降低，此时带的长度增加，影响瞬时传动比。所以为了保证带传动正常工作能力，必须调整带的张紧度。带传动张紧采用调整中心距、安装张紧轮和自动张紧装置的方法。

（1）安装张紧轮的方法。用于中心距不能调的场合，如顶置凸轮轴的正时皮带传动，如图 6-1-31 所示。张紧轮应置于松边内侧且靠近大带轮处。

（2）调整中心距的方法。用于允许改变中心距的场合，如图 6-1-32 所示。

图 6-1-31　使用张紧轮　　　　　　图 6-1-32　调整中心距

（3）自动张紧装置，如图 6-1-33 所示。

图 6-1-33　自动张紧装置

一、判断题
1. 带轮的包角不能过大，否则影响传动带的工作能力。（　　）
2. 摩擦传动的传动比不准确。（　　）
3. 平带传动属于摩擦传动。（　　）
4. 铰链带扣接头方式的平带适用于速度较高的场合。（　　）
5. V 带使用张紧轮后，小轮的包角得到增大，但大轮的包角有所减小。（　　）
6. V 带传动中配对的大小两轮的槽角必须相等。（　　）
7. 安装 V 带时，应保证带轮槽的两侧及底面与带接触。（　　）
8. 载荷轻、直径小的带轮传动常选用线绳结构的 V 带。（　　）
9. V 带传动必须安装防护罩。（　　）
10. 带速一般要求为 $5 \leqslant v \leqslant 25$ m/s。（　　）

二、选择题
1. 平带传动（　　）。
A. 适合于两轴中心较近的传动　　B. 工作噪声大
C. 有安全保护作用　　　　　　　D. 传动比准确
2. 平带的交叉传动应用的场合是（　　）。
A. 两带轮轴线平行、转向相同　　B. 两带轮轴线平行、转向相反
C. 两带轮轴线垂直相交　　　　　D. 两带轮轴线空间交错
3. 开口式平带传动中，当传动比 $i=1$ 时，带轮包角为（　　）。
A. 120°　　　　B. 150°　　　　C. 180°　　　　D. 240°
4. 当小带轮包角为（　　）时，带传动的打滑现象将显著减轻。
A. 90°　　　　B. 120°　　　　C. 150°　　　　D. 180°
5. V 带传动（　　）。
A. 与平带一样，能保证精确传动比

B. 与平带一样，适用于中心距较近的场合
C. 在相同条件下，工作拉力比平带传动高
D. 在相同条件下，工作拉力比平带传动低
6. 带传动使用张紧轮的目的是（　　）。
A. 调节带的张紧力　　　　　　B. 提高带的速度
C. 提高带的使用寿命　　　　　D. 改变带的运动方向
7. 带传动的主要失效形式是带的（　　）。
A. 磨损和疲劳点蚀　B. 磨损和胶合　C. 胶合和打滑　D. 疲劳破坏和打滑
8. 带传动是依靠（　　）来传递运动和动力的。
A. 主轴的动力　　　　　　　　B. 带与带轮之间的摩擦力
C. 主动轮上的转矩　　　　　　D. 从动轮上的转矩
9. 带轮是采用轮辐式、腹板式或实心式，主要取决于（　　）。
A. 带的横截面积　B. 传递的功率　C. 带轮的线速度　D. 带轮的直径
10. 在一般机械传动中，应用最广的带传动是（　　）。
A. 平带传动　　　　B. 普通V带传动　C. 同步带传动

实验　带传动的拆装和调试

带传动装置需换装调试，请收集带传动拆装信息，小组协作完成任务。

1. 掌握正确的拆装工艺方法，拆装过程符合技术规范。
2. 掌握检具、量具的正确选取、测量方法。
3. 了解带传动装置中零件的配合关系及安装、调整过程。

1. 教学组织
分组实训：全班_____人，分为_____组，每组小组长一名。
2. 职责分工
教师职责：课堂纪律与安全管理、实验器材管理、指导与巡查。
学生职责：班长协助教师对班级全面管理与监控；实验小组长负责指导组内学习和交流。
环境要求：6S过程化管理（安全、整理、整顿、清扫、清洁、素养）。

实验器材：带传动试验装置5套、三组六角扳手、套筒、活动扳手、拉马、手锤、铜棒、游标卡尺、角尺等；油盆、毛刷各一个，适量清洁剂、润滑脂、棉纱。

任务步骤

1. 准备工作
教师指导学生课前准备好实验所用的实验器材。

2. 讲解相关知识
（1）带轮的装配

带轮与轴之间是过盈配合，对同轴度要求较高，要用键和紧固件来进行周向固定和轴向固定。

安装时通常用木锤敲击，或用压力机或用油压面压装。用锤击法装配时，应避免敲击带轮的外缘，尽量靠近轴心。

装配时应注意测量带轮在轴上安装位置的正确性，用划线盘或百分表检查带轮的径向和端面的圆跳动量，并且还要经常用平尺或接线法测量两带轮相互位置的正确性。

带轮圆跳动检查如图 6-1-34 所示、带轮相互位置正确性检查如图 6-1-35 所示。

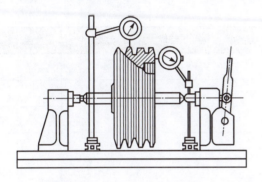
图 6-1-34　带轮圆跳动检查

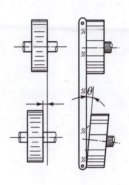
图 6-1-35　带轮相互位置正确性检查

（2）操作步骤

① 分别拆卸主动带轮和从动带轮的轴承座固定螺栓，取下轴承座及传动带条。

② 拆卸带轮轴承座顶盖与底座的连接螺栓，取出轴承盖，将轴系部件整体取出并放在木板或胶皮上，详细观察轴系部件上轴承、封油环、卡簧等零件的结构，分析轴及轴上零件的轴向定位方法及轴上零件的周向定位方法；分析由于轴的热胀冷缩时轴承预紧力的调整方法和零件安装、拆卸方法。绘制轴系部件的结构草图。

③ 利用卡簧钳取出固定轴承卡簧，用拉马从轴上拆卸滚动轴承。

④ 将拆卸的零部件进行清洗，并擦拭干净。

⑤ 利用钢皮尺、卡尺等简单工具，测量带传动装置各主要部分参数与尺寸。将测量结果记于实验报告中。

⑥ 对零部件涂抹机油保护，防止生锈，并按拆卸的相反顺序将带传动装置复原，拧紧螺钉。注意检查张紧力。

⑦ 整理工具，经指导老师检查后，才能离开实验室。

（3）注意事项

① 拆装时要认真细致地观察，积极思考，不得大声喧哗，不得乱扔乱放，保持现场的安静与整洁。

② 拆装时要爱护工具和零件，轻拿轻放，拆装时用力要适当，以防止损坏零件。

③ 拆下的零件要妥善地按一定顺序放好，以免丢失、损坏，以便于装配。

④ 拆装时要注意安全，互相配合。

⑤ 实验结束后应把减速器按原样装好，点齐工具并交还指导老师后方可离开。

3. 学生分组练习
学生分组操作，拆装调试带轮，教师巡回指导。

4. 实验设备、工具、材料、场地等的整理

检查项目	结果与数据	检查项目	结果与数据
操作正确规范		数据正确	
小组协作互助		6S 管理是否到位	

一、评价与反馈

考核项目	评分标准	分值	自评	互评	教师评价	合计
课前准备	工作服、工作帽穿戴整齐	5				
课前准备	仪容仪表符合要求	5				
课前准备	学习文具齐全	5				
实践过程	任务明确	5				
实践过程	操作规范	20				
实践过程	积极主动	10				
实践过程	无安全隐患	20				
实践过程	完成任务	10				
职业素养	设备完好无损坏	5				
职业素养	严格执行 6S 过程化管理	10				
职业素养	手机入袋	5				
总分		100				
教师签名：					年 月	日

二、撰写实验报告

模块二 齿轮传动

模块介绍

齿轮传动是用一对相互啮合的齿轮来传递运动和动力的装置,传动平稳性好,传递运动准确可靠;传递功率和速度范围大;传动效率高;结构紧凑,使用寿命长,所以齿轮传动在各种机械中有着广泛的应用,汽车的变速箱、分动箱、差速器中的主要构件就是齿轮。

模块目标

1. 了解齿轮传动在汽车上的应用;
2. 了解齿轮传动的特点;
3. 掌握齿轮传动的分类;
4. 理解渐开线的性质;
5. 熟悉直齿圆柱齿轮的基本参数和几何尺寸;
6. 了解其他齿轮的特点和用途。

课题一 齿轮传动的特点及分类

1. 了解齿轮传动在汽车上的应用。
2. 掌握齿轮传动的分类。
3. 理解渐开线的性质。
4. 了解齿轮传动的特点。

汽车变速箱是汽车重要的底盘传动系统中的一个总成,它可以改变传动比,以适应经常变化的行驶条件,同时使发动机在良好的工况下工作。汽车变速箱主要是由一系列相互啮合的齿轮和轴组成,通过不同的齿轮组进行啮合从而实现汽车的变速变矩的功能。如图6-2-1所示。

一、齿轮传动在汽车上的应用

齿轮传动在汽车上应用的场合很多,如变速箱齿轮机构、行星齿轮变速器、越野车的分动器、齿轮齿条式转向器、圆锥齿轮副差速器(图6-2-2)等。

图6-2-1 汽车变速箱

图6-2-2 圆锥齿轮差速器

二、齿轮传动的特点

1. 优点
（1）能保证瞬时传动比的恒定，传动平稳性好，传递运动准确可靠。
（2）传递的功率和速度范围大，传递功率可高达 $5×10^4$kW，圆周速度可以达到 300m/s。
（3）传动效率高，维护简便，使用寿命长。
（4）结构紧凑，可实现较大的传动比。

2. 缺点
（1）制造和安装精度要求高，工作时有噪声。
（2）不能实现无极变速。
（3）整体传动机构结构庞大、笨重，因此，不适宜中心距较大的场合。

三、齿轮的类型

1. 按轮齿方向分
直齿圆柱齿轮：适用于圆周速度较低的传动，尤其适用于变速箱的换挡齿轮，如图 6-2-3（a）所示。
斜齿圆柱齿轮：适用于圆周速度较高、载荷较大且要求结构紧凑的场合，如图 6-2-3（b）所示。
人字齿圆柱齿轮：适用于载荷大且要求传动平稳的场合，如图 6-2-3（c）所示。

（a）直齿圆柱齿轮　　（b）斜齿圆柱齿轮　　（c）人字齿圆柱齿轮

图 6-2-3　圆柱齿轮

2. 按啮合方式分
外啮合齿轮传动：适用于圆周速度较低的传动，尤其适用于变速箱的换挡齿轮，如图 6-2-4（a）所示。
内啮合齿轮传动：适用于结构要求紧凑且效率较高的场合，如图 6-2-4（b）所示。
齿轮齿条传动：适用于将连续转动变换为往复移动的场合，如图 6-2-4（c）所示。

（a）外啮合齿轮　　（b）内啮合齿轮　　（c）齿轮齿条

图 6-2-4　齿轮的啮合方式

3. 其他分类方法
按工作条件不同，分为闭式齿轮传动（图 6-2-5）和开式齿轮传动（图 6-2-6），闭式齿轮传动安装在封闭的箱体内，能够保证良好的润滑，开式齿轮传动暴露在外，有灰尘等杂物影响，不能保证有良好的润滑。

按齿廓曲线的不同，齿轮可分为渐开线齿（图 6-2-9）、摆线齿（图 6-2-7）、圆弧齿（图 6-2-8）三种，其中渐开线齿轮制造容易，便于安装，互换性好，应用最广，本课题主要针对渐开线齿轮进行介绍。

图 6-2-5　闭式齿轮传动

图 6-2-6　开式齿轮传动　　图 6-2-7　摆线齿轮　　图 6-2-8　圆弧齿轮　　图 6-2-9　渐开线齿轮

四、渐开线的性质

1. 渐开线的形成

将一个圆柱固定在一个平面上，圆柱上缠线，拉紧一个线头，让该线绕圆轴运动且始终与圆柱相切，那么线上一个定点在该平面上的轨迹就是渐开线。

如图 6-2-10 所示，线所在的直线 KN 与半径为 r_b 的圆相切，并沿此圆展开，则直线 KN 上任意一点 K 的轨迹称为该圆的渐开线。与直线作纯滚动的圆称为基圆，r_b 为基圆半径，直线 KN 称为发生线。齿轮轮齿的齿廓是由同一基圆的两条反向（对称）的渐开线组成的，称为渐开线齿轮，如图 6-2-11 所示。

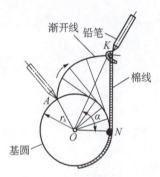

图 6-2-10　渐开线的形成

图 6-2-11　渐开线齿廓的形成

2. 渐开线的性质

从渐开线的形成可以看出，它具有以下性质：

（1）渐开线上任意一点的法线必与基圆相切。因为渐开线上的任一点的法线与渐开线上的发生线重合，所以必定与基圆相切。

（2）渐开线上各点的曲率半径不相等。同一渐开线上离基圆越远，其曲率半径越大，渐开线越趋于平直；反之离基圆越近，曲率半径越小，渐开线越弯曲。

（3）渐开线的形状取决于基圆的大小。基圆相同，渐开线形状相同。基圆越小，渐开线越弯曲；基圆越大，渐开线越趋平直。当基圆半径趋于无穷大时，渐开线成直线，这种直线型的渐开线就是齿条的齿廓曲线，如图 6-2-12 所示。

（4）渐开线的起始点在基圆上，基圆内无渐开线。

（5）渐开线上各点处的压力角不相等。渐开线齿廓在任意一点 K 的径向直线与此点的切线的所夹的锐角称为压力角 α，即渐开线上某点所受作用力 F_K 的方向（即渐开线在 K 点的法线方向）与该点绕基圆圆心 O 回转时的速度 v_K 方向所夹的锐角称为渐开线齿廓上任意一点 K 处的压力角 α。对于同一基圆的渐开线，K 点离基圆越远，压力角 α 越大；反之，压力角越小。在渐开线的起点（即 K 点在基圆上）即基圆上的压力角等于零。压力角越小，齿轮传动越省力，因此，通常采用基圆附近的一段渐开线作为齿轮的齿廓曲线，如图 6-2-13 所示。

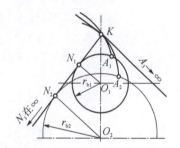

图 6-2-12　基圆半径不等的渐开线

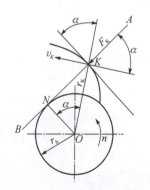

图 6-2-13　渐开线上的压力角

一、选择题

1. 渐开线上的点离基圆越远，该点处的曲率半径值越（　　），渐开线在基圆处的曲率半径，其值为（　　）。
   A. 小　　　B. 大　　　　C. 零　　　　　D. 无穷大
2. 渐开线的形状与基圆大小（　　），基圆半径越小，则渐开线越（　　），基圆半径为（　　）时，渐开线变成一条直线。
   A. 有关　　B. 无关　　　C. 弯曲　　　D. 平缓　　　　E. 无穷大　　　　F. 为零
3. 齿轮传动的特点有（　　）。
   A. 传递的功率和速度范围大　　　　　　B. 制造和安装精度要求不高
   C. 能实现无级变速　　　　　　　　　　D. 寿命长，传动效率低
4. 渐开线的性质有（　　）。
   A. 基圆越大，渐开线越弯曲　　　　　　B. 渐开线上各点的曲率半径相等
   C. 基圆相同，渐开线形状也相同　　　　D. 基圆内有渐开线
5. 能保证良好润滑条件的齿轮传动是（　　）。
   A. 开式齿轮传动　　　　　　　　　　　B. 闭式齿轮传动
   C. 低速齿轮传动　　　　　　　　　　　D. 轻载齿轮传动
6. 齿轮轮齿形状取决于渐开线（　　）。
   A. 齿轮模数　B. 基圆半径　　C. 压力角　　D. 加工方法

二、填空题

1. 按齿轮的工作条件分为_____和_____。
2. 目前常用的齿廓曲线有_____、_____和_____等，其中以_____用得最为普遍。
3. 齿轮的压力角是指_____，标准压力角是指_____上的压力角。
4. 基圆相同渐开线的形状_____，基圆半径越大，渐开线越_____。

三、简答题

1. 齿轮传动有哪些特点？
2. 渐开线是怎样形成的？有哪些性质？
3. 渐开线上各点的压力角是否相等？
4. 按啮合方式不同，齿轮传动可以分成哪几类？

课题二　直齿圆柱齿轮

1. 了解渐开线齿轮的基本参数。
2. 掌握齿轮的几何尺寸及其计算公式。
3. 理解齿轮副正确啮合的条件和连续传动的条件。

直齿圆柱齿轮是机械齿轮中的重要齿轮类型，也是最为普通的齿轮样式。它通过两个圆柱齿轮来传

递两平行轴之间的运动和动力,能达到较高的传动精度,如图 6-2-14 所示。

一、渐开线直齿圆柱齿轮的基本参数及几何尺寸计算

(一) 直齿圆柱齿轮基本参数

1. 模数 m

图 6-2-14 直齿圆柱齿轮

为使计算和测量方便,分度圆直径应为有理数。因此规定比值 $\frac{p}{\pi}$ 等于整数或简单的有理数。在这里以符号 m 表示这个倍数,即:

$$m = \frac{p}{\pi} \qquad (6\text{-}2\text{-}1)$$

m 称为模数,单位是毫米。因此,模数 m 就是齿距除以圆周率 π 所得的商。则分度圆直径 d 可用模数 m 和齿数 z 来表示,即:

$$d = mz \qquad (6\text{-}2\text{-}2)$$

当齿数一定时,模数愈大,则齿轮的几何尺寸就愈大,当然齿轮的强度也愈大,如图 6-2-15 所示。对于分度圆上的模数,国家已经制订了标准值系列,见表 6-2-1。在轿车和轻型车上,由于传递的载荷不大,其变速器齿轮模数就取得小些;而中、大型载重汽车,传动齿轮的模数就取得大些。

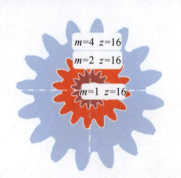

图 6-2-15 模数与齿轮尺寸的关系

表 6-2-1 标准模数系列表   单位:mm

第一系列	1	1.25	1.5	2	2.5	3	4	5	6	8
	10	12	16	20	25	32	40	50	…	
第二系列	(1.75)	(2.25)	(2.75)	(3.25)	(3.75)	(4.5)	(5.5)	7	9	(11)
	(14)	(18)	(22)	(28)	36	45	…			

注:1. 本表用于渐开线圆柱齿轮。对斜齿轮是指法向模数。
2. 选用模数时,应优先采用第一系列,其次是第二系列,挂号内的模数尽可能不用。

2. 压力角 α

渐开线上各点的压力角是不相等的,压力角已标准化。我国标准规定,分度圆上的压力角(端面齿形角的简称)α=20°。在一些进口汽车和设备中,还可见到齿轮压力角为 14.5°、15°、17.5° 等的数值。

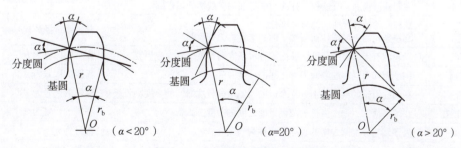

图 6-2-16 压力角对齿形的影响

图 6-2-16 表示在分度圆大小不变的条件下，齿轮齿形随分度圆压力角变化而变化的关系。当压力角小于 20° 时，齿轮传动较省力，但齿根部变薄，齿轮承载能力下降；当压力角大于 30° 时，轮齿根部变厚，承载能力增大，但齿轮传动较费力，故有的国家采用了小压力角的齿轮。而我国规定压力角等于 20° 齿形恰当，适用于大多数机械传动。

3. 齿数 z

在齿轮整个圆周上，均匀分布的轮齿总数，称为齿轮的齿数，用 z 表示。

4. 齿顶高系数 h_a^*

齿顶高 h_a 与模数 m 之比值称为齿顶高系数，用 h_a^* 表示，即

$$h_a^* = \frac{h_a}{m}$$

为使齿轮的齿形均匀，齿顶高和齿根高与模数成正比，规定标准直齿圆柱齿轮的齿顶高系数为 $h_a^*=1$，短齿：$h_a^*=0.8$。

5. 顶隙系数 c^*

当一对齿轮啮合时，为使一个齿轮的齿顶面不与另一个齿轮的齿槽底面相抵触，轮齿的齿根高 h_f 应大于齿顶高 h_a，以保证两齿轮啮合时，一齿轮的齿顶与另一齿轮的槽底之间有一定的径向间隙，称为顶隙，顶隙还可以储存润滑油，有利于齿面的润滑。顶隙在齿轮的齿根圆柱面与配对齿轮的齿顶圆柱面之间的连心线上量度，用 c 表示，如图 6-2-17 所示。

顶隙 c 与模数 m 之比值称为顶隙系数，用 c^* 表示，我国标准规定，标准直齿圆柱齿轮的顶隙系数 $c^*=0.25$。即

$$c^* = \frac{c}{m}$$

$$h_f = h_a + c = (h_a^* + c^*)m \qquad (6\text{-}2\text{-}3)$$

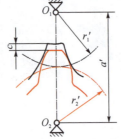
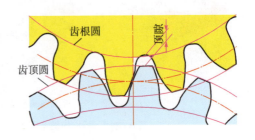

图 6-2-17 一对齿轮啮合时的顶隙

（二）标准直齿圆柱齿轮各部分的名称

标准直齿圆柱齿轮各部分的名称，如图 6-2-18、表 6-2-2 所示。

表6-2-2 标准直齿圆柱齿轮各部分名称

名称	含义	代号及说明
端平面	在圆柱齿轮上，垂直于齿轮轴线的平面	
齿顶圆柱面 齿顶圆	圆柱齿轮的齿顶曲面称齿顶圆柱面 在圆柱齿轮上，其齿顶圆柱面与端平面的交线称为齿顶圆	齿顶圆直径的代号为 d_a
齿根圆柱面 齿根圆	圆柱齿轮的齿根曲面称齿根圆柱面 在圆柱齿轮上，其齿根圆柱面与端平面的交线称为齿根圆	齿根圆直径的代号为 d_f
分度圆柱面 分度圆	圆柱齿轮的分度曲面称分度圆柱面 圆柱齿轮的分度圆柱面与端平面的交线称为分度圆	分度圆直径的代号为 d
齿宽	齿轮的有齿部位沿分度圆柱面的直母线方向量度的宽度称齿宽	齿宽的代号为 b
端面齿距	两个相邻而同侧的端面齿廓之间的分度圆弧长	齿距的代号为 p
端面齿厚	在圆柱齿轮的端平面上，一个齿的两侧端面齿廓之间的分度圆弧长	齿厚的代号为 s
端面齿槽宽	在端平面上，一个齿槽的两侧齿廓之间的分度圆弧长	槽宽的代号为 e
齿顶高	齿顶圆与分度圆之间的径向距离称为齿顶高	代号为 h_a
齿根高	齿根圆与分度圆之间的径向距离称为齿根高	代号为 h_f

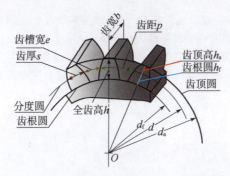

图 6-2-18 渐开线直齿圆柱齿轮各部分名称

(三) 渐开线直齿圆柱齿轮几何尺寸计算公式

渐开线标准直齿圆柱齿轮几何尺寸计算公式见表 6-2-3。

表 6-2-3 渐开线标准直齿圆柱齿轮几何尺寸计算公式

名称	符号	外齿轮	内齿轮	齿条
模数	m	经设计计算后取表 6-2-1 标准值		
压力角	α	$\alpha=20°$		
顶隙	c	$c=c^*m$		
齿顶高	h_a	$h_a=h_a^*m$		
齿根高	h_f	$h_a=(h_a^*+c^*)m$		
全齿高	h	$h=h_a+h_f$		
齿距	p	$p=\pi m$		
基圆齿距	p_b	$p_b=P\cos\alpha=\pi m\cos\alpha$		
齿厚	S	$s=\dfrac{\pi m}{2}$		
齿槽宽	e	$e=\dfrac{\pi m}{2}$		
分度圆直径	d	$d=mz$		$d=\infty$
基圆直径	d_b	$d_b=d\cos\alpha$		$d_b=\infty$
齿顶圆直径	d_a	$d_a=d+2h_a$	$d_a=d-2h_a$	$d_a=\infty$
齿根圆直径	d_f	$d_f=d-2h_f$	$d_f=d+2h_f$	$d_f=\infty$

二、齿轮副的正确啮合条件和连续传动条件

(一) 渐开线齿轮正确啮合的条件

为保证渐开线齿轮传动中各对轮齿能依次正确啮合，避免因齿廓局部重叠或侧隙过大而引起的卡死或冲击现象，必须使两齿轮的基圆齿距相等，即 $p_{b1}=p_{b2}$，如图 6-2-19 所示。

将 $p_b=\pi m\cos\alpha$ 代入得：

$$\pi m_1\cos\alpha_1=\pi m_2\cos\alpha_2$$

因 m 和 α 都取标准值，使上式成立的条件为：

$$m_1=m_2=m$$
$$\alpha_1=\alpha_2=\alpha$$

(二) 连续传动条件

为了保证一对渐开线齿轮能够连续传动，必须至少做到前一对啮合轮齿在脱离啮合之前，后一对轮齿必须进入啮合，否则啮

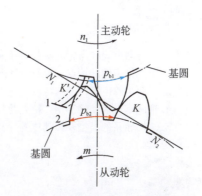

图 6-2-19 渐开线齿轮的正确啮合条件
1- 侧隙过大；2- 局部重叠

合传动就会中断。为此必须使实际啮合线长度 KK' 至少大于一个基圆齿距 p_b，通常把 KK' 与 p_b 的比值称为重合度，用 ε 表示，即齿轮连续传动的条件为：$\varepsilon \geqslant 1$。

当前一对轮齿啮合终止的瞬间，后继的一对轮齿正好开始啮合，此时 $\varepsilon=1$。但由于制造、安装误差的影响，实际上必须使 $\varepsilon>1$，才能可靠地保证传动的连续性，重合度越大，传动越平稳。

一、选择题

1. 模数 m（　　）。
   A. 等于齿距除以圆周率所得的商　　B. 一定时，齿轮的几何尺寸与齿数无关
   C. 是一个无单位的量　　　　　　　D. 在齿轮几何尺寸中一点也不重要
2. 渐开线上任意点的法线必与基圆（　　）。
   A. 相交　　　　B. 垂直　　　　C. 不相交　　　　D. 相切
3. 标准直齿圆柱齿轮的齿形角 α 等于（　　）。
   A. 20°　　　　B. 30°　　　　C. 40°　　　　D. 60°
4. 标准直齿圆柱齿轮的齿顶高系数 h_a^* 等于（　　）。
   A. 0.25　　　B. 1　　　　　C. 1.25　　　　D. 2.25
5. 标准直齿圆柱齿轮的齿顶高等于（　　）。
   A. 1m　　　　B. 1.25m　　　C. 2.25m　　　D. 0.25m

二、判断题

1. 齿轮传动的传动比与中心距 a 无关。（　　）
2. 模数 m 反映了齿轮轮齿的大小，模数越大，轮齿越大，齿轮的承载能力越大。（　　）
3. 一对啮合的圆柱斜齿轮用于平行轴传动时，两轮的螺旋角应相等，旋向应相同。（　　）
4. 标准直齿轮的端面齿厚 s 与端面槽宽 e 相等。（　　）
5. 压力角已标准化，我国规定压力角为 20°。（　　）

三、简答题

1. 渐开线直齿圆柱齿轮的啮合条件是什么？
2. 已知一标准直齿圆柱齿轮，$z=50$，$h=22.5\text{mm}$，求 $d_a=?$
3. 已知一标准直齿圆柱齿轮，$p=25.12\text{mm}$，$d=360\text{mm}$，求 $z=?$ $d_a=?$

课题三　其他类型的齿轮

1. 了解斜齿圆柱齿轮的参数及几何尺寸的计算。
2. 熟悉锥齿轮的特点、参数及几何尺寸的计算。
3. 了解齿轮齿条传动的特点。
4. 理解蜗杆传动的类型、特点及几何尺寸。
5. 掌握轮系的类型及传动比的计算。

在齿轮传动中，除了直齿圆柱齿轮外，还有斜齿圆柱齿轮、锥齿轮、齿轮齿条及蜗杆传动等，如图

6-2-20所示。它们各有特点,使用场合也不同,本课题对此作一些介绍。

图 6-2-20 其他类型齿轮

一、斜齿圆柱齿轮传动

与直齿圆柱齿轮相比,斜齿圆柱齿轮具有重合度大,啮合性能好,传动平稳,冲击噪声小,承载能力高,使用寿命长,对制造误差的敏感性小的优点;但是斜齿轮在传动时会产生轴向分力,不能用作变速器的滑移齿轮。所以在汽车的变速器高速挡齿轮副或在越野车分动器中高速挡齿轮副中用的是斜齿圆柱齿轮,如图6-2-21所示。

图 6-2-21 斜齿轮在变速箱中的应用

（一）斜齿圆柱齿轮的形成

斜齿圆柱齿轮齿面的形成原理是发生面上的直线KK'不平行于基圆柱的母线,而是形成一定角度β,当发生面沿基圆柱作纯滚动时,直线KK'形成的一个螺旋形的渐开线曲面,称为渐开线螺旋面。β称为基圆柱上的螺旋角,如图6-2-22所示。

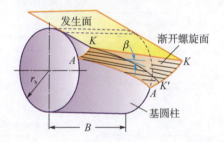
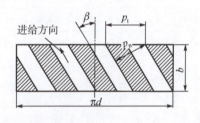

图 6-2-22 斜齿轮齿廓的形成及分度圆柱面的展开图

（二）斜齿圆柱齿轮的参数

1. 螺旋角 β

分度圆螺旋线的切线与过切点的圆柱面直母线之间所夹的锐角称为分度圆螺旋角,简称螺旋角,如图6-2-22所示。螺旋角β是表示轮齿倾斜程度的参数,螺旋角β越大,轮齿倾斜程度越大,因而传动平稳性越好,但轴向力也越大。一般取螺旋角$\beta=8°\sim30°$,常用$\beta=8°\sim15°$。

轮齿的螺旋方向,可分为左旋齿和右旋齿。如果将斜齿轮轴线垂直放置,轮齿螺旋线向左上升的为左旋,向右上升的为右旋,如图6-2-23所示。

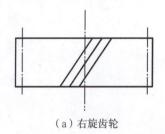
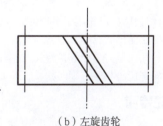

（a）右旋齿轮　　　　　　　（b）左旋齿轮

图 6-2-23 斜齿轮的旋向

2. 模数

斜齿圆柱齿轮的模数分为法面模数m_n与端面模数m_t两种,与齿面垂直的平面称为法面,用n作标记,与轴线垂直的平面称为端面，用 t 作标记，如图 6-2-24 所示。两者的关系为：
$$m_t = m_n / \cos\beta$$

因为加工轮齿时，刀具是顺着斜齿轮的齿槽宽进行切削，所以斜齿轮以法面参数为标准值，即 $m_n = m$。

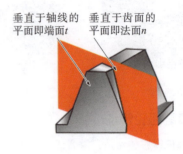

图 6-2-24　斜齿圆柱齿轮及法平面

（三）标准斜齿圆柱齿轮几何尺寸的计算

标准斜齿圆柱齿轮几何要素的名称、代号和计算公式见表 6-2-4。

表 6-2-4　标准斜齿圆柱齿轮几何要素的名称、代号和计算公式

名称	代号	定义	计算公式
法向模数	m_n	法向齿距除以圆周率所得到的商	$m_n = p_n / \pi$　$m_n = m$（标准模数）
端面模数	m_t	端面齿距除以圆周率所得到的商	$m_t = p_t / \pi = m_n / \cos\beta$
法向齿形角	α_n	法平面内，端面齿廓与分度圆交点处的齿形角	$\alpha_n = \alpha = 20°$
端面齿形角	α_t	端平面内，端面齿廓与分度圆交点处的齿形角	$\tan\alpha_t = \tan\alpha_n / \cos\beta$
分度圆直径	d	分度圆柱面与分度圆的直径	$d = m_t z = m_n z / \cos\beta$
法向齿距	p_n	在分度圆柱面上，其齿线的法向螺旋线在两个相邻的同侧齿面之间的弧长	$p_n = \pi m_n$
端面齿距	p_t	两个相邻而同侧的端面齿廓之间的分度圆弧长	$p_t = p_n / \cos\beta = \pi m_n / \cos\beta$
齿顶高	h_a	与直齿圆柱齿轮相同	$h_a = m_n$
齿根高	h_f		$h_f = 1.25 m_n$
齿高	h		$h = h_a + h_f = 2.25 m_n$
齿顶圆直径	d_a		$d_a = d + 2h_a = m_n (z/\cos\beta + 2)$
齿根圆直径	d_f		$d_f = d - 2h_f = m_n (z/\cos\beta - 2.5)$
螺旋角	β	分度圆螺旋线的切线与过切点的圆柱面直母线之间所夹的锐角	

（四）斜齿圆柱齿轮的正确啮合条件

一对外啮合斜齿圆柱齿轮用于平行轴传动时的正确啮合条件如下：

（1）两齿轮法向模数相等，即 $m_{n1} = m_{n2} = m$；

（2）两齿轮法向压力角相等，即 $\alpha_{n1} = \alpha_{n2} = \alpha$；

（3）两齿轮螺旋角相等、旋向相反，即 $\beta_1 = -\beta_2$。

二、圆锥齿轮传动

1. 圆锥齿轮的类型

圆锥齿轮是用来传递两轴相交的旋转运动，圆锥齿轮将动力旋转平面改变 90°，使其与驱动轮转动方向一致。圆锥齿轮种类较多，根据齿线的形状分为直齿锥齿轮、斜齿锥齿轮、曲齿锥齿轮传动，如图 6-2-25 所示。

（a）直齿锥齿轮传动

（b）斜齿锥齿轮传动

（c）曲齿锥齿轮传动

图 6-2-25　圆锥齿轮传动

锥齿轮用来传递两相交轴之间的旋转运动，其轮齿分布在圆锥面上，所以锥齿轮的轮齿从大端逐渐向锥顶缩小，沿齿宽各截面尺寸都不相等，大端尺寸最大。因为计算时只计算大端几何尺寸，规定大端的几何参数是标准值，如图 6-2-26 所示。

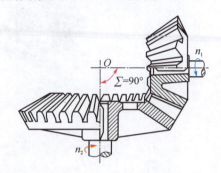
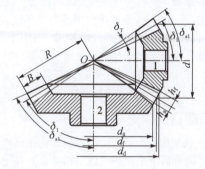

图 6-2-26　直齿锥齿轮传动

2. 直齿锥齿轮的正确啮合条件

为保证正确啮合，直齿圆锥齿轮传动的正确啮合条件如下：
（1）两锥齿轮的大端端面模数相等，即 $m_{t1}=m_{t2}=m$。
（2）两锥齿轮的大端齿形角相等，即 $\alpha_1=\alpha_2=\alpha$。

三、齿轮齿条传动

如图 6-2-27 所示，当齿轮的基圆半径增大到无穷大时，渐开线变成一条直线，这时的齿轮就变成了齿条。这时分度圆、齿顶圆、齿根圆和基圆变成了相互平行的直线，即分度线、齿顶线、齿根线、基准线，齿数分布在这些线上称为齿条。

齿轮齿条啮合传动时，把齿条的直线往复运动变为齿轮的回转运动或将齿轮的回转运动变为齿条的直线往复运动，齿条上各点速度大小和方向都是一致的。齿廓上各点的压力角相等，如果是标准齿条，压力角 $\alpha=20°$，齿条上各齿同侧齿廓线是平行且齿距相等。

当齿轮每分钟的转速为 n_1，模数为 m（mm），齿数为 z_1，则齿条的移动速度为 $v=n_1\pi d_1=n_1\pi mz_1$（mm/min）；当齿轮每回转 1 圈时，齿条移动的距离 $L=\pi d_1=\pi mz_1$（mm）。

齿条齿轮传动应用在汽车的转向器上（图 6-2-28），是以齿轮为主动件，齿条为从动件的转向器，它的结构简单，传动比不可变而且较小，在微型汽车上应用较多（如长安奥拓等）。采用带有转向加力器后，齿轮齿条转向器使用增多。

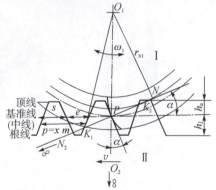

图 6-2-27　齿轮齿条传动

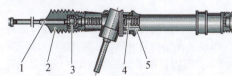

图 6-2-28　齿轮齿条转向器
1-转向横拉杆；2-防尘套；3-球头座；4-转向齿条；5-转向器壳体

四、蜗杆传动

1. 蜗杆传动的组成及分类

蜗杆传动主要由蜗杆和蜗轮组成,用于传递空间两交错轴之间的回转运动和动力,通常两轴交错角为90°,蜗杆是主动件,蜗轮是从动件,如图6-2-29所示。蜗杆传动常用于两轴交错、传动比较大、传递功率不太大或间歇工作的场合,如蜗杆减速机(图6-2-30)。

根据蜗杆形状的不同,蜗杆传动可分为圆柱蜗杆传动、环形面蜗杆传动、锥蜗杆传动等。按加工方法的不同,圆柱蜗杆又分为阿基米德蜗杆、渐开线蜗杆和延伸渐开线蜗杆。阿基米德蜗杆螺旋面的形成与螺纹的形成相同,齿廓为阿基米德螺旋线。由于阿基米德蜗杆制造简便,故应用较广。

图6-2-29 蜗杆传动

2. 蜗杆传动的特点

蜗杆传动的主要特点是结构紧凑、传动平稳、传动比大且准确,其传动比一般为10～100,在分度机构中或仅是传递运动时,其传动比可达1000或更大。因蜗杆齿为连续不断的螺旋形,使其有螺旋机构的特点,故传动过程中几乎没有噪声。当蜗杆的导程角γ≤5°时,蜗杆传动可实现自锁,但蜗杆传动效率低、磨损大、不能任意互换啮合。蜗杆传动常用于两轴交错、传动比较大、传递功率不太大或间歇工作的机构以及有自锁要求的机械中。

五、轮系简介

在许多机械中,为了获得不用的传动比或转速以及改变转向,通常需要采用一系列互相啮合的齿轮将主动轴和从动轴连接起来。这种由一系列齿轮组成的传动系统称为轮系。如图6-2-31所示为大众7速DSG变速箱采用的齿轮传动变速机构。

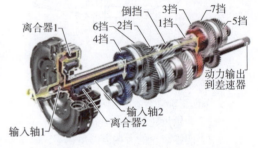

图6-2-30 蜗杆减速机

图6-2-31 大众7速DSG变速箱实物图

1. 轮系的分类

按照轮系传动时各齿轮的轴线位置是否固定可分为定轴轮系、周转轮系和混合轮系三大类。定轴轮系是指当轮系运转时,所有齿轮的几何轴线的位置相对于机架固定不变的轮系,也称普通轮系,如图6-2-32(a)所示;周转轮系是指轮系运转时,至少有一个齿轮的几何轴线相对于机架的位置是不固定的,而是绕另一个齿轮的几何轴线转动的轮系,如图6-2-32(b)所示;混合轮系是指轮系中既有定轴轮系又有周转轮系,如图6-2-32(c)所示。

(a)定轴轮系图　　　(b)周转轮系　　　(c)混合轮系

图6-2-32 轮系的分类

2. 轮系的特点

(1)可获得很大的传动比。

当两轴之间的传动比较大时,若仅用一对齿轮传动,则两个齿轮的齿数差一定很大,导致小齿轮磨损加快。又因为大齿轮齿数太多,使得齿轮传动结构尺寸增大。为此,一对齿轮传动的传动比不能过大(一般$i=3～5$,$i_{max}≤8$),而采用轮系传动,可以获得很大的传动比,以满足低速工作的要求。

(2)可作较远距离的传动。

当两轴中心距较大时,如用一对齿轮传动,则两齿轮的结构尺寸必然很大,导致传动机构庞大。而采用轮系传动，可使结构紧凑，缩小传动装置的空间，节约材料，如图6-2-33所示。

图6-2-33 较远距离的传输

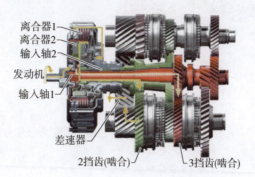

图6-2-34 变速和变向

（3）可变速和变向要求。

在金属切削机床、汽车等机械设备中，经过轮系传动，可以使输出轴获得多级转速，以满足不同工作的要求，如图6-2-34所示为汽车变速箱，通过轮系实现汽车的变速和变向的要求。

3. 轮系的传动比

（1）定轴轮系：定轴轮系传动比是指轮系中首末两轮的转速之比。若以1和k分别代表轮系首、末两轮的标号，则轮系的传动比为：

$$i_{1k} = \frac{\omega_1}{\omega_k} = \frac{n_1}{n_k} = (-1)^m \frac{\text{所有从动轮齿数乘积}}{\text{所有主动轮齿数乘积}} \qquad (6\text{-}2\text{-}4)$$

式中 m —— 外啮合齿轮对数。

上式中若计算结果为正，则表示轮系首末两轮（即主、从动轴）回转方向相同；结果为负，则表示首末两轮回转方向相反。但此判断方法，只适用于平行轴圆柱齿轮传动的轮系，如图6-2-35（a）所示。

对于有圆锥齿轮、交错轴斜齿轮或蜗杆蜗轮等空间齿轮机构的定轴轮系，其传动比大小仍按上式计算。但传动比的正负号、各轮的转向不能根据计算结果来确定，而必须用画箭头的办法确定各轮的转向，如图6-2-35（b）所示。

（2）周转轮系：由于行星轮的运动有自转和公转，所以周转轮系传动比的计算方法不同于定轴轮系，如图6-2-36所示。假想行星架相对固定，使周转轮系转化为假想的定轴轮系，则有

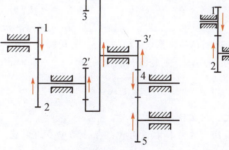

（a）平行轴定轴轮系　（b）非平行轴定轴轮系

图6-2-35 定轴轮系传动比的计算

$$i_{13}^H = \frac{n_1^H}{n_3^H} = \frac{n_1 - n_H}{n_3 - n_H} = -\frac{z_3}{z_1} \qquad (6\text{-}2\text{-}5)$$

式中 i_{13}^H —— 假想行星架相对固定时，齿轮1和齿轮3的传动比；

n_1^H —— 齿轮1相对于行星架的转速，即$n_1^H = n_1 - n_H$；

n_3^H —— 齿轮3相对于行星架的转速，即$n_3^H = n_3 - n_H$；

"−" —— 表示齿轮1与齿轮3转向相反。

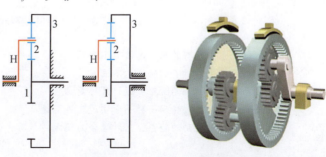

图6-2-36 周转轮系传动比计算

一、选择题

1. 斜齿圆柱齿轮外啮合时两齿轮的（　　）。
   A. 螺旋角相等，旋向相同　　　　　B. 螺旋角不相等，旋向相同
   C. 螺旋角相等，旋向相反　　　　　D. 螺旋角不相等，旋向相反

2. 直齿锥齿轮传动时，两轴的交角通常为（　　）。
   A. 30°　　　B. 60°　　　C. 90°　　　D. 120°

3. 标准直齿锥齿轮采用（　　）。
   A. 切向模数　　B. 法向模数　　C. 大端模数　　D. 小端模数

4. 能容易实现自锁的是（　　）。
   A. 链传动　　B. 齿轮传动　　C. 蜗杆传动　　D. 带传动

5. 蜗杆的模数是指（　　）。
   A. 切向模数　　B. 法向模数　　C. 轴向模数　　D. 端面模数

6. 通常情况下，蜗杆传动中（　　）是主动件。
   A. 蜗轮　　B. 二者都是　　C. 蜗杆　　D. 两者都不是

7. 当两轴相距较远，且要求传动准确，应采用（　　）。
   A. 带传动　　B. 链传动　　C. 轮系传动　　D. 蜗杆传动

8. 若主动轴转速为1200r/min，现要求在高效率下使从动轴获得12r/min的转速，应采用（　　）传动。
   A. 一对直齿圆柱齿轮　B. 单头蜗杆　　C. 轮系　　D. 四杆机构

9. 定轴轮系末端采用齿轮齿条传动，其移动距离公式表示为（　　）。
   A. $L=S_A \pm S_B$　　　　　　　B. $L=n_k \cdot p \cdot z$
   C. $L=n_k \cdot S$　　　　　　　D. $L=n_k \cdot \pi \cdot m \cdot z$

10. 如图6-2-37所示的轮系中，z_1、z_3、z_4、z_6同轴线，且$z_1=z_2=z_4=z_5=20$，若轮1的转速$n_1=900$r/min，则轮6的转速n_6为（　　）r/min。
    A. 8100　　　B. 900　　　C. 300　　　D. 100

图6-2-37

二、判断题

1. 螺旋角越大，斜齿轮传动越平稳。（　　）
2. 蜗杆的螺旋线有左旋和右旋两种，在传动中多用右旋。（　　）
3. 蜗杆传动的承载能力不大，但效率较高。（　　）
4. 因为蜗杆传动具有自锁作用，所以蜗轮永远是从动件。（　　）
5. 蜗杆传动中，蜗杆与蜗轮的轴线是垂直相交成90°。（　　）
6. 单头蜗杆传动的效率没有多头蜗杆传动的低。（　　）
7. 轮系传动既可用于相距较远的两轴间传动，又可获得较大的传动比。（　　）
8. 轮系中的某一个中间齿轮，既可以是前级齿轮副的从动轮，又可以是后一级齿轮副的主动轮。（　　）
9. 轮系中使用惰轮，既可变速，又可变向。（　　）
10. 在轮系中如果有圆锥齿轮传动或蜗杆传动时，则轮系旋转方向只能用箭头方法，而不能用$(-1)^m$来确定。（　　）
11. 定轴轮系中所有的轴都是固定不动的。（　　）
12. 周转轮系中，所有的轴线均不固定。（　　）
13. 轮系中使用锥齿轮既可变速，又可变向。（　　）
14. 轮系传动和摩擦传动一样易于实现无级变速。（　　）
15. 传递平行轴运动的轮系，若外啮合为偶数对，首末两轮转向相反。（　　）

单元七　液压传动

模块一　液压传动基本概念

模块介绍

液压传动是指以液体（通常是油液）作为工作介质，利用液体压力来传递动力和进行控制的一种传动方式。液压传动是根据17世纪帕斯卡提出的液体静压力传递原理发展起来的一门技术，在汽车行业中得到了广泛的应用。本模块主要介绍液压系统的组成、特点、元件符号、参数及两个基本原理。

模块目标

1. 掌握液压传动的工作原理及液压系统的组成。
2. 熟悉液压元件的图形符号。
3. 了解液压系统的特点。
4. 了解液压传动的参数及基本原理。

课题一　液压传动的组成

1. 掌握液压传动的工作原理及液压系统的组成。
2. 熟悉液压元件的图形符号。
3. 了解液压系统的特点。

液压元件易于实现系列化、标准化、通用化，便于采用电液联合控制以实现自动化，在汽车上可用于转向系统、制动系统、ABS、液压悬架、液压减振等。

一、液压传动的工作原理

如图 7-1-1 所示为常见的液压千斤顶的工作原理图。它由手动柱塞泵和液压缸以及管路、管接头等

193

构成一个密封的连通器，其间充满着油液，截止阀 5 关闭。

当提起杠杆，小液压缸 1 的活塞上移，油腔密封容积增大形成局部真空。油箱 4 中的油液在大气压力的作用下，推动单向阀 3 的钢球并沿着吸油管进入小液压缸下油腔，完成吸油工作过程；当压下杠杆，小液压缸 1 的活塞下移，1 下油腔的密封容积减小，油液受到外力挤压产生压力，单向阀 3 自动关闭，同时单向阀 2 的钢球受到一个向下的作用力。

当该作用力大于大液压缸 6 油腔中油液对钢球的作用力时，钢球被推开，压力油通过单向阀 2 流入大液压缸 6 的下油腔内，迫使它的密封容积变大，其结果推动大活塞上升并将重物 G 顶起，即完成压油工作过程。再次提起杠杆时，油腔 6 中油液迫使单向阀 2 自动关闭，使油液不能倒流入缸 1 油腔中，保证了重物不致自动落下。

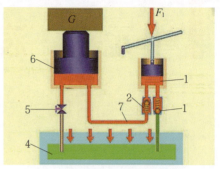

图 7-1-1 液压千斤顶工作原理图
1—小液压缸；2，3—单向阀；4—油箱；
5—截止阀；6—大液压缸；7—油管

当反复提起和压下杠杆时，小液压缸油腔密封容积实现增大与减小循环，液压泵不断交替进行着吸油和压油过程；压力油不断地进入大液压缸，将重物不断顶起，从而达到起重的目的。若将截止阀 5 旋转 90°，在重物 G 的作用下，大液压缸油腔中油液流回油箱。

液压千斤顶是一个简单的液压传动装置，从其工作过程可以看出，液压传动的工作原理是：以油液为工作介质，依靠密封容积的变化来传递运动，依靠油液内部的压力来传递动力。液压传动装置实质上是一种能量转换装置，即实现机械能→液压能→机械能的能量转换。

二、液压传动系统的组成

液压传动系统主要由动力部分、执行部分、控制部分和辅助部分组成。

（1）动力部分：由液压泵及其附件组成，其功用是将输入的机械能转换为液压能，是系统的能源，如图 7-1-2 所示。

（2）执行部分：由液压缸或液压马达等组成，其功用是将液压能转换为机械能，输出直线运动或旋转运动，如图 7-1-3 所示。

（3）控制部分：由各种液压控制阀组成，其功用是控制液体压力、流量和方向，如图 7-1-4 所示。

（4）辅助部分：连接前三个部分，组成一个系统，包括油箱、滤清器、蓄能器、油管、压力表等，其功用是存储、输送、净化和密封工作液体，并有散热作用，如图 7-1-5 所示。

图 7-1-2 液压泵

图 7-1-3 液压缸

图 7-1-4 换向阀　　　　　　　图 7-1-5 压力表、油管、接头

除此之外，液压传动系统中还包括工作介质，液压系统中用量最大的工作介质是液压油。液压油不仅起传递能量和运动的作用，而且对元件及装置起润滑作用。

三、液压油的工作性能

液压传动所用的液压油一般为矿物油。液压油质量的优劣直接影响液压系统的工作性能。

（1）液体的可压缩性。当液体受到压力的作用时，分子间距离缩短，密度增加，体积缩小，这种性质称为液体的可压缩性。一般情况下，油的可压缩性较小，可以忽略不计。

（2）液体的黏性。液体在外力作用下流动时，由于液体分子间的内聚力和液体分子与壁面间的附着力，导致液体分子间相对运动而产生的内摩擦力（或：流动液体流层之间产生内部摩擦阻力），这种特性称为黏性。

黏性的大小可用黏度来衡量，黏度是选择液压油的主要指标，是影响流动流体的重要物理性质。为了减少漏损，在使用温度、压力较高或速度较低时，应采用黏度较大的油。为了减少管路内的摩擦损失，在使用温度、压力较低或速度较高时，应采用黏度较小的油。

四、液压传动的图形符号

如图 7-1-1 所示的元件基本上都是用结构（或半结构）式的图形画出的示意图，称为结构原理图。它较直观，易为初学者接受，但图形复杂，目前广泛采用元件的图形符号来绘制液压系统图，如图 7-1-6（a）磨床工作台液压传动系统工作原理图，图（b）用图形符号表示的磨床工作台液压系统图，这种图简单明了，便于阅读。

但液压的图形符号只表示元件的功能、控制方式以及外部连接口，不表示元件的具体结构、参数以及连接口的实际位置和元件的安装位置。

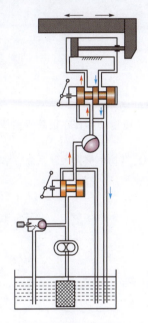
（a）磨床工作台液压传动系统工作原理

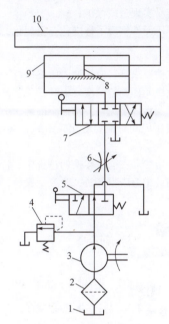
（b）用图形符号表示的磨床工作台液压系统图

图 7-1-6　磨床工作台液压系统

1-油箱；2-过滤器；3-液压泵；4-溢流阀；5-手动换向阀；6-节流阀；7-换向阀；8-活塞；9-液压缸；10-工作台

液压系统中部分液压元件的图形符号，见表 7-1-1。

表 7-1-1　液压传动的图形符号

名称	符号	名称	符号
液压泵		单向阀	
液压缸		换向阀	
溢流阀		减压阀	
顺序阀		节流阀	

五、液压传动系统的特点

1. 液压传动的优点

（1）体积小、重量轻，惯性力较小；
（2）在较大的范围内可实现无级调速；
（3）换向容易；
（4）易于获得很大的力或力矩，因此承载能力大；
（5）能自行润滑，磨损小，使用寿命长；
（6）操纵控制简便，自动化程度高；
（7）容易实现过载保护；
（8）液压元件实现了标准化、系列化、通用化，便于设计、制造和使用。

2. 液压传动的缺点

（1）维护要求高，液压油要始终保持清洁；
（2）液压元件制造精度要求高，工艺复杂，成本较高；
（3）泄漏难以避免，传动比不准确，不可用于传动比要求严格的场合；
（4）液压传动对油温变化较敏感，会影响工作稳定性，因此液压传动不宜在很高或很低的温度下工作；
（5）液压传动在能量转换的过程中，特别是在节流调速系统中，其功率损失大，系统效率较低；
（6）油液中渗入空气时，会产生噪声，容易引起振动和爬行，影响运动的平稳性。

学后测评

一、填空题

1. 液压传动的工作原理是以_____作为工作介质，依靠_____来传递运动，依靠_____来传递动力。
2. 液压传动系统由动力、执行、控制、辅助、工作介质五大部分组成，其各部分的作用如下：
  （1）动力部分：其功用是把原动机_____转换为油液的_____能，输出高压油液。
  （2）执行部分：其功用是把油液的_____转变成_____去驱动负载做功，实现往复直线运动、连续转动或摆动。
  （3）控制部分：其功用是控制从液压泵到执行部分的油液的_____、_____和_____，从而控制执行部分的_____、_____和_____。
  （4）辅助部分：其功用是_____、_____、_____和_____，并有_____作用。
  （5）工作介质：液压系统中用量最大的工作介质是液压油。液压油不仅起_____作用而且对元件及装置起_____作用。

二、选择题

1. 选择液压油时，主要考虑液压油的（　　）。
   A. 密度　　　B. 黏度　　　C. 成分　　　D. 可压缩性
2. 液压系统中的液压泵属于（　　）。
   A. 动力元件　　B. 执行元件　　C. 控制元件　　D. 辅助元件

三、分析液压千斤顶的工作原理图（图7-1-7），回答下列问题：

（1）向上提升杠杆，活塞3被带动_____，密封容积4_____，形成_____，油箱6中的油液在大气压力的作用下，使单向阀5_____（开启、关闭），进入并充满油腔4。
（2）向下压下杠杆，活塞3被带动_____，密封容积4_____，其内油液在外力作用下产生压力，迫使单向阀5_____（开启、关闭），单向阀7_____（开启、关闭），油液进入密封容积10，使其容积_____，推动活塞11和重物G_____。

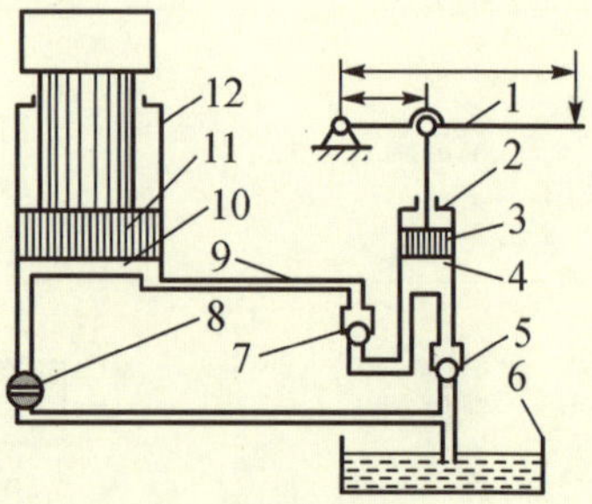

图7-1-7

课题二　液压传动的基本参数和原理

学习目标

1. 熟悉液压传动的基本参数。
2. 了解液压传动的两个基本原理。

问题引导

研究液体运动和引起运动的原因，即研究液体流动时流速和压力之间的关系（或液压传动两个基本参数的变化规律）。

一、液压传动的基本参数

（一）压力

1. 液体静压力

油液单位面积上承受的作用力称为压强，习惯称为压力，用字母 p 表示。即：

$$p = \frac{F}{A} \quad (\text{N/m}^2) \tag{7-1-1}$$

压力的单位为帕斯卡（Pa，即 N/m^2），1MPa=10^{6}Pa。

额定压力是指液压系统及元件在正常工作条件下，按试验标准规定的系统能连续工作的最高压力。应符合公称压力系列。它是液压元件的基本参数之一。

2. 压力的传递（帕斯卡原理）

在密闭容器内，施加于静止液体上的某点压力将以等值同时传递到液体内各点，这称为静压传递原理，又称为帕斯卡原理。如图7-1-8所示为液压千斤顶简图，按帕斯卡原理，在密闭容器内，大、小活塞处的液体的压力 p_1、p_2 是相等的，即 $G/A_2=F_1/A_1$。所以，在小活塞上施加比较小的力，可以推动大活塞上较大的重物，大活塞上的重力是小活塞上力的 A_2/A_1 倍。液压千斤顶就是利用这个原理来进行工作的。由此可见，当两活塞的面积之比 A_2/A_1 越大，大活塞升起重物的能力越大。也就是说，在小活塞上施加不大的力，大活塞就可得到较大的作用力将重物 G 举起。这就是液压千斤顶顶起重物的原因之所在。

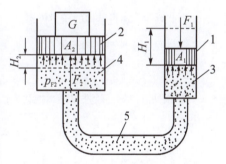

图7-1-8　液压千斤顶工作原理图

1，2—活塞；3，4—油腔；5—油管

（二）流量

1. 流量

流量是指在单位时间内，流过其通流截面的液体体积，称为流量，用 Q 表示。公式为：

$$Q = \frac{V}{t} \quad (\text{m}^3/\text{s}) \tag{7-1-2}$$

流量的国际单位为 m^3/s，工程上常用单位为 L/min。1m^3/s=6×10^{4}L/min。

额定流量：按试验标准规定，系统连续工作所必须保证的流量称为额定流量，它是液压元件基本参数之一。应符合公称流量系列。

2. 平均流速

流速是指流动液体内的质点在单位时间内流过的距离，以 v 表示，单位为 m/s。

由于实际液体都具有黏性，所以液体在管道中流动时，在同一截面上各点的实际流速不相等。在一一般场合下，都以平均流速作计算。可用下式表示：

$$\bar{v} = \frac{Q}{A} \qquad (7\text{-}1\text{-}3)$$

3. 活塞（液压缸）运动速度与流量关系

活塞（液压缸）运动速度等于液压缸内油液的平均速度。即：

$$v = \frac{Q}{A} \qquad (7\text{-}1\text{-}4)$$

二、液体流动连续性原理

理想液体（既无黏性又不可压缩的液体）在无分支管道内作稳定流动时，单位时间内通过管道中每一横截面的液体流量是相等的，这就是液体连续性原理。它是质量守恒定律在流体力学中的一种表现形式，如图7-1-9所示。即：

$$\begin{aligned}Q_1 &= Q_2 \\ Q_1 &= A_1 v_1, \quad Q_2 = A_2 v_2 \\ A_1 v_1 &= A_2 v_2\end{aligned} \qquad (7\text{-}1\text{-}5)$$

例7-1-1 如图7-1-8液压千斤顶，已知活塞的面积 $A_1 = 1.13 \times 10^{-4} \text{m}^2$，$A_2 = 9.62 \times 10^{-4} \text{m}^2$，管道5的截面积 $A_5 = 0.13 \times 10^{-4} \text{m}^2$。假定手扳动手柄后，施加在小活塞上的力 $F_1 = 5.78 \times 10^3 \text{N}$，活塞1下压的速度为0.2m/s。试问：① 大活塞能顶起多重的重物？② 大活塞2上升速度和管道5内液体的平均流速是多少？

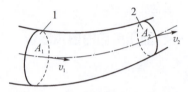

图7-1-9 液体流动连续性原理

解：① 小液压缸内的压力 p_1 为：

$$p_1 = \frac{F_1}{A_1} = \frac{5.78 \times 10^3}{1.13 \times 10^{-4}} = 511 \times 10^5 (\text{Pa})$$

② 大活塞向上的推力 F_2，根据静压传递原理可知，$p_2 = p_1$，则：

$$G = F_2 = p_2 A_2 = p_1 A_2 = 511 \times 10^5 \times 9.62 \times 10^{-4} = 4.9 \times 10^4 (\text{N})$$

由此可知，通过液体的压力传递，作用力放大了 $\frac{F_2}{F_1} \approx 8.5$ 倍。

③ 小活塞1所排出的流量 Q_1：

$$Q_1 = A_1 v_1 = 1.13 \times 10^{-4} \times 0.2 = 0.226 \times 10^{-4} (\text{m}^3/\text{s})$$

④ 根据液流的连续性原理，推动大活塞2上升的流量 $Q_2 = Q_1$，由 $v = \frac{Q}{A}$，可得大活塞2的上升速度：

$$\bar{v}_2 = \frac{Q_2}{A_2} = \frac{0.226 \times 10^{-4}}{9.62 \times 10^{-4}} = 0.0235 (\text{m/s})$$

同理，在管道5中流量 $Q_5 = Q_1 = Q_2$，故：

$$\bar{v}_5 = \frac{Q_5}{A_5} = \frac{0.226 \times 10^{-4}}{0.13 \times 10^{-4}} = 1.74 (\text{m/s})$$

液流连续性原理表明：液体在无分支管路中稳定流动时，流经管路不同截面时的平均流速与其截面积大小成反比。即管径细的地方，流速大；管径粗的地方，流速小。

综上所述，液压传动是依靠密封容积的变化传递运动的，而密封容积的变化所引起流量的变化要符合等量原则。液压传动是依靠油液的压力来传递动力的，在密闭容器中压力是以等值传递的。

 学后测评

一、填空题

1. 在单位时间内，流过其通流截面的液体体积，称为＿＿＿＿，用＿＿＿＿表示。其单位

是_____ 常用单位为_____。

2.液压传动中垂直压向单位面积上的力,称为_____,单位是_____。

3.液压传动的两个基本原理是_____和_____。

4.理想液体在无分支管路中稳定流动时,通过每一截面的流量_____,称为液流连续性原理。

二、选择题

1.若液压千斤顶大小活塞直径之比为5∶1,则两个活塞受到的作用力之比为(　　),受到液体的压力之比为(　　)。

A.5∶1　　　　　B.25∶1　　　　　C.1∶1　　　　　D.1∶25

2.液压传动系统中,压力的大小取决于(　　)。

A.负载　　　　　B.流量　　　　　C.流速　　　　　D.功率

3.汽车液压传动刹车装置,如图7-1-10所示,脚踩力 F ,脚与踩板接触面积为 A_1 ,活塞 B 的面积为 A_2 ,活塞 C 的面积为 A_3 ,若 $A_1 > A_2 > A_3$,那么它们所产生的压力关系是(　　)。

A. $p_1 > p_2 > p_3$　　　B. $p_1 < p_2 = p_3$　　　C. $p_1 = p_2 < p_3$

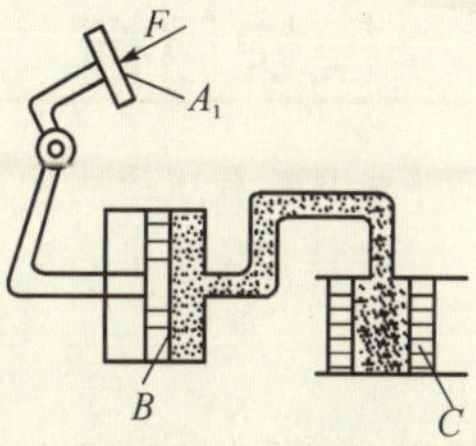

图7-1-10

三、判断题

1.液流连续性原理:理想液体在管路中作稳定流动时,通过每一截面的流量都是相等的。(　　)

2.作用于活塞上的推力越大,活塞运动速度越快。(　　)

3.液压泵的额定流量应大于泵的输出流量。(　　)

4.油液流经无分支管道时,横截面积较大的截面通过的流量就越大。(　　)

5.液压传动系统在工作时,必须依靠油液内部的压力来传递运动。(　　)

6.液压千斤顶实际上是利用油液作为工作介质的一种能量转换装置。(　　)

7.液体在管道中流动时,管道截面积越大,其流速就越小,压力也越小。(　　)

8.液压系统中压力大小是由负载决定的。(　　)

四、简答题

1.为什么液压千斤顶用很小的力可顶起很重的重物?

2.如图7-1-11所示,设活塞重量及油液重量忽略不计,试回答:

(1) $F=0$,压力表偏转为_____;

(2) $F \neq 0$,压力表有_____,且 F 越大,指针_____越大,此现象说明油液压力由_____引起。

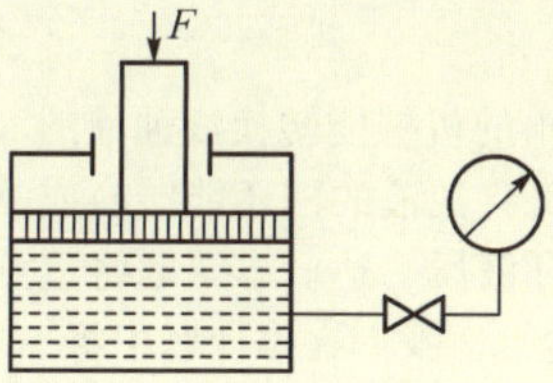

图7-1-11

模块二　液压元件

模块介绍

我们知道任何一个简单而完整的液压系统都由动力元件、执行元件、控制调节元件、辅助元件和工作介质五部分组成，那么它们是如何协调工作，从而实现机械能的转换和传递的呢？要解决这个问题，我们首先需要了解各组成部分本身的结构、类型和特点。本模块分液压泵与液压缸、方向控制阀、压力控制阀、流量控制阀四个课题作详细的介绍。

模块目标

1. 能够正确识读液压元件的图形符号。
2. 了解常用液压元件的结构、类型、特点、工作原理及应用场合。

课题一　液压泵与液压缸

学习目标

1. 能够正确识读液压泵和液压缸（马达）的图形符号。
2. 了解液压泵的结构、原理、种类、符号及特点。
3. 了解液压缸的结构、原理、种类、符号及特点。
4. 能正确合理的选用液压泵。

问题引导

动力元件（液压泵）将电动机输出的机械能转换成油液的液压能。该液压能通过控制调节元件、辅助元件传递到执行元件中，执行元件又将油液的液压能转换成驱动负载运动的机械能。这一转换是如何实现的呢？常见的执行元件有液压缸和液压马达。本课题将重点讲解液压泵与液压缸的相关内容。由于执行元件液压马达与液压泵有着相似之处，我们在本课题中将一并分析。

一、液压泵

（一）液压泵的功能

液压泵是液压系统的动力元件，是把电动机（或发动机）输入的机械能转换成输到系统中去的油液的压力能的一种能量转换装置，并向液压系统供给液压油。

（二）液压泵的结构原理

液压传动系统中使用的液压泵都是容积式的。如图7-2-1所示为单柱塞式液压泵的工作原理。当偏心轮1由电动机带动旋转时，柱塞2在凸轮和弹

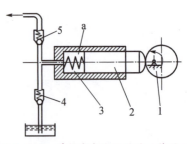

图7-2-1　单柱塞式液压泵的工作原理

1—偏心轮；2—柱塞；3—弹簧；4，5—单向阀；a—工作腔

簧 3 的作用下在缸体中左右往复移动。当柱塞 2 右移时，缸体中的密封工作腔 a 容积逐渐变大，形成局部真空，油液在大气压作用下，通过单向阀 4 吸入工作腔 a，这就是吸油过程；当柱塞 2 左移时，工作腔容积逐渐变小，已吸入的油液便通过单向阀 5 输到系统中去，这就是压油过程。偏心轮 1 不断旋转，泵就不断地吸油和压油。由此可见，液压泵是靠密封工作腔的容积变化来实现吸油和压油的。其输出流量的多少取决于密封工作腔容积变化的大小；输出压力由油液从工作腔排出时所遇到的阻力所决定。

综上所述，液压泵必须具有密闭容积且密闭容积必须交替变化，才能吸油和压油，而且应有配流装置，以使在任何时候其吸油腔和压油腔都不能互通。吸油过程中，油箱必须和大气相通。

（三）液压泵的类型

液压泵的种类很多，按其输出流量是否可调节分为定量泵和变量泵两类；按结构形式可分为齿轮式、叶片式、柱塞式三大类；按其输出方向可分为单向泵和双向泵；按使用压力可分为低压泵、中压泵、中高压泵、高压泵、超高压泵。

1. 齿轮泵

齿轮泵是液压传动系统中常用的液压泵。齿轮泵又有外啮合式和内啮合式两类。

图 7-2-2 所示为外啮合齿轮泵结构和工作原理图。在泵的壳体内有一对外啮合的渐开线直齿轮，齿轮两侧有端盖盖住。

壳体、端盖和齿轮的各个齿槽组成了许多密封工作腔。当齿轮按图中所示方向旋转时，右侧吸油腔由于相互啮合的轮齿逐渐脱开，密封工作腔容积逐渐增大，形成部分真空，油箱中的油液被吸进来，将齿槽充满，并随着齿轮旋转，把油液带到左侧压油腔去。在压油区一侧，由于轮齿在这里逐渐进入啮合，密封工作腔容积不断减小，油液便被挤出去。吸油区和压油区是由相互啮合的轮齿以及泵体分隔开的。

（a）原理图

（b）结构图

（c）符号

图 7-2-2 外啮合齿轮泵结构和工作原理图

在齿轮泵运行过程中，有一部分油液被围困在两对轮齿所形成的封闭容积内。随着齿轮的转动，该封闭容积在不断地发生变化。封闭容积由大变小时，被封闭的油液受挤压并从缝隙中挤出而产生很高的压力，油液发热，并使轴承受到额外负载；而封闭容积由小变大，又会造成局部真空，使溶解在油中的气体分离出来，产生气穴现象；这些都将使泵产生强烈的振动和噪声，该现象称为齿轮泵的困油现象。通常在两侧盖板上开卸荷槽，使封闭容积减小时与压油腔相通，容积增大时与吸油腔相通。

外啮合齿轮泵高压腔（压油腔）的压力油在运转过程中还会向低压腔（吸油腔）泄漏。泄漏的途径有三条：一是通过齿轮啮合处的间隙；二是通过泵体内表面与齿顶圆间的径向间隙；三是通过齿轮两端面与两侧端盖间的端面轴向间隙。其中，端面轴向间隙的泄漏量最大。因此，普通齿轮泵的容积效率较低，输出压力也不容易提高。

外齿轮泵的主要优点是：结构简单、紧凑，制造方便，造价低，质量轻，外形尺寸小，自吸性能好，对油的污染不敏感，工作可靠，维护方便，寿命长，允许转速高。

其缺点是：流量脉动较大，有困油现象，存在径向不平衡力，噪声较大，排量不可变。齿轮泵多用于中等速度、作用力不大的低压系统。

2. 叶片泵

叶片泵有单作用式（非平衡式）和双作用式（平衡式）两大类，在中、高压系统中得到了广泛的应用。叶片泵输出流量均匀、脉动小、噪声小，但结构较复杂，吸油特性欠佳，对油液的污染也比较敏感。

（1）单作用叶片泵。

如图 7-2-3 所示，定子具有圆柱形内表面，定子和转子间有偏心距 e，叶片装在相对于转子旋转方向后倾的转子槽中，并可在槽中滑动。当转子逆时针转动时，在离心力的作用下，叶片从槽中甩出顶在定子的内圆表面上。两相邻叶片、配油盘、定子和转子间便形成了一个个密封的工作腔。当转子按逆时针方向旋转时,图右侧的叶片伸出,密封工作腔容积逐渐增大,产生真空,通过吸油口和配油盘上窗口完成吸油过程。同时图左侧的叶片缩进,密封工作腔的容积逐渐缩小,密封腔中的油液经配油盘另一窗口和压油口被压出输出到系统中,从而完成压油过程。

这种泵的转子每转一转完成一次吸油和压油,因此称为单作用式叶片泵。当转子不停地转动时,泵就不停地吸油和压油。

单作用式叶片泵的转子及其轴承上受到了不平衡的液体压力,因此又把这种泵称为非平衡式叶片泵(或非卸荷式叶片泵)。该泵的径向不平衡力随着工作压力的提高而增加,因此是限制其工作压力提高的主要因素。

单作用式叶片泵可改变偏心距的大小和方向,使之成为单向变量泵和双向变量泵,故该泵又称为变量泵。

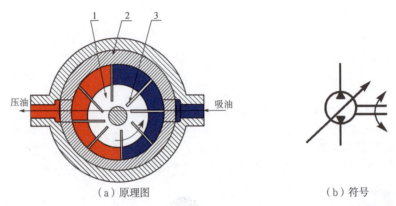

图 7-2-3　单作用叶片泵的工作原理图
1—转子；2—定子；3—叶片

(2)双作用叶片泵。

如图 7-2-4 所示,定子的内表面由两段长半径圆弧、两段短半径圆弧和四段过渡曲面组成,在与定子厚度相等且与定子同轴安装的转子上,均匀分布着相对于转子旋转方向前倾的径向斜槽,每个槽中装着一片叶片,转子通过花键与传动轴相连,配流盘上均布着四个腰形槽,分别与泵的吸油腔和压油腔连通,当转子转动时,叶片在根部压力油的作用下被压出紧顶在定子的内表面上。

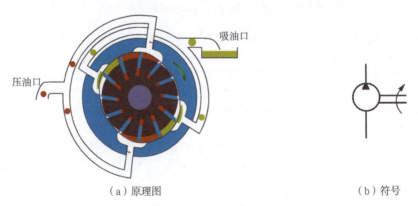

图 7-2-4　双作用叶片泵的工作原理

在转子转动一转的过程中,每个密封容积各完成两次吸油、压油,称为双作用叶片泵。

由于该泵的吸油、压油腔的布局径向对称,其径向液体压力互相平衡,故这种泵又称为平衡式叶片泵(或卸荷式叶片泵)。此泵排量不可调,是定量泵。

双作用叶片泵为定量泵,运动过程中存在流量脉动,当叶片数为4的整数倍、且大于8时的流量脉动较小,故通常取叶片数为12或16。

3.柱塞泵

柱塞泵是依靠柱塞在其缸体内往复运动时密封工作腔的容积变化来实现吸油和压油的。由于柱塞与缸体内孔均为圆柱表面,容易得到高精度的配合,所以这类泵的特点是泄漏小,容积效率高,可以在高压下工作。在需要高压、大流量、大功率的系统中和流量需要调节的场合常用柱塞泵。

柱塞泵按柱塞的排列和运动方向不同可分为径向柱塞泵和轴向柱塞泵。

（1）轴向柱塞泵。

如图7-2-5所示，斜盘和配油盘固定不动，传动轴带动缸体和柱塞一起转动，柱塞靠机械装置或在低压油作用下压紧在斜盘上。缸体每转一转，每个柱塞往复运动一次，完成一次吸油和压油动作。改变斜盘倾角α的大小，就能改变柱塞的行程长度，也就改变了泵的排量；改变斜盘倾角的方向，就能改变泵的吸、压油的方向。因此，轴向柱塞泵一般制作成双向变量泵。

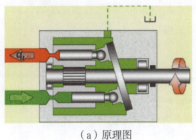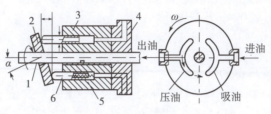

（a）原理图　　　　　　　　　（b）结构图　　　　　　　　（c）符号

图7-2-5　轴向柱塞泵

1—传动轴；2—斜盘；3—缸体；4—配油盘；5—假象弹簧；6—柱塞

（2）径向柱塞泵。如图7-2-6所示，青铜衬套紧配在回转缸体孔内，随着回转缸体一起旋转，而配油轴则不动。当转子顺时针方向旋转时，柱塞一方面和转子一起旋转，另一方面又靠离心（或在低压油作用下）压紧在定子的内壁上。转子和定子间有偏心距e。改变偏心距e的大小，就能改变柱塞的行程，从而改变液压泵的输油量；改变偏心方向，就能改变吸油和压油的方向。

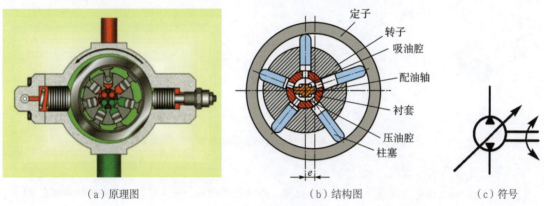

（a）原理图　　　　　　　　　（b）结构图　　　　　　　　（c）符号

图7-2-6　径向柱塞泵

柱塞泵的径向尺寸大，结构较复杂，自吸能力差，且配油轴受到径向不平衡液压力的作用，易于磨损，这些都限制了它的转速和压力的提高。

（四）液压泵的选择

在设计液压系统时，应根据系统所需的压力、流量、使用要求、工作环境等合理选择液压泵的规格及结构形式。液压泵选用应满足可靠、合理、实用、经济等。

液压系统常用液压泵的性能比较见表7-2-1。

表7-2-1　液压系统常用液压泵的性能比较

性能	外啮合齿轮泵	双作用叶片泵	限压式变量叶片泵	轴向柱塞泵
输出压力	低压	中压	中压	高压
流量调节	不能	不能	能	能
效率	低	较高	较高	高
输出流量脉动	很大	很小	一般	一般
自吸特性	好	较差	较差	差
对油的污染敏感性	不敏感	较敏感	较敏感	很敏感
噪声	大	小	较大	大

一般在负载较大并有快速和慢速工作行程的机械设备中可使用限压式变量叶片泵；在负载大、功率大的机械设备中可使用柱塞泵；在负载小、功率小的机械设备中可用齿轮泵、双作用叶片泵；在精度较高的机械设备可用双作用叶片泵。

（五）液压马达

液压马达是把输入油液的压力能转换成旋转形式的机械能而对负载做功的一种能量转换装置，它使主机的工作部件克服负载及阻力而产生旋转活动。将液压泵符号中箭头的方向改变，即为液压马达的符号。

液压马达和液压泵在作用上是相反的，从原理上看是可逆的，结构上基本相同，但又有着微小的区别，故一般液压泵不能作为液压马达用。

二、液压缸

（一）液压缸的功能

液压缸属于执行元件，它是把压力能转换成机械能，输出推力和速度的能量转换装置，主要用于实现机构的直线往复运动，也可实现摆动。汽车中的液压制动器、液压翻斗车的控制等均用到各式液压缸。

（二）液压缸的结构

按作用方式可分为单作用式和双作用式两种。单作用液压缸的压力油只从缸的一侧输入，液压缸只能实现一个方向的运动，反向运动（回油）则需借助于弹簧力、重力等外力。双作用液压缸的压力油可以从缸两侧交替或同时输入，液压缸可以实现两个方向的往复运动。汽车动力转向系统中使用的液压缸为单出杆活塞式液压缸，单出杆活塞液压缸是将机械能的运动输出形式变为直线往复运动。单出杆活塞式液压缸如图7-2-7所示。

（a）实物图

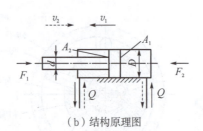
（b）结构原理图

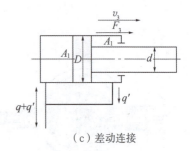
（c）差动连接

图7-2-7　单出杆活塞式液压缸

1. 单出杆活塞式液压缸（图7-2-7）

主要是由缸体、活塞和活塞杆组成，由于活塞一端有杆，而另一端无杆，所以活塞两端的有效作用面积不等。当向缸的两腔分别供油，且供油压力和流量相同时，活塞（或缸体）在两个方向的推力和运动速度不相等。当无杆腔进油时，有杆腔回油，因活塞有效面积大，所以速度小，推力大；当有杆腔进油时，无杆腔回油，因活塞有效面积小，所以速度大，推力小。

即：（1）$v_1 = \dfrac{Q}{A_1}$　　$v_2 = \dfrac{Q}{A_2}$　　（2）$F_1 = p \cdot A_1$　　$F_2 = p \cdot A_2$

如图7-2-7（c）所示，单杆活塞缸两腔同时通入压力油，由于无杆腔的工作面积比有杆腔工作面积大，活塞向右的推力大于向左的推力，故其向右移动，液压缸这种连接称为差动连接。

差动连接可在不增加流量的前提下，实现快速运动。

比较三种连接的速度和推力，可实现如下工作循环：差动连接（快进）——无杆腔进油（工进）——有杆腔进油（快退）。

在单杆活塞液压缸的各种连接中，若缸体固定，运动方向与进油腔位置相反；若活塞杆固定，运动方向与进油腔位置相同。运动行程均为两倍的活塞或缸体的有效行程。

2. 双出杆活塞式液压缸

往复运动的速度相等，往复运动所需克服的阻力相等。如图7-2-8所示。

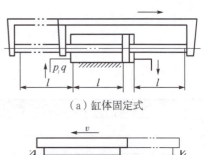
（a）缸体固定式

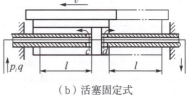
（b）活塞固定式

图7-2-8　双出杆活塞式液压缸

（三）其他类型的液压缸

液压缸按结构形式除了上面的活塞式液压缸外，还有柱塞式、伸缩式、齿条式液压缸等，它们的结构和图形符号见表7-2-2。

表7-2-2 液压缸的结构和图形符号

种类	实物图	结构图	图形符号
柱塞式液压缸			
伸缩式液压缸			
齿条式摆动液压缸			

一、填空题

1. 液压泵是将电动机输出的机械能_____液体压力能的_____装置。
2. 液压泵是靠_____的变化来实现_____和_____的，所以称为容积泵。
3. 一般来说，齿轮泵适用于_____系统，叶片泵适用于_____系统，柱塞泵适用于_____系统。
4. 液压缸是将_____转变为_____的转换装置，一般用于实现_____或_____。
5. 液压缸常用的密封方法有_____和_____。
6. 液压缸的种类有_____、_____、_____等。

二、选择题

1. 广泛应用于汽车空调压缩机、液压吊车的油泵是（　　）。
   A. 齿轮泵　　　　　　B. 叶片泵　　　　　　C. 柱塞泵
2. 自吸能力好，对油液污染较敏感，适用于中压系统的油泵是（　　）。
   A. 齿轮泵　　　　　　B. 叶片泵　　　　　　C. 柱塞泵
3. 汽车动力转向系统中使用的液压缸为（　　）。
   A. 单出杆活塞式液压缸　　B. 双出杆活塞式液压缸　　C. 摆动液压缸

三、判断题

1. 容积泵输油量的大小取决于密封容积的大小。（　　）
2. 液压泵的额定流量应稍高于系统所需的最大流量。（　　）
3. 液压缸是液压传动系统的动力元件。（　　）
4. 液压缸常用的缓冲结构可由活塞凸台和缸盖凹槽构成。（　　）
5. 液压缸工作前需先排气。（　　）

四、简答题

1. 容积式液压泵的共同工作原理是什么？
2. 简述液压泵、液压马达的异同点。

3. 应如何正确选用液压泵，选用时应遵循哪些原则？
4. 简述单出杆活塞式液压缸的工作特点。
5. 简述双出杆活塞式液压缸的工作特点。

课题二　方向控制阀

学习目标

1. 了解方向控制阀的结构、原理。
2. 了解方向控制阀的种类、符号、特点及作用。

问题引导

在液压传动系统中，我们常常还需要改变执行元件的运动方向，调节执行元件的速度，控制执行元件的推力，从而满足我们对执行元件的实际需求。在液压系统中用来控制油液流动通、断或液体流动方向的阀称为方向控制阀。按用途分为单向阀和换向阀两类。这是本节主要研究的内容。

一、单向阀

1. 单向阀的功用

单向阀的作用是控制油液的单向流动。单向阀分为普通单向阀和液控单向阀两种。

2. 结构原理和图形符号

图 7-2-9 所示为单向阀典型结构，它由阀体、阀芯和弹簧三部分组成，其工作原理是：液压油从进油口 P_1 流入时，阀芯在液压油的作用下，克服弹簧的作用力，使阀芯离开阀座开启，液压油由出油口流出；当液压油反向从出油口流入时，阀芯在液压油和弹簧力的作用下，使阀芯压紧在阀座上，切断油路，从而使液压油不能反向流动。

单向阀的弹簧主要用来克服阀芯的摩擦阻力和惯性力，使阀芯可靠复位，为了减小压力损失，弹簧刚度较小。若弹簧刚度较大，阀的开启压力也将较大，此时可作为背压阀使用。

（a）实物图

（b）图形符号

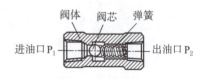
（c）结构原理图

图 7-2-9　单向阀

二、换向阀

1. 换向阀的功用

利用阀芯和阀体之间的相对运动变换油液流动的方向，或者接通和关闭油路，从而使液压执行元件启动、停止或变换运动方向。换向阀应满足油液流经阀时的压力损失要小，互不相通的油口间的泄漏要小，以及换向平稳、迅速且可靠的要求。

2. 结构原理和图形符号

如图 7-2-10（a）所示为二位二通换向阀，当阀芯与阀体处于如图所示的相对位置时，油口 A 和 P 接通，

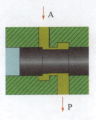 

（a）结构原理图　　　（b）图形符号　　　　　　（a）结构原理图　　　（b）图形符号

图 7-2-10　二位二通换向阀　　　　　　　图 7-2-11　二位四通换向阀

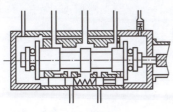 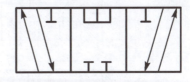

（a）结构原理图　　　　　　　　　　　（b）图形符号

图 7-2-12　三位五通换向阀

当中间阀芯（滑阀）向左移时油口 A 和 P 不通。这种换向阀有两种油路状态,有两个油口,我们把它叫做"位"和"通"。所以用图 7-2-10（b）表示二位二通换向阀的图形符号。

如图 7-2-11（a）所示为二位四通换向阀结构原理图,若对阀芯施加一个从右往左的力使其左移,阀体上的油口 P 和 A 连通,油口 B 和 O 连通,若对阀芯施加一个从左往右的力使其右移,则油口 P 和 B 连通,油口 A 和 O 连通。用图 7-2-11（b）表示二位四通换向阀的图形符号。

汽车动力转向系统中使用的换向阀为三位五通换向阀,它的结构和图形符号如图 7-2-12 所示。

采用转向盘的操纵控制滑阀的移动,当汽车直线行驶,转向盘不动,滑阀处于中位,上边三个油口互相连通,下边两个油口封闭；当转向盘向左转时,滑阀被向左移,三位五通换向阀处于左位；当转向盘向右转时,滑阀被向右移,三位五通换向阀处于右位。

按阀芯相对阀体运动的方式分,有转阀式换向阀和滑阀式换向阀两类；按操作方式分,有手动、机动、电磁、液动、电液动等；按阀芯在阀体内工作位置数分,有二位阀、三位阀等；按阀体上主油口数目分,有二通、三通、四通和五通阀。见表 7-2-3。不同的位数和通数是由阀体上的沉割槽和阀芯上台肩的不同组合而成。常用的换向阀的图形符号见表 7-2-3。

表 7-2-3　换向阀的图形符号

名称	结构原理	职能符号	使用场合
二位二通阀			控制油路的接通与切断（开关阀）
二位三通阀			控制液流方向（双向交换）
二位四通阀			不能使执行元件在任一位置上停止运动；执行元件正、反向运动时,回油方式相同

续表

名称	结构原理	职能符号	使用场合
三位四通阀	A P B O	A B / P O	能使执行元件在同一位置上停止运动；执行元件正、反向运动时，回油方式相同
二位五通阀	O_1 A P B O_2	A B / O_1 P O_2	不能使执行元件在任一位置上停止运动；执行元件正、反向运动时，回油方式不相同
三位五通阀	A P B O	A B / O_1 P O_2	能使执行元件在任一位置上停止运动；执行元件正、反向运动时，回油方式不相同

一、填空题

1. 方向控制阀可分为_____和_____。
2. 单向阀的作用是只允许油液由_____方向向_____方向流动。
3. 换向阀的作用是改变_____、_____或_____油路。
4. 换向阀利用阀芯在阀体内_____，改变阀芯和阀体间的_____，来变换油液流动的_____及接通或关闭油路，从而控制执行元件的换向、启动和停止。
5. 箭头表示两油路_____，但不表示_____。
6. 在一个方格内，箭头或"⊥"符号与方格的_____为油路的通路数，即"通"数。

二、选择题

一水平放置的双杆液压缸，采用三位四通电磁换向阀换向。要求阀处于中位时，液压泵卸荷，液压缸浮动。其中位机能应选用_____。

A. O 型   B. M 型   C. Y 型   D. H 型

课题三 压力控制阀

1. 了解压力控制阀的种类、结构及工作原理。
2. 了解压力控制阀的符号及特点。

一、溢流阀

1. 溢流阀的功用

压力控制阀的作用是控制液压系统中的压力，或利用系统中压力的变化来控制其他液压元件的动作，简称压力阀。在液压系统中，控制液体压力的阀，如溢流阀和减压阀，以及控制执行元件或电气元件在某一调定压力下产生动作的阀，如顺序阀和压力继电器等，统称为压力控制阀。这类阀的共同特点是，利用作用于阀芯上的液体压力和弹簧力相平衡的原理来进行工作。

溢流阀是通过阀口的溢流，使被控制系统中的压力基本恒定，起到溢流调压、安全保护、远程调压、使泵卸荷以及使执行元件的回油腔形成背压等多种作用。

常用的溢流阀有直动型和先导型两种。

2. 结构原理和图形符号

（a）实物图

（b）图形符号

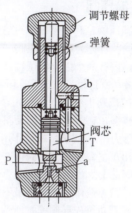
（c）结构原理图

图 7-2-13　直动型溢流阀

直动型溢流阀是依靠系统中的压力油直接作用在阀芯上而与弹簧力相平衡，以控制阀芯的启闭动作的溢流阀。如图 7-2-13（c）所示为一低压直动式溢流阀，P 为进油口，T 为回油口。调节螺母可以改变弹簧的预压缩量，从而调定溢流阀的工作压力 p。通道 b 使弹簧腔与回油口沟通，以排掉泄入弹簧腔的油液（称内泄漏）。阀芯上阻尼孔 a 的作用是减小油压的脉动，提高阀工作的平稳性。图 7-2-13（b）所示为直动型溢流阀的图形符号。

直动型溢流阀结构简单，灵敏度高，但压力受溢流量的影响较大，若用直动型溢流阀控制较高压力或较大流量时，则需用刚度较大的硬弹簧，这不仅使结构尺寸变大，调节困难，而且当溢流量变化较大时，系统压力波动也大。因此，直动型溢流阀一般用于低压系统中，或作为先导阀使用。直动型溢流阀的最大调整压力为 2.5MPa。

当液压系统中需要高压、大流量时，直动型溢流阀已不能满足使用要求，可采用先导型溢流阀。如图 7-2-14 所示。

（a）实物图

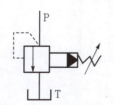
（b）图形符号

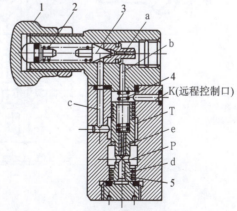
（c）结构图

图 7-2-14　先导型溢流阀

1-调压螺母；2-调压弹簧；3-锥阀；4-主阀弹簧；5-主阀芯；a~d-油孔通道；e-阻尼孔；P-进油口；T-回油口

209

先导型溢流阀由先导阀和主阀两部分组成，由先导阀调压、主阀溢流。液压力同时作用于主阀芯及先导阀芯上。当先导阀未打开时，阀腔中油液没有流动，作用在主阀芯上下两个方向的液压力平衡，主阀芯在弹簧的作用下处于最下端位置，阀口关闭。当进油压力增大到使先导阀打开时，液流通过主阀芯上的阻尼孔。由于阻尼孔的阻尼作用，使主阀芯所受到的上下两个方向的液压力不相等，主阀芯在压差的作用下上移，打开阀口，实现溢流。调节螺母1可调节调压弹簧2的压紧力，从而调定液压系统的压力。阀体上有一个远程控制口K，远程控制口K在一般情况下是不用的；当K口与远程调压阀（其结构与先导阀相同）接通时，可实现液压系统的远程调压；当K口与油箱接通时，可实现系统卸荷。先导型溢流阀的先导阀部分结构尺寸较小，调压弹簧不必很强，因此压力调整比较轻便。但是先导型溢流阀要先导阀和主阀都动作后才能起控制作用，因此反应不如直动型溢流阀灵敏。

先导型溢流阀在阀的溢流量变化时变动仍较小，压力较稳定。同时，这种阀的结构紧凑、小巧，调压轻便，且振动小，噪声低，灵敏度亦较高，常用于中、高压系统。中压先导型溢流阀的最大调整压力为6.3MPa。

二、减压阀

减压阀是利用液体流过缝隙产生压降的原理，使出口压力低于进口压力的压力控制阀，按调节要求的不同，可分为定值减压阀、定比减压阀和定差减压阀三种。其中定差减压阀应用较广，简称减压阀。当回路内有两个以上液压缸，且其中之一需要较低的工作压力，同时其他的液压缸仍需高压运作时，就得用减压阀提供一个比系统压力低的压力给低压缸。这里仅介绍定差减压阀。

减压阀也有直动型和先导型之分，直动型较少单独使用，图形符号如图7-2-15（b）所示。先导型应用较多，它的典型结构及图形符号如图7-2-15（a）、（c）所示，由主阀和先导阀组成，先导阀负责调定压力，主阀负责减压作用。压力油由阀的进油口 P_1 流入，经主阀和阀体所形成的减压缝隙由出油口 P_2 流出。出口压力油经阀体与端盖上的通道及主阀芯上的阻尼孔b流到主阀芯的上腔和下腔，并作用在先导阀芯上。当出口油液压力低于先导阀的调定压力时，先导阀芯关闭，主阀芯上、下两腔压力相等，主阀芯在弹簧作用下处于最下端，减压阀口h开度为最大，减压阀无减压作用。当负载增加，出口压力 p_2 上升到超过先导阀弹簧所调定的压力时，先导阀芯移动，阀口打开，主阀弹簧腔的油液便由外泄口L流回油箱，由于油液在主阀芯阻尼孔内流动，使主阀芯两端产生压力差，主阀芯在压差作用下，克服弹簧力抬起，减压阀口h减小，使出口压力 p_2 保持定值。

注意：减压阀在持续做减压作用时，会有一部分油（约1 L/min）经泄油口流回油箱而损失泵的一部分输出流量，故在一系统中，如使用数个减压阀，则必须考虑到泵输出流量的损失问题。

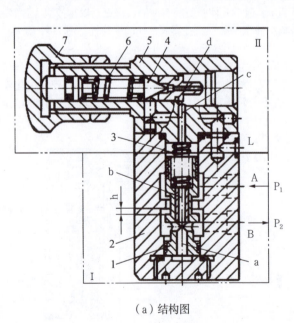

（a）结构图

（b）图形符号（直动式）

（c）图形符号（先导式）

图7-2-15　先导型减压阀

1-主阀芯；2-主阀阀体；3-主阀弹簧；4-锥阀；5-先导阀阀体；6-调压弹簧；
7-调压螺帽；a-轴心孔；b-阻尼孔；c,d-通孔；h-节流口；P_1-进油口；
P_2-出油口；L-泄油口

三、顺序阀

顺序阀是利用油液压力作为控制信号来控制油路通断，使用在一个液压泵供给两个以上液压缸且依一定顺序动作的场合的一种压力阀。

顺序阀也有直动型和先导型之分，目前较常用直动型。根据控制压力来源不同，它还有内控式和外控式之分。直动型顺序阀的结构和图形符号如图 7-2-16 所示。压力油从进油口 P_1（两个）进入，经阀体上的孔道 a 和端盖上的阻尼孔 b 流到控制活塞底部，当其进油口的油压较低，阀芯处于最下端位置，阀口关闭，油液不能通过顺序阀流出。当作用在控制活塞上的液压力能克服阀芯上的弹簧力时，阀芯上移，油液便从 P_2 流出，使阀后的油路工作。该阀称为内控式顺序阀，简称顺序阀，其图形符号如图 7-2-16（b）所示。若将图 7-2-16（a）中的端盖旋转 90°安装，切断进油口通向控制活塞下腔的通道，并去除外控口的螺塞，引入控制压力油，便成为外控式顺序阀，称为液控顺序阀，其图形符号如图 7-2-16（c）所示。

顺序阀

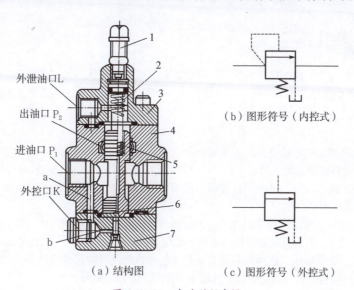

图 7-2-16　直动型顺序阀

1-调节螺钉；2-弹簧；3-阀盖；4-阀体；5-阀芯；6-控制活塞；7-端盖；a-孔道；b-阻尼孔

学后测评

一、填空题

1. 控制液压系统中的_____，或利用系统中压力的变化来控制其他液压元件的动作，简称压力阀。
2. 溢流阀的出油口接_____，常态下，溢流阀阀口_____。
3. 要降低整个系统的压力，可通过_____进行调整，降低系统某一分支油路的压力，可通过_____进行调整。
4. 顺序阀打开后，进口压力可随出口压力的升高而_____。
5. 减压阀的出口接工作油路，出口压力取决于_____，但_____时，出口压力不再变化（等于调定值）。

二、选择题

1. 可用于高压液压系统中的控制阀是_____。
   A. 钢球式单向阀　　B. 液动换向阀　　C. 直动型溢流阀
2. 阀的铭牌不清楚，通过吹气法进行鉴定，通气的是_____。
   A. 溢流阀　　B. 直动型顺序阀　　C. 液控顺序阀　　D. 减压阀

课题四 流量控制阀

 **学习目标**

1. 了解流量控制阀的种类、工作原理。
2. 了解流量控制阀的符号、特点。

 **问题引导**

对液压执行元件而言,控制"流入执行元件的流量"或"流出执行元件的流量"都可控制执行元件的速度。流量控制阀的作用是控制液压系统中的流量。按照用途不同流量控制阀可分为节流阀、调速阀等。

一、节流阀

节流阀的调速原理是依靠改变阀口通流面积的大小或通流通道的长短来改变液阻,控制通过阀的流量,达到调节执行元件运动速度的目的。如图7-2-17所示为节流阀。进口油液通过弹簧腔径向小孔和阀体上斜孔同时作用在阀芯的上、下两端,使阀芯两端液压力平衡。所以,即使在高压下工作,也能轻便地用于调节阀口开度。

通过节流阀的流量与节流口前后的压差及油液温度等因素有关。在使用时,即使节流阀的通流截面调整好,由于负载的变化,节流阀前后的压差也发生变化,使流量不稳定,执行元件的运动速度也就不平稳。另外油温的变化引起黏度变化,也将引起流量变化,使得执行元件的运动速度不平稳,因此节流口通常制成薄壁孔。节流阀结构简单,制造容易,体积小,使用方便,造价低。

(a)实物图

(b)图形符号

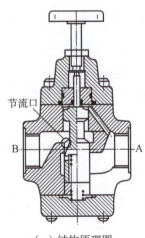

(c)结构原理图

图7-2-17 节流阀

二、调速阀

调速阀是由定差减压阀和节流阀串联而成的组合阀。图7-2-18所示为调速阀进行调速。节流阀用来调节通过的流量,定差减压阀使节流阀前后的压差为定值,消除了负载变化对流量的影响。

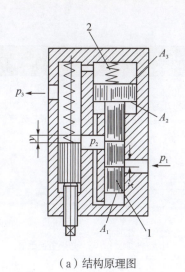 

（a）结构原理图 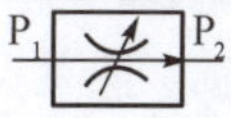　　　　　　（b）图形符号　　　　　　（c）实物

图 7-2-18　调速阀的工作原理

1-定差减压阀阀芯；2-调压弹簧

调速阀的工作原理：调速阀工作时调速阀内一活塞处于平衡状态时，其方程为：

$$F_s + A_3 p_3 = (A_1 + A_2) p_2 \qquad (7\text{-}2\text{-}1)$$

式中　F_s——弹簧力。

在设计时确定　　　　　　$A_3 = A_1 + A_2$

所以有

$$p_2 - p_3 = \frac{F_s}{A_3}$$

此时只要将弹簧力固定，则在油温无什么变化时，输出流量就可固定。另外，要使阀能在工作区正常动作，进、出口间压力差要在 0.5~1 MPa 以上。以上讲的调速阀是压力补偿调速阀，即不管负载如何变化，通过调速阀内部具有的活塞和弹簧来使主节流口的前后压差保持固定，从而控制通过节流阀的流量维持不变。另外，还有温度补偿流量调速阀，它能在油温变化的情况下，保持通过阀的流量不变。调速阀适用于负载变化较大、速度平稳性要求较高的液压系统。

三、液压辅助元件

液压辅助元件有滤油器、蓄能器、管件、油箱、热交换器和密封件等。液压辅助元件和液压元件一样，都是液压系统中不可缺少的组成部分。它们对系统的性能、效率、温升、噪声和寿命的影响不亚于液压元件本身。

1. 过滤器

过滤器又称滤油器，一般安装在液压泵的吸油口、压油口及重要元件的前面。通常，液压泵吸油口安装粗过滤器，压油口及重要元件前面装精过滤器，保证液压系统正常工作。过滤器图形符号如图 7-2-19 所示。

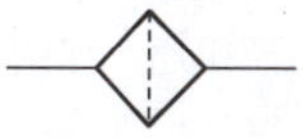

图 7-2-19　过滤器

常见的过滤器类型及其特点见表 7-2-4。

表 7-2-4　常见的过滤器类型及其特点

类型	名称及结构简图	特点说明
表面型	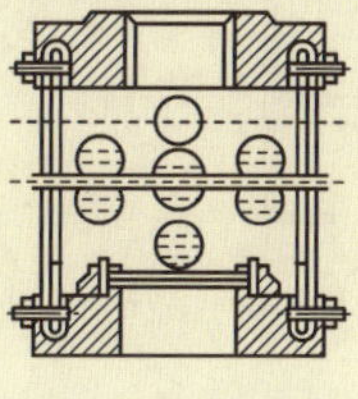	①压力损失不超过 0.004MPa ②结构简单，流通能力强，清洗方便，但过滤精度低

类型	名称及结构简图	特点说明
表面型		① 压力损失约为 0.03～0.06MPa ② 结构简单，流通能力强，过滤精度高，但滤芯强度低，不易清洗 ③ 用于低压管道中，当用在液压泵吸油管上时，其流量规格应选的比泵大
深度型		① 压力损失约为 0.01～0.04MPa ② 过滤精度高，但堵塞后无法清洗，必须更换纸芯 ③ 通常用于精过滤
		① 压力损失约为 0.03～0.2MPa ② 过滤精度高，滤芯能承受高压，但金属颗粒易脱落，堵塞后不易清洗 ③ 适用于精过滤
吸附型	磁性滤油器	① 滤芯由永久磁铁制成，能吸住油液中的铁屑、铁粉或带磁性的磨料 ② 常与其他形式的滤芯合起来制成复合式过滤器

液压油中不可避免会含有杂质，这会造成液压元件相对运动表面的磨损、滑阀卡滞、节流孔口堵塞，以致影响液压系统正常工作和寿命。所以过滤器应该满足以下基本要求：

（1）能满足液压系统对过滤精度要求，即能阻挡一定尺寸的杂质进入系统。

（2）滤芯应有足够强度，不会因压力而损坏。

（3）通流能力大，压力损失小。

（4）易于清洗或更换滤芯。

2. 油箱

油箱的主要功能是储存油液，此外，还有散热以控制油温、阻止杂质进入、沉淀油中杂质、分离气泡等功能。所以要求油箱散热好、易维护、清理方便，且能减少油箱发热及液压源振动对主机工作精度及性能的影响。

油箱有整体式油箱、分离式油箱；开式油箱、闭式油箱等。开式油箱应用普遍，油箱内液面直接与大气相通。如图 7-2-20 所示为常见油箱的结构示意图，要求比较高的油箱还设有加热器、冷却器和油温测量装置等。

（a）实物图

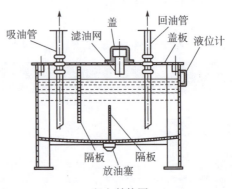
（b）结构图

（c）图形符号

图 7-2-20 油箱

3. 油管和管接头

（1）油管。油管是用来输送油液的。液压系统中常用的油管有钢管、铜管、紫铜管、尼龙管、橡胶管和塑料管等。须按照安装位置、工作环境和工作压力来正确选用。固定元件间的油管常用钢管和铜管连接，有相对运动的元件之间一般采用软管连接。

（2）管接头。管接头是油管与油管、油管与液压件之间的可拆式连接件，它必须具有装拆方便、连接牢固、密封可靠、外形尺寸小、通流能力大、压降小和工艺性好等各项条件。所以管道应尽量短，最好横平竖直，拐弯少。为避免管道皱折，减少压力损失，管道装配的弯曲半径要足够大，管道悬伸较长时要适当设置管夹。管道尽量避免交叉，平行管距要大于100mm，以防接触振动，并便于安装管接头。

管接头的种类很多，其规格品种可查阅有关手册。液压系统中常用管接头的种类有扩口式管接头、卡套式管接头和焊接式管接头三种。

4. 蓄能器

蓄能器是储存压力油的一种容器，它在系统中的主要作用是系统保压、用作应急能源、短期大量供油、吸收系统脉动、缓和液压冲击等。蓄能器图形符号如图7-2-21所示。

5. 热交换器

液压系统的工作温度一般希望保持在30～50℃的范围之内，最高不超过65℃，最低不低于15℃。如果液压系统靠自然冷却仍不能使油温控制在上述范围内时，就须安装冷却器；反之，如环境温度太低，无法使液压泵启动或正常运转时，就须安装加热器。加热器和冷却器图形符号如图7-2-22所示。

图7-2-21 蓄能器

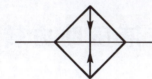 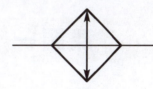

图7-2-22 加热器和冷却器

一、填空题

1. 流量控制阀通过改变_____的开口大小调节通过阀口的流量，通常用于_____液压泵液压系统中。
2. 控制工作液体_____的阀，简称流量阀。
3. 液压泵吸油口安装_____过滤器，压油口及重要元件前面装_____过滤器。

二、选择题

1. 定量泵调速回路的核心元件是_____。
   A. 换向阀　　　　B. 溢流阀　　　　C. 顺序阀　　　　D. 节流阀
2. 调速阀属于_____。
   A. 方向控制阀　　B. 压力控制阀　　C. 流量控制阀　　D. 定差减压阀
3. 调速阀是组合阀，其组成是_____。
   A. 可调节流阀与单向阀并联　　　　B. 可调节流阀与单向阀串联
   C. 定差减压阀与可调节流阀并联　　D. 定差减压阀与可调节流阀串联

模块三 液压系统实例及故障分析

模块介绍

液压系统在汽车上的应用越来越广泛，如液压助力转向系统、汽车液压制动系统、汽车悬架系统等。专用汽车上有垃圾车自卸系统、救火车大臂液压系统及车本身的固定系统。本模块以汽车液压助力转向系统、汽车液压制动系统为例来讨论液压系统的工作过程。

模块目标

1. 了解汽车液压助力转向系统的功能、类型及对动力转向的要求。
2. 掌握汽车液压助力转向系统工作原理，分析液压系统图。
3. 了解汽车液压制动系统的功能、类型及对动力转向的要求。
4. 掌握汽车液压制动系统的工作原理，分析液压系统图。

课题一 汽车液压助力转向系统

学习目标

1. 了解汽车液压助力转向系统的功能、类型及对动力转向的要求。
2. 掌握汽车液压助力转向系统工作原理，分析液压系统图。

问题引导

转向系统的功能是保持汽车稳定的直线行驶和根据需要改变行驶方向。为保证行车安全，重型汽车、大型客车、越野车普遍采用助力转向装置。汽车驾驶起来更容易，转向盘变轻。

一、汽车液压助力转向装置的组成

在汽车转向系统中增设助力装置的目的是使转向操作轻便，改善操作性能。一般情况下，汽车在车速较低时转向操纵较费力，随着车速增加转向盘操纵变得轻快。为了在各种条件下，操纵转向盘所需的力都在最佳状态，就需要采用液压转向助力装置。动力转向可分为液压式和气动式，其中前者结构紧凑、工作灵敏度较高而应用广泛。汽车液压助力转向系统的工作示意图如图 7-3-1 所示。

二、汽车液压助力转向系统工作原理

汽车液压助力转向系统如图 7-3-2 所示，其工作过程如下：

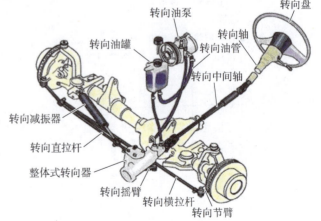

图 7-3-1 汽车液压助力转向系统的工作示意图

1. 车轮直线行驶

当汽车直线行驶或等半径转向行驶时，转向盘 6 不动。转向控制滑阀 15 在定位弹簧张力作用下保持中位，液压缸 7 的两腔均与回油路相通，液压缸活塞处于平衡状态，对转向节臂不施加作用力，不起助力作用。

2. 车轮左转

左转转向盘 6，螺杆 8 随之向左转动。因转向螺母经过转向节臂、直拉杆等与车轮相连，开始由于车轮偏转阻力较大螺母 9 暂不动，因此螺母对螺杆产生一个向左的轴向反作用力，迫使滑阀 15 相对阀体 14 向左移动，改变油路通道。这时从泵来的压力油只经转向控制阀进入液压缸 7 的右腔，推动活塞向左移动，通过转向摇臂 10、直拉杆 18、转向节臂 19、梯形臂 17、横拉杆 20 使车轮左转，实现助力转向。

3. 车轮右转

当向右打转向盘时，滑阀 15 右移，从泵来的压力油经控制阀进入液压缸 7 的左腔，活塞右移，通过机械装置作用使车轮右转。

4. 放松转向盘

放松转向盘，滑阀在中位弹簧的作用下恢复到中间位置，助力作用消失。泵由发动机带动，若泵转数增高时，流过节流阀 4 的阻力增加，节流阀上游压力增加，可使溢流阀 3 打开，泵出口的油可经溢流阀 3 回油箱。若因负载加大，节流阀 4 下游压力增加时，安全阀 5 打开限制了系统压力的进一步升高。

当转向液压泵出故障不能向系统供油时，这时进油道压力低、回油道压力高，压力差使单向阀 13 打开从而使进油道、回油道相通，以便减少液压油的阻力，从而可实现手动强行转向。

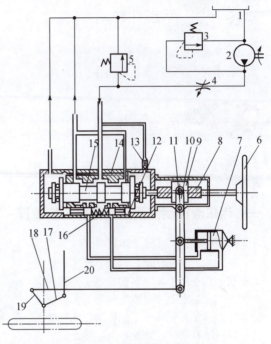

图 7-3-2　汽车液压助力转向系统

1-油箱；2-液压泵；3-溢流阀；4-节流阀；5-安全阀；
6-转向盘；7-液压缸；8-螺杆；9-螺母；10-摇臂；
11-摇臂轴；12-反作用柱塞；13-单向阀；14-阀体；
15-滑阀；16-回位弹簧；17-梯形臂；18-直拉杆；
19-转向节臂；20-横拉杆

一、填空题

1. 汽车液压助力转向系统由 _____、_____、_____、_____、_____、单向阀、转向盘等组成。
2. 在汽车转向系统中增设助力装置的目的是使 _____，_____。

二、简答题

1. 常用的动力转向有哪些，各有什么特点？
2. 根据汽车液压助力转向系统回路图，说明液压系统怎样实现车轮左转时的助力的？

课题二　汽车液压制动系统

1. 了解汽车液压制动系统的组成。
2. 掌握汽车液压制动系统的工作原理。

通过合适的液压基本回路，利用液体的压力能可实现汽车助力转向，那么汽车在行驶过程中若要减速或停车，又是如何通过液压系统实现呢？本课题主要研究汽车液压制动系统的组成与工作原理。

一、汽车液压制动系统构造与工作原理

1. 汽车液压制动系统的组成

一般家庭轿车的液压制动系统主要由制动踏板、真空助力泵、制动总泵（也称为制动主缸）、制动液（也称为刹车油）、制动油管、ABS泵、制动泵（也称为制动轮缸）和车轮制动器组成。如图7-3-3所示。

2. 汽车液压制动系统的工作原理

液压制动装置利用液压油，将驾驶员踩制动踏板力通过制动踏板转换为液压力，再通过管路传至车轮制动器，车轮制动器再将液压力转变为制动蹄张开的机械推力，使制动蹄摩擦片与制动鼓产生摩擦（将机械能转换成热能而消耗），从而产生阻止车轮转动的力矩。

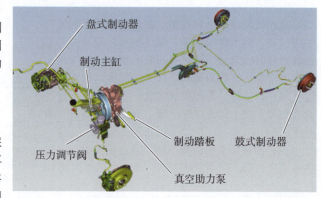

图 7-3-3　汽车液压制动系统组成

制动系统工作的可靠性很大程度上取决于传动装置的结构与性能。现代汽车的制动传动装置有液压式、气压式和气-液联合式三种。液压式最简单，但制动力不大，故原则上适用于自重小于5t的小汽车。气压式则需要空压机等辅助设备，比较复杂，但制动力较大，适用于重型汽车。气-液联合式介于两者之间。

液压式还有下列优点：介质压力高，可达 8～9MPa（气压式一般不超过1MPa），故结构紧凑；因液体不可压缩，故压力建立快，动作灵敏；不需要特别的润滑装置。但它也有缺点：散热效果较差，对制动液的沸点、凝点、黏温特性等要求较严。

二、液压制动回路

1. 单回路液压制动

单回路液压制动传动装置的基本组成和回路如图7-3-4所示。

作为制动能源的驾驶员所施加的控制力，通过制动踏板机构4传动到容积式制动主缸5，将机械能转变成液压能，液压能通过油管3、6、8输入前、后轮制动器1和7中的制动轮缸2，再将液压能转变成机械能，促使制动器进入工作状态。

单管路液压制动传动装置是利用一个主缸，通过一套相连的管路，控制全车制动器。如果

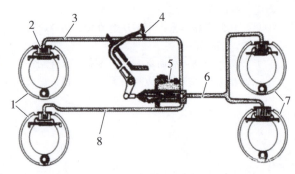

图 7-3-4　单回路液压制动传动装置

1-前轮制动器；2-制动轮缸；3、6、8-油管；
4-制动踏板机构；5-制动主缸；7-后轮制动器

传动装置中有一处漏油，会使整个系统失效。目前，一般汽车上已很少采用。

2. 双回路液压制动传动装置

如图7-3-5所示，串联式双腔制动主缸2利用一个缸体，装入两个活塞，形成两个彼此独立的工作腔，分别与各自的管路连接：左前轮和右后轮，右前轮和左后轮。管路中还有各种管接头和制动灯开关等。

制动时，驾驶员踩下制动踏板5，先使串联式双腔制动主缸2的后腔活塞工作，再使前腔活塞工作，将油液从主缸中压出并经油管同时分别注入前后各车轮轮缸内，使轮缸活塞向外移动，从而将制动蹄压靠到制动鼓（盘）上，使汽车产生制动。

放开制动踏板，制动蹄和轮缸活塞在回位弹簧的作用下回位，将制动油液压回制动主缸，制动作用即行解除。

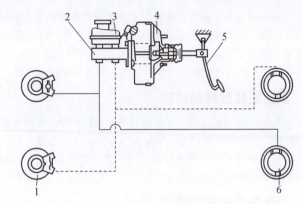

图7-3-5 双回路液压制动传动装置

1—盘式制动器（前轮）；2—串联式双腔制动主缸；3—储液室；
4—真空助力器；5—制动踏板；6—鼓式制动器（后轮，兼作驻车制动器）

管路液压和制动器产生的制动力矩与踏板力呈线性关系，若轮胎与路面间的附着力足够，汽车所受到的制动力也与踏板力成线性关系。这种特性称为制动踏板感，俗称"路感"。由此驾驶员可直接感觉到汽车的制动强度，以便及时进行必要的调节和控制。

这种制动系的特性是：如其中一回路失效，剩余的总制动力仍能保持正常的50%，即使正常工作回路中的制动器抱死侧滑，失效回路中未被制动的车轮仍能传递侧向力，前后轮制动力分配达到3.36：1。当汽车在高速状态下制动时，均能确保后轮不抱死，或者前轮比后轮先抱死，以避免后轮失去侧向附着力，进而导致汽车失去控制，确保行车安全。

一、填空题

1. 汽车液压制动系统由_____、_____、_____、_____、_____、_____等组成。
2. 汽车液压制动系统的工作原理是：当驾驶员踏下制动踏板时，_____推动_____使_____，通过管道将_____传至_____，轮缸活塞在_____的作用下将制动蹄片摩擦片压紧_____形成制动，根据驾驶员施加于踏板力矩的大小，使_____。

二、思考题

液压制动回路有几种？各有什么优缺点？

课题三 液压系统的故障分析与排除方法

1. 了解液压系统故障的类型和原因。
2. 熟悉液压系统的常见故障及排除方法。
3. 了解液压系统故障诊断的一般步骤。

在机械设备中，液压系统故障主要表现在液压系统或回路中的元件损坏，表现出泄漏、发热、振动、噪声等现象，导致系统不能正常工作。当然，还有一些故障可能没有明显的故障现象，但是系统或系统的某个子系统不能工作，处理起来相对要困难得多。因此要求人们熟悉液压系统原理，多实践，才能具备较强的分析判断故障的能力，才能根据故障提出解决的方法。

一、液压系统故障的分类

按发生的原因可分为人为故障和自然故障两种。按性质可分为急性（突发性）故障及慢性（缓发性）故障两种。按显现情况可分为实际故障和潜在故障两种。

一般在使用初期故障率较高，随着使用时间的延长及故障的不断排除，在使用中期故障率将逐渐下降趋于稳定。而到了设备使用后期由于长期使用过程中的磨损、腐蚀、老化、疲劳等，会使故障逐渐增多。

二、液压系统故障的原因

液压系统在工作中之所以发生故障，主要原因在于设计、制造、运输、安装、调试、使用和维护维修等诸方面存在人为故障隐患，也即所谓原始故障；其次便是在正常使用条件下自然磨损、老化、变质引起的故障，也即所谓自然故障。

液压传动的工作介质有两个主要的功用，一是传递能量和信号，二是润滑、防锈、冲洗污染物质及带走热量等。所以在对系统的维护中就必须注意液压油的质量。液压油的质量不好及污染可以造成多方面系统故障。

（一）液压油造成的系统故障

1. 由于油质问题造成的液压系统故障

液压油是液压系统重要的组成部分，它的功能是：有效地传递能量，润滑部件和作为一种散热介质。因此正确选用液压油是确保液压系统正常和长期工作的前提。在油液造成的系统故障中，油质和污染是造成系统的主要原因，因为液压油的抗乳化性、水解安定性、抗泡性、空气释放性等，都是影响系统工作稳定性的重要指标，而且油液的黏度是保证液压系统处于最佳工作状态的必要条件。

在日常维护中由于低质量的液压油造成的气穴、液压油乳化、执行元件磨损内泄、油温升高、润滑不良等现象经常出现。

2. 由于污染及使用维护不当造成的故障

（1）液压系统进水：一般会出现混浊，含有较多水的液压油长期运行会加速油品的老化，产生锈蚀或腐蚀金属。油中带水后会使油品乳化，润滑性明显下降。所以在使用中，要将油箱底部的游离水及时放掉，并经常监测油中的水含量，当水含量明显超标时应及时更换。

（2）液压油混入空气：液压油中混入空气后，当压力较低时，空气会从油中以极快的速度释放出来，造成气穴腐蚀，产生强烈的振动和噪声，带气泡的液压油在压缩时，由于气体压缩造成能量损耗，使液压系统不能正常工作。油中的空气还会加速油品的老化。

（3）液压系统的颗粒污染：内部污染，是液压油在使用过程中造成的污染，如液压油氧化产生的油泥或积炭，摩擦副在使用过程中产生的磨粒等。外部污染如加工残留的金属屑，不正确加油带入的杂质，空气中尘土，沙粒等。

受污染的液压油会明显影响系统的使用性能。破坏执行元件及控制元件的润滑性能。金属杂质或其他硬质污染可引起摩擦副的磨损，金属磨屑会加速油液的氧化，氧化生成的油泥可能堵塞滤油器、油线管道、换向阀油槽等，给系统造成的故障也很难判断。

（4）液压系统中混入其他油品：液压系统用油是一种性能要求全面和严格的油品，不允许用其他油品替代或混用。如果在正常运转的系统中误加入其他油品，会使液压油的性能发生变化，造成液压系统故障。如液压油加入其他油液，如再生油等，因它含有大量的清净分散剂，会使液压油的破乳化性明显变差，水不能从油中及时分离，不但会使油的润滑性下降，还会造成锈蚀。如果液压油中误加入齿轮油，由于齿轮油中含有较多的硫磷极压抗磨剂，会使液压油中的硫、磷元素含量明显提高，容易造成金属腐蚀。

（二）液压系统温度过高对液压系统的影响

由于油质的质量问题在使用过程中会造成系统的温度升高，如果油液温度升高，就会使油液的黏度下降，造成润滑油膜变薄，破坏了油液的润滑链，使液动元件磨损，内泄增加；会造成油泵容积和效率下降，油泵的磨损增加，使用寿命缩短。对液压元件来说，温度升高产生的热膨胀会使配合间隙减小，造成元件的失灵或卡死，同样会造成密封元件变形和老化使系统漏油。

（三）液压系统使用维护不当

液压系统使用维护不当，不仅使设备故障频率增加，而且会降低设备的使用寿命。比如，使用设备时超载，操纵用力过猛，盲目拆卸，不定时更换滤芯及液压油，随意调整控制系统等。所以在日常使用及维护中一定按操作规程操作。

三、液压系统的常见故障

液压系统的故障无非有两种判断，一是流量，二是压力。系统故障的出现，都与两者有密切关系，只要二者有一个发生变化，系统就会出现故障。所以检查液压系统必须从两者之间下手。

（一）泵站的常见故障与排除

泵站的故障是常被我们忽略的地方。泵站主要有油箱、吸油过滤器、油泵、回油过滤器。油箱的主要功能是存储液压介质、散发油液热量、逸出空气、沉淀杂质、分离水分及安装元件等。

（1）油箱：它在日常维护中所要注意的是油箱的温度与油量。因为温度与油量能较为直接反映出液压系统出现的问题，在日常的维护中油量的减少会将箱底部的杂质吸入系统，由于油量少，增加系统的循环使系统的温度升高。油量的突然减少说明系统可能存在泄漏，而温度的突然升高会证明系统内部可能存在着磨损与泄漏。

（2）吸油过滤器：吸油过滤器的主要功能是过滤油液中的颗粒物质。为防止过滤网的堵塞，采用了网式过滤。在正常的检修中主要要注意过滤网的堵塞与漏气。因为过滤网的堵塞会造成油泵的吸空。吸空会造成气穴，而气穴是液压系统元件损坏的主要原因。同样漏气也会造成油泵的供给不足，及使油泵产生气塞，降低油泵的容积，增加系统的流量损耗。

（3）油泵：油泵的主要功能是将机械能转换为液压能。它的常见故障有不输油或输油量不足，压力不能升高或压力不足，异常发热，噪声过大，构件磨损等。

（二）油泵常见的故障

（1）泵噪声：由流量压力剧变造成脉动增大，气穴及机械振动，空气进入，油位太低，零件磨损及紧固松动等引起。

（2）泵不排油或排油不足：吸口管漏气，滤油器或油管堵塞，油面位置过低，油泵严重内泄，变量机构失灵，油泵内部损坏等。

（3）油泵压力不足或无力：流量调节失灵，油泵斜盘及柱塞油缸卡涩。其他控制元件及执行元件泄漏，吸油不足及泄漏严重。

（4）泵温过高：油液在使用中严重污染，管道流速过高，压力损失过大等。

（5）变量机构失灵：变量机构阀芯卡死，变量机构阀芯与阀套间的磨损严重或遮盖量不够（一般大都是调节失误造成），变量机构控制油路堵塞，变量机构与斜盘间的连接部位严重磨损，转动失灵。

（6）回油：背压油高速流过会使油温继续升高，将油箱的杂质冲起，同时使液压油的空气含量增加造成气穴。

（三）执行元件常见的故障

1. 马达的常见故障

（1）排量不足执行机构动作迟缓：吸油管及滤油器堵塞或阻力太大；油箱油面过低；泵体内没有充满油，有残存空气；柱塞与缸体或配油盘与缸体磨损。

（2）压力不足或压力脉动较大：吸油口堵塞或通道较小；油温较高，油液黏度下降，泄漏增加；油缸与配油盘之间磨损，失去密封，泄漏增加，柱塞与缸体磨损。

（3）噪声较大：马达内有空气；滤油器被堵塞；油液不干净。

（4）内部泄漏：缸体与配油盘间磨损；故障中心弹簧损坏，使缸体与配盘间失去密封性；柱塞与缸体磨损。

2. 液压油缸常见故障

（1）升降油缸自动下降：液压锁调压低或泄漏，油缸内泄。

（2）油缸推力不足：液压系统压力不足，柱塞与导套磨损后间隙增大，漏油严重。

（3）油缸产生爬行：缸内混入气体，活塞局部产生弯曲，密封圈压得过紧或过松，缸内锈蚀或拉毛。

四、液压系统故障诊断步骤

1. 首先核实故障现象或征兆

方法是向操作工和维修人员询问该机器近期的工作性能变化情况，维修保养情况，出现故障后曾采取的具体措施，已检查和调整过哪些部位等。

2. 确定故障诊断参数

液压系统的故障均属于参数型故障，通过测量参数提取有用的故障信息。选择诊断参数的原则是：诊断参数要具有良好的灵敏度、易测性、再现性、能够包容尽可能多的故障信息量。液压系统的诊断参数有系统压力、系统流量、元件升温、元件泄漏量系统振动和噪声等。系统压力不足表现为液压缸动作无力、马达输出功率或转矩不足、行走无力等现象。系统流量不足表现为执行元件运动速度慢或停止不动。元件泄漏量大，表现为动作速度慢和系统升温快。

3. 分析、确定故障可能产生的位置和范围

对所检测的结果，对照液压原理图进行分析，从构造原理上讲得通,确保故障诊断的准确性,减少误诊。

在液压故障诊断时要特别注意：在未分析确定故障产生的位置和范围之前，严禁任何盲目的拆卸、解体或自行调整液压元件，以免造成故障范围扩大或产生新的故障，使原有的故障更加复杂化。

4. 制定合理的诊断过程和诊断方法

对较为简单的液压系统，可根据故障现象，按照动力元件、控制元件、执行元件的顺序在液压系统原理图上正向推理分析故障原因。

（1）油箱缺油；

（2）油箱吸油过滤器堵塞；

（3）油箱空气孔不畅通；

（4）液压泵内漏严重；

（5）操作阀上二次溢流阀压力调节过低；

（6）先导阀压力过低，内泄；

（7）操作阀内漏严重；

（8）动臂液压缸内漏严重；

（9）回油路不畅，回油过滤堵塞。

考虑到这些因素后，再根据已有的检查结果，即可排除某些因素，将故障范围缩小，根据缩小后的范围再上机检查，然后再分析。

一、填空题

1. 液压系统的故障按发生的原因可分为_____和_____；按性质可分为_____和_____；按显现情况可分为_____和_____两种。

2. 液压传动的工作介质有_____和_____两个主要的功用。

二、思考题

1. 简述液压系统油液温度过高对液压系统的影响。

2. 液压油缸常见故障有哪些？

3. 简述液压系统故障诊断的一般步骤。

参考文献

[1] 徐炬，李彩燕. 汽车机械基础［M］. 北京：电子工业出版社，2017.

[2] 杨庆彪，冯永亮. 汽车材料［M］. 北京：中国劳动社会保障出版社，2013.

[3] 陈志毅. 金属材料与热处理［M］. 北京：中国劳动社会保障出版社，2011.

[4] 周燕. 汽车材料［M］. 北京：人民交通出版社，2014.

[5] 王利贤. 汽车材料［M］. 北京：电子工业出版社，2002.

[6] 吴定春. 汽车机械基础［M］. 北京：中国劳动社会保障出版社，2014.

[7] 李予杰，陈建华. 汽车机械基础［M］. 北京：北京理工大学出版社，2008.

[8] 刘伟，张湘衡. 汽车液压系统［M］. 北京：电子工业出版社，2013.

[9] 蒋勇. 汽车结构与拆装［M］. 上海：复旦大学出版社，2007.